AF240827

LA
BONNE CUISINE

SIMPLIFIÉE

ET MISE A LA PORTÉE DE TOUT LE MONDE

MANUEL COMPLET

COMPOSÉ

PAR UNE SOCIÉTÉ DE CHEFS DE CUISINE, DE CHEFS D'OFFICE ET DE CONFISEURS

APPARTENANT AUX PREMIÈRES MAISONS DE PARIS

PARIS

CHEZ BUREAU, IMPRIMEUR-ÉDITEUR
RUE GAILLON, 14

1852

LA

BONNE CUISINE

SIMPLIFIÉE

LA
BONNE CUISINE

SIMPLIFIÉE

ET MISE A LA PORTÉE DE TOUT LE MONDE

MANUEL COMPLET

COMPOSÉ

Par une réunion de Chefs de Cuisine, de Chefs d'Office et de Confiseurs,

APPARTENANT AUX PREMIÈRES MAISONS DE PARIS.

PARIS

CHEZ BUREAU, IMPRIMEUR-ÉDITEUR

14, RUE GAILLON.

1852

Soupes et Potages

La différence qui existe entre la soupe et le potage consiste en ceci : c'est que la soupe se compose de tranches de pain sur lesquelles on jette un liquide quelconque, tandis que le potage est formé de pâtes, de purées destinées à remplacer le pain.

Le BOUILLON GRAS étant l'une des bases principales d'un grand nombre de SOUPES, de POTAGES et de mets, puisqu'il sert à *mouiller* ces derniers, c'est par lui que nous commençons.

BOUILLON GRAS ou POT-AU-FEU. — Prendre un morceau de bœuf (deux kilos), soit de la tranche, soit du gîte à la noix, le milieu du trumeau ou de la culotte; ajouter deux sous de foie et de rate, pas de veau, quelques os à bouillon concassés, mettre sur le feu dans une marmite de terre de forme aplatie (une *hugue-note*), ou mieux, dans une marmite oblongue, devant un feu de bois ; faire bouillir, bien écumer, ajouter une poignée de sel gris, un oignon blanc piqué de quatre clous de girofle, gousse d'ail, la moitié d'un oignon brûlé, carottes, poireaux, navets, moitié d'un panais, un peu de céleri, et, pour donner du tonique, gros comme une petite noix de sucre ordinaire. Laisser bouillir de quatre à cinq heures, dégraisser et mettre cette graisse à part (voir son emploi à l'article FRITURES), dresser le bœuf sur un lit de persil ou l'entourer d'oignons dorés cuits à part, ou de racines cuites dans du bouillon à part et *tournées* ; passer le bouillon par un tamis de soie et le mettre au frais sans le couvrir jusqu'à ce qu'il soit tout à fait réfroidi.

En cas de temps d'orage ou de grandes chaleurs, avoir quelques gros clous de fer neuf et bien propres, les faire rougir au feu et les précipiter incandescents dans le bouillon et les y laisser. — En les échaudant ensuite, ces clous peuvent servir indéfiniment.

La SOUPE AU NATUREL ne se compose que de bouillon versé sur des croûtes séchées au four ou sur des tranches de pain.

SOUPE A L'OSEILLE. — Mettre un morceau de beurre dans une casserole, y jeter une forte poignée d'oseille hachée, en y ajoutant pour l'adoucir un peu de cerfeuil haché à part et quelques feuilles de laitue, couvrir et laisser fondre l'oseille, remuer et ajouter, quand elle est bien cuite, du bouillon gras ou de l'eau, ou moitié lait et moitié eau ou bouillon, saler à point ; quand on emploie du bouillon, on peut se dispenser d'ajouter une liaison faite d'un jaune d'œuf ; mais avec de l'eau, la liaison devient nécessaire. Jeter ce bouillon sur des tranches de pain, saupoudrées d'un peu de poivre.

SOUPE, OSEILLE ET PURÉE. — Mettre le beurre sur le feu, y jeter l'oseille ; quand elle est fondue, y ajouter une cuillerée de purée en poudre, soit de pois, soit de haricots ou de lentilles ; ces *farines-purées*, d'un emploi rapide et hygiénique, sont préparées par la maison Groult et se trouvent chez tous les épiciers ; tremper, comme ci-dessus, ajouter un peu de poivre, sans le faire bouillir avec le bouillon.

SOUPE A L'OIGNON. — Eplucher un ou deux gros oignons, sans les écorcher, ce que l'on parvient à faire en coupant nettement la racine et la tige, puis en enlevant les pellicules en commençant par la tige ; ce soin a pour but de laisser les oignons entiers. On coupe ensuite chaque oignon en deux ; on maintient successivement chaque moitié de la main gauche, la place de la racine en dehors, et on pratique plusieurs incisions horizontales et profondes, puis d'autres incisions perpendiculaires, il en résulte une foule de petits dés carrés que l'on jette dans une casserole avec du beurre bien frais ; on remue avec une cuillère de bois; puis on couvre la casserole, on mitige le feu, puis quand les oignons commencent à être cuits et prennent une couleur dorée, on ajoute une forte pincée de farine, on remue, puis on mouille avec de l'eau et du bouillon gras ou un peu de lait; saler à point, avoir son pain coupé dans une soupière, placer sur le pain quelques petits morceaux de beurre et une pincée de poivre, tremper la soupe et la couvrir.

SOUPE AU FROMAGE. — Même procédé; ajouter un peu plus de poivre, couper par tranches minces du fromage de Gruyère et le mêler au pain dans la soupière; ajouter, si l'on veut, une petite poignée de Parmesan râpé, ne pas oublier les petits morceaux de beurre, tremper et couvrir; remuer en tournant avec une cuillère avant de servir pour faire filer le fromage.

SOUPE AU LAIT. — Faire chauffer le lait sans le couvrir, ajouter sel et sucre; préparer du pain dans une soupière et le saupoudrer d'un peu de sucre; quand le lait est chaud, en verser assez sur le pain pour le tremper; couvrir le pain, tenir le reste du lait chaud sans bouillir, y ajouter une liaison de jaunes d'œufs, remuer en retirant du feu, et tremper.

On peut faire griller les tranches de pain sur un feu doux, ou tailler dans de la mie de pain des croûtons en forme de dés et les passer au beurre; de même on peut ajouter au lait une cuillerée d'eau de fleurs d'oranger.

SOUPE AU LAPIN. — Faire blanchir un chou, le faire égouter ; mettre une marmite sur le feu avec de l'eau, un fort bouquet garni, thym, laurier, ail, ciboules et persil, carottes, navets, céleri, poivre, clous de girofles piqués dans un oignon, ajouter un morceau de lard et les choux ; ficeler le lapin et lui donner ainsi une forme circulaire, le mettre en même temps que tout le reste s'il est vieux, le mettre une heure avant de retirer s'il est jeune. Quand tout est cuit, dresser le lapin sur un plat, l'entourer des choux et du lard coupés par morceaux ; dresser les racines sur une assiette à part ; passer le bouillon à travers une passoire et le verser sur des tranches de pain.

SOUPE AU GIGOT. — Prendre un gigot de deux kilos et demi, le battre à tour de bras avec le plat du couperet ou une buche ; quand il est bien mou, ouvrir avec les doigts les muscles du gros bout, y introduire du sel et du poivre ; faire quelques trous obliques dans la *souris*, bourrer du beurre dans ces trous et y pousser une ou deux gousses d'ail coupées chacune en deux ou trois morceaux ; arrondir son gigot et le ficeler vigoureusement pour qu'il reste rond. Prendre une marmite assez profonde pour que le gigot y puisse tenir debout, le gros bout par en bas ; mettre dans cette marmite une tranche de jambon, un bouquet garni, carottes, demi-panais, poireaux, clous de girofles piqués, sel, poivre ; conduire à grand feu, quand les racines fléchissent sous les doigts, doubler le feu, regarder l'heure, plonger le gi-

got dans ce bouillon, couvrir, continuer le feu ;
il faut trente minutes pour chaque kilo ; si le
gigot pèse trois kilos, il doit rester au feu soutenu une heure et demie ; retirer ensuite, passer en toute hâte le bouillon sur des tranches
de pain, servir très chaud ; déficeler le gigot et
servir également bouillant. Le gigot peut être
remplacé par un carré de mouton.

SOUPE AU POISSON. — Prendre et couper
des carottes et des oignons par petits dés, ajouter un bouquet garni et ail, mettre sur le feu
avec du beurre, faire revenir, mouiller par degrés, saler et poivrer ; y jeter ensuite des merlans, des soles, des limandes ou de l'anguille
de mer, le tout coupé menu ; quand le tout est
bien cuit, passer au beurre des croûtons, les
ranger dans la soupière, y ajouter quelques
boulettes de beurre ; passer le bouillon à travers un tamis, le verser sur le pain et servir
très chaud ; on peut remplacer le beurre par
de bonne huile d'Aix.

On peut faire cette soupe d'une manière plus
rapide, il s'agit pour cela de couper par morceaux quelques-uns des poissons indiqués, de
les faire revenir vigoureusement sur un feu vif
avec du beurre ou de l'huile, pincée de persil
haché, feuille de laurier, fenouil, ail ; mouiller
avec de l'eau, saler, et verser sur des tranches
de pain grillées.

SOUPE AU POTIRON. — Eplucher une forte
tranche de potiron bien mûr, la couper par
petits dés, et mettre sur un feu doux avec un

peu d'eau, couvrir, remuer de temps en temps
jusqu'à fonte complète ; jeter ensuite le potiron
dans une passoire, l'écraser avec une pauche
et le passer, mettre le résidu sur le feu, mouiller
avec de bon lait que l'on aura préalablement
fait bouillir et épaissir sur le feu, ajouter sel et
sucre ; sur ce pain, si l'on veut, quelques petites boulettes de beurre frais, verser ensuite le
lait sur le pain après avoir bien remué.

SOUPE D'ÉTÉ. — Prendre laitues, oseille,
cerfeuil, pourpier, hacher le tout et le mettre
sur un feu doux, en couvrant la casserole ;
quand l'oseille commence à crier, ajouter un
litre de pois nouveaux, mais un peu gros ;
quand les pois sont cuits, jeter le tout dans
une passoire, écraser et passer le tout, puis remettre sur le feu avec un morceau de beurre,
ajouter du sel, faire faire un tour et mouiller
ensuite avec du bouillon gras ; faire griller des
croûtes et verser le tout bien bouillant sur ce
pain.

SOUPE AUX CHOUX, A LA BONNE FEMME.
— Mettre dans une marmite un kilo d'entre
côte de bœuf, deux sous de foie et de rate, un
quart de kilo de queue de bœuf ; faire bouillir
et bien écumer, jeter ensemble dans la marmite un oignon blanc piqué de quatre clous
de girofle, deux gousses d'ail, un paquet de
légumes, céleri, carottes nouvelles, poireaux,
navets, moitié d'un panais, cerfeuil, forte poignée de sel ; laisser bouillotter une heure ;
avoir un chou pommé coupé en quatre ; reti-

rer du bouillon de la marmite, s'il y a lieu, et
mettre son chou dans le pot avec 250 grammes de petit lard et un cervelas. Laisser cuire
à point, verser le bouillon sur des tranches de
pain qui auront reçu préalablement une petite
cendrée de poivre en poudre. Dresser les choux
sur un plat, les égoutter et les saupoudrer
d'un peu de sel fin et de poivre, placer sur un
autre plat la viande, entouré des carottes et
des navets.

SOUPE AUX CHOUX, À LA HENRI IV. —
Faire choix de beaux choux, les éplucher avec
soin, en retirer, non toutes les côtes, qui sont
fort bonnes cuites, mais seulement ce qu'il y
a de dur dans le trognon ; mettre la marmite
sur le feu, avec un oignon blanc piqué de girofle, bonne quantité de carottes, navets, poireaux, bouquet de cerfeuil, et, dans la saison,
quelques feuilles de romaine nouées à part,
puis un demi-kilo de bon lard entrelardé ; faire
cuire le tout à moitié, y jeter ensuite un ou
deux choux que l'on aura précédemment fait
blanchir, en les jetant dans de l'eau bouillante
avec une forte pincée de sel gris ; sitôt blanchis, c'est-à-dire dès que ces choux fléchiront
sous la pression des doigts, ils auront dû être
retirés, mis dans une passoire et égouttés ;
quand ils sont jetés dans la marmite, on laisse
bouillotter jusqu'à parfaite cuisson, car il est
urgent, pour une bonne digestion, que, con-
trairement à la mauvaise habitude des gens
de la campagne, on fasse beaucoup cuire les
choux. On prépare des tranches de pain que

l'on fait griller sur un feux doux, ou des croûtes de boulanger; on les place dans une vaste soupière, on les saupoudre d'un peu de poivre; on jette dessus, çà et là, quelques petits morceaux de beurre pour parfumer, et on verse d'abord tout le bouillon sur ces croûtes, puis on amoncèle tous les choux en dessus, on place le lard au sommet, et l'on forme une bordure avec les carottes et les navets; on ajoute si l'on veut, de distance en distance, les poireaux et les feuilles de romaine cuite.

SOUPE AUX POIREAUX. — Eplucher les poireaux, les couper sur la longueur de moitié du petit doigt, les diviser en filets, les passer au beurre jusqu'à une teinte dorée, mouiller avec de l'eau et du bouillon, ajouter sel, poivre, un peu de canelle, laisser bouillir une bonne demi-heure et verser sur le pain préparé dans la soupière; dans le cas où on n'aurait mouillé qu'avec de l'eau, on préparerait de petits morceaux de beurre placés dans la soupière sur le pain; le beurre qui ne voit pas le feu conserve un goût et un arôme qu'il perd en partie quand on le place sur le fourneau.

SOUPE AUX GRAINES. — Les lentilles, les haricots blancs ou rouges peuvent servir à faire d'excellentes soupes de ménages. Les graines sèches, lentilles, pois et haricots se mettent à l'eau froide, avec une poignée de sel; les pois sont retirés à part, écrasés et passés pour en retirer la pulpe, on en fait quelquefois autant pour les haricots et les lentilles. Les légumes verts, les graines vertes se jettent dans l'eau bouillante, tels sont les haricots verts, les petites fèves de marais, les haricots blancs nouveaux; il est bon d'y ajouter une petite tranche de jambon; leur eau de cuisson fait une très bonne soupe; pour cela faire, on épluche un petit oignon que l'on coupe par petits dés et qu'on fait jaunir dans le beurre, ou bien on prend une poignée d'oseille que l'on hache fin et qu'on fait revenir dans le beurre chaud; quand elle est presque fondue, on ajoute une pincée de farine ou un peu de fécule de pommes de terre, puis on mouille avec l'eau de cuisson; on sale à point et on jette le tout bien bouillant sur des tranches de pain, sur lesquelles on a posé de petits morceaux de beurre et saupoudré d'un peu de poivre.

SOUPE D'ÉTÉ A L'OSEILLE. — Faire fondre dans une casserolle oseille et feuilles de laitue, sur un feu doux, et sans beurre ni eau, ces deux plantes fondent d'elles-mêmes; faire cuire, d'un autre côté, quantité convenable de petits pois verts également placés dans une casserole, avec petit bouquet de persil et ciboule, un petit oignon blanc, un peu de sel et de beurre. Quand tout est cuit de part et d'autre, réunir le tout, joindre du beurre, faire bien revenir, allonger avec de l'eau et du lait ou du bouillon, et jeter sur du pain accompagné de quelques boulettes de beurre et d'un peu de poivre. On peut réduire les pois, l'oseille et la laitue en purée en passant le tout à l'étamine, ou même par une passoire fine et en mouillant.

SOUPE IRLANDAISE ou *aux pommes de terre*. — Faire blanchir à l'eau, avec un peu de sel gris, des pommes de terre jaunes et rondes, les pelurer, les couper, les jeter dans une casserole avec un morceau de beurre; quand elles sont revenues, les mouiller avec du lait ou du bouillon gras; dans ce dernier cas, on peut y ajouter un peu d'oseille cuite à l'avance; si on s'est servi de lait, et que cette soupe soit claire, on peut la jeter dans la soupière, sur quelques tranches de pain très minces.

Si, au lieu d'une soupe, on veut une purée, on passe les pommes de terre blanchies dans une passoire à trous un peu larges, et en les humectant de lait ou de bouillon; à moins qu'on ne fasse cette opération quand les pommes de terre seront un peu revenues dans le beurre, ce qui donne encore meilleur goût.

SOUPE AUX POIREAUX, dite *Soupe rouennaise*. — Éplucher et couper des poireaux de la longueur d'un pouce, les faire revenir dans une bonne graisse de volaille ou dans du beurre jusqu'à ce qu'ils prennent un peu couleur; les mouiller avec du bouillon; jeter le tout sur des tranches de pain dans une soupière.

CONSOMMÉ. — On donne ce nom au bouillon ordinaire, que l'on a laissé bouillir beaucoup plus de temps qu'il n'en faut à un simple pot au feu; la viande n'a plus de saveur, le bouillon en a pris toutes les parties nutritives; mais lovrai consommé a pour base les débris de toutes sortes de viandes, crues et surtout roties, auxquelles on ajoute un quartier de poule, un demi-kilog. de jarret de veau, bon nombre de légumes, clous de girofle, un peu de sucre et le sel nécessaire ; quand ce mélange a bouilli huit à dix heures, on dégraisse, on passe au tamis.

CROUTE AU POT. — On place au fond d'une casserole des morceaux de croûte de pain bien cuit, et on jette par dessus tout juste assez de bon bouillon ou de consommé pour les humecter ; on met sur un feu doux jusqu'à léger gratin, on mouille de nouveau, et, au moment de la manger, on renverse un peu de bouillon sur cette croûte, dont la saveur est devenue exquise.

POTAGE GRAS AU RIZ. — Prendre cent grammes de bon riz, c'est la quantité moyenne pour quatre personnes ; laver le riz à l'eau tiède en le frottant entre les mains ; faire chauffer son bouillon gras, et quand il arrive à l'ébullition y jeter le riz et laisser continuer à bouillir, mais doucement. Si le bouillon est désalé, s'il prend un peu de fadeur, on le relève par un peu de gelée de volaille ou de graisse de volaille ; en retirant dégraisser s'il y a lieu.

POTAGE AU RIZ ET AU LAIT. — Laver son riz, faire chauffer de l'eau avec un peu de sel, quand l'eau bout, y jeter le riz et le laisser crever à une douce chaleur ; humecter ensuite avec

de bon lait, y joindre un peu de sucre, faire
cuire à point; servir avec sucre en poudre sur
une soucoupe, et un flacon d'eau de fleurs d'o-
ranger.

POTAGE AUX CHOUX ET AU FROMAGE
(*soupe bourguignonne*). — Faire blanchir les
choux et procéder comme ci-dessus pour la
complète cuisson; préparer dans une casserole une petite couche de morceaux de beurre,
puis un lit de pain saupoudré de fromage râpé,
mettre un lit de choux, puis un lit de pain,
puis encore du fromage et quelques boulettes
de beurre, puis enfin un lit de choux, et sur
ces derniers une bonne couche de fromage
émincé; un peu de poivre, tremper avec le
bouillon des choux ou de bon bouillon gras;
couvrir, faire mijoter pendant une demi-heure,
verser dans la soupière et couronner ce potage
avec du fromage émincé; remuer avant de servir.

POTAGE A LA FÉCULE DE RIZ ou DE
POMME DE TERRE, *pour les enfants et les convalescents*. — Faire bouillir du bouillon gras,
délayer la fécule dans une assiette avec quelques cuillerées de bouillon froid, retirer la casserole du feu, verser la fécule ainsi délayée
dans le bouillon chaud, en remuant avec une
cuillère; faire cuire pendant quelques minutes.
Même procédé pour *la Fécule au lait*.

POTAGE AU GIBIER ou POTAGE DES
CHASSEURS, essentiellement *tonique*, et que

l'on fait principalement à la campagne, où l'on ne trouve pas toujours de bonne viande de boucherie. — On met dans une marmite un lapin ou un lapereau, ou encore un vieux faisan ou des perdrix grises, ajouter tranche de jambon, racines, oignon blanc, ail, clous de girofle, bouquet garni ; faire bouillir longtemps, passer le bouillon, et le verser sur des croûtons passés au beurre.

Si l'on avait en outre des perdreaux rôtis, on pourrait les piler, les passer au tamis et en mêler la purée au potage indiqué.

Les chasseurs économes qui ont des pièces tendres en lèvent les filets pour les faire cuire à part, et font le bouillon avec les débris.

POTAGE AUX TOMATES, rafraîchissant. — Faire cuire des tomates comme il est indiqué à l'article des *Sauces*, en ajouter la purée à du riz cuit dans de bon bouillon.

Nota. On pourrait prolonger à l'infini les variétés de soupes et de potages, mais nous croyons qu'en fait de cuisine, comme dans tous les arts possibles, il faut laisser le champ ouvert à l'intelligence ; or, avec de bon bouillon gras, avec les farines de légumes cuits, avec du beurre, des légumes savoureux et frais, avec du poisson d'eau douce ou de mer, mais de premier choix, enfin avec les pâtes perfectionnées que l'on trouve à présent dans toutes les fortes maisons d'épicerie de Paris et des départements, on peut produire une foule de potages et de soupes aussi saines que savoureuses, aussi faciles que rapides à préparer.

POTAGE A LA CRÉCY. — Passer au beurre après les avoir coupés minces, carottes, navets, céleri, poireaux, oignons; assaisonner, y ajouter une idée de sucre et de jambon, mouiller avec un peu de bouillon, et quand tous ces légumes sont en bouillie, passer au tamis, remettre au feu, ajouter suffisante quantité de bouillon et servir.

POTAGE AU MACARONI, AU VERMICELLE, AUX PATES, telles que les ETOILES, la POLENTA, la SEMOULE. — Faire chauffer du bouillon gras; quand il bout, y jeter une de ces pâtes en remuant en même temps avec une cuillère; laisser bouilloter, ajouter à l'assaisonnement, s'il y a lieu, ainsi qu'il est dit pour le riz; le macaroni est plus long à cuire que la semoule.

POTAGE AUX PATES DURES. — Le tapioca, le sagou et plusieurs autres pâtes sont dures, et ne doivent être employées qu'avec précaution pour éviter qu'elles ne pelotonnent ou ne forment des grumelots; il faut donc que le bouillon bouille fort. En ce moment, on y fait tomber le tapioca ou le sagou d'une main, en l'égrainant comme si l'on semait du blé; de l'autre main, on tourne le bouillon avec une cuillère. Il suffit d'une petite cuillerée de l'une de ces pâtes pour faire un potage pour une personne. Laisser cuire longtemps à petit feu; remuer souvent

POTAGE À LA FÉCULE. — On a soin de délayer à part, avec un peu de bouillon froid ou
d'eau la fécule ou les farines de légumes secs
qu'on veut employer ; quand le bouillon bout,
on verse doucement ce mélange en tournant
vivement avec une cuillère.

POTAGE A LA PURÉE. — Les pois secs ou
nouveaux, les haricots blancs, les pommes de
terre blanchies, les lentilles et même les carottes que l'on fait cuire à point et que l'on
passe au tamis ou à l'étamine, servent à former d'excellents potages ; on fait donc cuire la
purée avec de l'eau et un peu de sel ; on passe
ensuite ; on met un morceau de beurre dans
une casserole, et, quand il est bien fondu, on
y verse la quantité de purée dont on a besoin ;
on remue avec une cuillère, et, quand la purée
commence à se sécher, on la mouille petit à
petit avec du bouillon, et l'on ajoute à l'assaisonnement s'il y a lieu. Souvent on verse cette
purée sur des croutons passés et jaunis au
beurre. Quinze à vingt minutes suffisent pour
cette dernière cuisson.

Nota. Les *tomates*, bien mûres, coupées en
deux, égouttées, mises dans une casserolle avec
des tranches minces de jambon, des oignons,
un bouquet de persil et du beurre, placées sur
un feu doux, puis passées au tamis, sont d'un
grand secours pour varier et même aiguiser le
goût de la plupart des potages.

POTAGE A LA JULIENNE. — Si l'on n'a
pas une râpe à Julienne, couper par tranches

bien minces, que l'on subdivisera en filets bien étroits, carottes nouvelles, navets, panais, poireaux, quelques feuilles de chou, ou mieux quelques brins de chou-fleur, ajouter une poignée de petits pois et quelques tiges d'asperges. Faire fondre un morceau de beurre; quand il est chaud, y jeter les carottes et les racines; donner un tour dans le beurre, ajouter le surplus du hachis de légumes, faire un peu revenir le tout et mouiller avec du bouillon, quantité suffisante, goûter; si ce n'est pas assez succulent, ajouter un peu de jus de viande ou de gelée de volaille, suivant ce qu'on a; dégraisser s'il y a lieu et servir dans une soupière.

Quelques personnes font blanchir les légumes dans l'eau bouillante avant de les mettre avec le bouillon; mais ce n'est bon à faire qu'en hiver, quand les légumes ont le goût très fort. Quand ils sont jeunes, c'est leur ôter leur saveur.

POTAGE RÉPARATEUR. — Faire revenir dans une casserole avec un peu de beurre, si l'on est dans la belle saison, poignée de petits pois, pincée de petits haricots verts, pincée de haricots blancs nouveaux cuits à l'avance, carottes nouvelles, navets, pointes d'asperges, panais, choux-fleurs et poireaux coupés comme pour la julienne; y joindre une petite tranche de jambon maigre; dès que le tout est un peu revenu dans le beurre, mouiller graduellement avec de bon bouillon bien dégraissé; et, quand tout est cuit, retirer le jambon, goûter, raviver le feu et casser dans ce potage autant d'œufs frais que de personnes; retirer et servir de suite: chaque œuf ainsi poché prend place dans chaque assiette. Les œufs doivent être assez mollets pour que chaque convive puisse écraser son œuf dans ce potage, qui est délicieux, mais dans lequel l'œuf formant liaison, on ne doit pas mettre de pain. En hiver, on se sert des légumes disponibles, tels que carottes, choux de Bruxelles, navets, etc.

RIZ A LA CRÉOLE ET A LA TURQUE. — Ces deux manières de faire cuire le riz sont employées principalement pour les vieillards dont les dents sont mauvaises ou qui n'en ont plus; c'est un aliment substantiel, destiné à remplacer le pain. Voici comment on préparait le RIZ A LA CRÉOLE pour feu Louis-Philippe, à qui on en servait à tous ses repas:

On lave à plusieurs eaux une certaine quantité de riz, on le fait crever dans une première eau, avec un peu de beurre frais et de sel; quand il est gonflé, on jette cette eau et on la remplace par une petite quantité d'essence de volaille extraite d'un ou deux poulets que l'on a préalablement préparés à part, dépecés, passés au beurre, puis assaisonnés avec un bouquet garni, quelques clous de girofle, un peu de piment, une pincée de safran et quelques petits oignons légèrement passés au beurre; on mouille le tout avec du bouillon, et on fait cuire jusqu'à ce que les poulets aient donné tout leur goût à cette délicieuse *essence;* quand le riz est sur le point d'être cuit, on augmente le feu, afin de sécher le riz et on le dresse en forme de cône sur une assiette.

D'un autre côté, on passe l'essence de poulets sur un tamis de soie, et on sert dans une saucière, à côté du riz. — Pour manger ce riz savoureux, on en prend sur son assiette et on y ajoute telle quantité qu'on désire d'essence de volaille.

Le RIZ A LA TURQUE ne reste pas en grains séparés comme le riz à la créole; on le lave, on le fait cuire très épais avec du bouillon gras, on y jette un peu d'essence de safran et une idée de piment; quand il est suffisamment cuit, on le place dans une casserole beurrée tout autour, feu doux en dessus et en dessous; quand il commence à prendre couleur, on le renverse sur un plat pour le servir, et l'on sert à côté du bouillon gras ou de l'essence de volaille, dont on prend telle quantité que l'on désire.

PANADE. — Briser quelques morceaux de pain, les mettre tremper dans de l'eau froide, y jeter un peu de gros sel gris, mettre sur un feu doux, couvrir, remuer de temps en temps, en écrasant avec le dos d'une cuillère de bois; quand ce mélange a mitonné un quart d'heure, y jeter un morceau de beurre, retirer aussitôt du feu, pour que le beurre ne soit pas atteint par le feu; ajouter de suite une liaison faite d'un jaune d'œuf. Cette panade, excellente pour les vieillards et les enfants, peut se modifier de différentes manières; ainsi, l'on peut remplacer l'eau par du bouillon : en ce cas, il faut éviter de mettre trop de sel ; ensuite, on peut remplacer la liaison par des émincés de fromage de Gruyère ou du Parmesan râpé. — C'est excellent pour les personnes qui aiment le fromage.

VERMICELLE AU LAIT. — Faire chauffer le lait ; à son ébullition, froisser le vermicelle entre les mains, le jeter dans le lait, remuer, mettre un peu de sel et de sucre. Quelques personnes ajoutent, surtout pour les malades, quelques gouttes d'eau de fleurs d'oranger.

RIZ ET VERMICELLE. — Laver le riz ou broyer le vermicelle, attendre qu'une certaine quantité d'eau soit en ébullition, y jeter le riz ou le vermicelle, puis un peu de sel ; quand la cuisson est arrivée, retirer du feu, jeter dans le potage un morceau de beurre frais, ajouter une liaison en tournant rapidement, et, si l'on veut, une petite cuillerée d'eau de fleurs d'oranger.

NOTA. Tous les POTAGES, ayant des PATES pour base, telles que le macaroni, les étoiles, les becs de plume, en un mot, les pâtes d'Italie, celles des départements du Nord et celles dites *d'Auvergne*, dont la fabrication vient de faire des progrès immenses, sont également convenables pour produire d'excellents potages, au gras, au lait ou au maigre, en les accommodant de la manière qui vient d'être indiquée.

Dans tous les ouvrages traitant la préparation des mets, on ne s'est préoccupé que des personnes bien portantes; LA CUISINIÈRE DES MÉNAGES sait que rien n'est moins stable que la santé, et que c'est bien souvent à une alimentation intelligente et graduée que nombre de personnes sont redevables d'un prompt rétablissement. Pareille chose a lieu pour les enfants; la nourriture habituelle des grandes personnes ne saurait convenir à la faiblesse, disons plus, à la nature molle de leurs jeunes organes; un choix exceptionnel d'aliments leur est donc absolument nécessaire, surtout avec notre climat, la fréquente humidité de notre atmosphère et le relâchant qu'ont généralement les ondes de nos rivières. — Nous venons déjà d'indiquer la manière de préparer la panade, le riz, les pâtes au maigre, au lait, au gras; nous allons compléter cet aperçu par quelques renseignements destinés particulièrement aux enfants et surtout aux malades et aux convalescents.

Alimentation spéciale pour les enfants et les convalescents

BOUILLON DE POULET. — Dans un litre et demi d'eau ordinaire, faire bouillir un poulet maigre dont on aura retiré la peau, les pattes, la tête, le gésier et le foie; quand la cuisson est terminée, la retirer du feu et ajouter, rien que pour infuser, deux fortes pincées de chicorée blanche, ou de scarole, ou même de mâches, suivant la saison; on peut même remplacer ces plantes par 15 grammes d'amendes douces, pelurées et broyées dans un mortier de marbre.

BOUILLON AUX HERBES. — Faire chauffer de l'eau, deux litres, y jeter une pincée de sel gris; quand l'eau bout, y précipiter une forte poignée d'oseille, quelques feuilles de laitue, une pincée de cerfeuil, un peu de pourpier; retirer aussitôt du feu, couvrir, laisser infuser; au bout d'un quart-d'heure, passer à travers un linge, presser les herbes; prendre gros comme une petite noix de beurre très frais, le jeter dans le bouillon ainsi filtré et bien remuer. Si ce bouillon agit trop sur de certains estomacs, on peut, en faisant chauffer l'eau, y ajouter 50 à 60 grammes de veau ou de poulet, laisser bouillir jusqu'à ce que la viande soit cuite, et procéder ensuite comme il vient d'être dit pour l'infusion des plantes potagères, système bien préférable à l'ébullition.

On procède de même pour le bouillon de grenouilles et celui d'escargots, en ayant soin d'approprier et de faire dégorger d'avance ces derniers.

BOUILLON DE VEAU. — Faire bouillir pendant trois heures, dans un litre et demi d'eau, 250 grammes de jarret de veau, avec addition d'un peu de sel gris ; retiter du feu, et jeter dans la casserole soit de la laitue, soit de la chicorée, soit de l'oseille, avec addition de cerfeuil ; couvrir et laisser infuser avant de prendre.

BOUILLON DE MOU DE VEAU.—Même préparation que le précédent.

BOUILLON D'ÉCREVISSES. — Essentiellement tonique, ce bouillon se prépare avec du bouillon gras, dégraissé, et dans lequel on jette, lors de l'ébullition, une vingtaine d'écrevisses cuites à part et préalablement pilées dans un mortier ; laisser bouillir une demiheure et passer à travers un tamis avant de prendre ce bouillon.

BOUILLIE DES ENFANTS. — Délayer une pincée de bonne farine de froment avec un peu d'eau ou de lait, ajouter un peu de sel et un peu de sucre, mettre sur le feu et remuer jusqu'à cuisson. Il est bien plus sain, surtout pour les enfants débiles, de faire sécher de la croûte de pain, soit à l'air, soit au four, et de la piler, de la passer au tamis de soie ; la bouillie ainsi préparée est bien plus nourrissante et bien plus digestive que la première. On peut ajouter un peu de fleurs d'oranger, et même une très légère liaison.

BOUILLON DES BÉATES, *au poisson, fortifiant et aphrodisiaque.* — Il se prepare en coupant par morceaux du poisson blanc que l'on fait bouillir pendant trois heures dans trois litres d'eau, après y avoir ajouté du sel, carottes, céleri, clous de girofle, poireaux, oignons, du beurre et des navets. Quand ce bouillon est cuit, le goûter, le passer au tamis de soie et le remettre sur le feu pour y joindre du sagou, de l'arow-root, du tapioca, ou simplement de la fécule de pomme de terre ou de la farine de marrons ; addition d'un peu de beurre frais après avoir retiré du feu..

Des Sauces et des Ragouts

SAUCES. — La plupart des sauces se préparant à part, et pouvant servir pour différentes sortes de viandes, de poissons ou de légumes, nous croyons devoir indiquer tout d'abord celles qui se font le plus ordinairement ; le bouillon, le beurre et le jus, l'essence de différentes viandes, sont les bases principales de la plupart des sauces.

COULIS. — Ils sont destinés à concentrer sous un petit volume une masse quelconque de nutrition ; l'art de la cuisine a souvent emprunté à l'art curatif ses différents procédés pour préparer un liquide velouté, originairement destinés à réconforter des estomacs délabrés. Les coulis s'obtiennent de différentes manières : soit en faisant bouillir, soit en faisant rôtir pendant très longtemps de jeunes volailles, pour en séparer ensuite la chair des os et la couper en très petits morceaux ; on met ensuite ce presque hachis sur un feu doux, avec de bon bouillon gras ; continuer à faire bouillir jusqu'à ce que les viandes soient tombées pour ainsi dire en pâte ; retirer et passer par un tamis de crin.

JUS DE CAMPAGNE. — Ce jus se fait d'une manière beaucoup plus simple et plus rapide, et sans valoir le précédent, il peut encore rendre des services ; il se fait en mettant au fond d'une casserole un peu de lard ou de jambon, des parures de viandes blanches ou de gibier, quelques rouelles de carottes, du jarret de veau si l'on peut en avoir ; on met le tout sur un feu doux avec un peu de beurre et d'eau ou de bouillon ; on laisse mijoter ; on remouille un peu en ajoutant un très petit morceau de sucre ; on mouille une troisième fois, puis on passe le jus au tamis et on le place au frais.

FOND DE CUISSON. — C'est de bon bouillon gras dans lequel on a fait cuire certaines viandes et surtout des volailles, comme par exemple, celle que l'on met au gros sel. Ce bouillon, suffisamment aromatisé, et conservant une partie du goût des pièces qui y ont été cuites, sert dans nombre d'occasions.

COULIS AU GRAS qui sert dans nombre de cas où les jus auraient trop de force, et qui a encore le veau pour base. — On fait fondre un morceau de beurre dans une casserole; on y met ensuite un kilo de veau maigre coupé par tranches, quelques clous de girofle, un petit peu de sucre, quelques oignons moyens; tourner dans le beurre jusqu'à ce que le veau devienne blond, mouiller avec du bouillon ou, à défaut de bouillon, avec de l'eau, à laquelle on ajoutera sel suffisant, laisser cuire à petit feu pendant six heures, retirer et passer au tamis.

COULIS D'ÉCREVISSES. — Lavez bien des écrevisses, jetez-les dans de l'eau bouillante où vous aurez déjà mis des tranches de carottes et d'oignon, un bouquet garni et un peu de sel; sitôt cuites, retirez les écrevisses, épluchez-les et pilez leur enveloppe dans un mortier, en mouillant avec du bouillon; passez au tamis, et mettez ce résidu sur le feu, en y ajoutant un peu de jus de veau, de jambon, d'oignon, et des carottes.

On peut mettre ce coulis au maigre, en remplaçant les viandes par du poisson.

ESSENCE DE VOLAILLE. — En parlant tout à l'heure du riz à la créole, nous avons indiqué la manière de faire de l'essence de volaille; en voici une seconde plus économique, et qui pourtant est bonne; il s'agit de piler dans un mortier tous les débris de volaille, rôtie ou non, dont on peut disposer, tels que poulet, dinde, etc.; mettre sur le feu avec un morceau de beurre, ajouter des tranches de carottes et d'oignons, un bouquet garni, tourner ferme dans ce beurre, et dès que cela crie un peu, y mêler du bouillon ou de l'eau; faire bouillir à petit feu, passer au tamis de soie.

ESSENCE DE GIBIER. — Même procédé, sauf à ajouter un peu de vin blanc, si on en aime le goût; c'est très bon, quand cette essence est faite avec du chevreuil, des perdrix, du lapin ou du lapereau.

GELÉE. — Mettez, avec demi-kilo de trumeau de bœuf, un pied de veau désossé, demi-kilo de jarret de veau et un petit poulet maigre dans une marmite avec eau suffisante; amener à l'ébullition, ajouter des carottes, un bouquet garni après avoir écumé; faire bouillir vigoureusement; quand les viandes ont perdu toute consistance, les retirer et passer le bouillon au tamis de soie, le remettre sur le feu, y jeter trois blancs d'œufs battus en neige avec un peu d'eau, bien remuer, laisser réduire au point d'un peu d'épaisseur; ajouter un jus de citron, passer à travers une serviette mouillée dans un vase de terre vernissée. Cette gelée sert à garnir toutes les pièces froides.

GLACE DE VIANDES. — On en fait maintenant un grand emploi, parce qu'elle se conserve et donne immédiatement du goût aux mets auxquels on l'ajoute. La glace se compose de tous les débris de viande cuite ou non cuite que l'on peut réunir; le veau rôti, le jarret de veau ou de bœuf, le gibier, le bœuf rôti, la vo-

laille, ont la préférence. On les met sur un feu
soutenu, on les assaisonne comme pour la gelée, on clarifie la glace de la même manière
avec des blancs d'œufs; comme il est bon
qu'elle ait de la consistance pour se mieux conserver, on y ajoute un peu de gélatine fine et
blanche, si l'on n'y a pas mis de jarret de veau.
Quand la glace est froide, on en coupe pour
l'usage, et on la met avec un peu de bouillon
dans une petite casserole sur un feu doux;
c'est excellent pour ajouter du ton à des beef-
teacks cuits dans leur glace, à un poulet sauté,
en un mot, quand il s'agit de dorer une pièce
ou de relever une sauce à la minute.

JUS. — En outre des jus naturellement pro-
duits par les viandes rôties et que l'on peut
conserver pendant plusieurs jours sous la graisse
de ces mêmes viandes, on peut créer facilement
des *jus ;* pour cela faire, on réunit tous les débris, toutes les parures de viande de boucherie,
de gibier ou de volaille que l'on peut avoir, on
y ajoute des bandes de lard, du jarret de veau,
de gros oignons coupés par tranches, carottes
également coupées, un bouquet garni, autrement dit formé de persil, ciboule, thym, laurier, gousse d'ail au milieu, et, si on en aime
le goût, on peut y ajouter un peu de sariette,
de basilic, mais c'est peu en usage ; on met le
tout sur le feu avec quelques verrées de bouillon,
gros comme une noix de sucre et une cuillerée
d'eau-de-vie, on couvre bien et on laisse bouillir
pendant deux bonnes heures, en surveillant de
temps en temps ; si le mélange s'attachait trop

au fond de la casserole, on mouillerait avec un
peu d'eau ou de bouillon ; quand le jus commence à gratiner et à prendre une couleur marron, on retire du feu, on ajoute un peu de
bouillon, et on laisse la casserole bien couverte
reposer sur de la cendre chaude ; de la sorte
tout le fond se détache de soi-même, la viande
et les racines rendent toute leur saveur. Au
bout d'une demi-heure, mouiller de nouveau,
gouter et remettre sur un feu vif, et laisser
bouillir pendant trois heures ; retirez ensuite ;
laissez reposer quelques instants, dégraissez et
passez le jus au tamis ; vous le conservez pour
l'usage dans un vase vernissé, et placé dans un
endroit frais — On peut remplacer l'eau-de-
vie par du vin blanc ; mais la petite dose de
sucre est indispensable pour faire ressortir des
viandes toutes leurs qualités succulantes.

LIAISONS. — Prendre un ou plusieurs jaunes d'œufs séparés de leurs blancs, les mettre
dans le coin d'un torchon blanc, et tordre vigoureusement sur un bol ; verser sur les jaunes ainsi passés un peu de la sauce à laquelle
on les destine ; remuer, verser le tout dans le
met, en dehors du feu ; ajouter un petit filet
de vinaigre, de verjus ou de citron ; remuer et
servir de suite.

ROUX. — Trop foncés, ils sont indigestes ;
leur préparation demande donc quelques soins
peur être salutaires. Mettre un morceau de
beurre dans une casserole ; quand il est fondu,
y jeter une cuillerée de farine ; remuer jusqu'à

l'ébullition, ralentir le feu et continuer à remuer; dès qu'il passe à la nuance blonde, s'en
servir ou le garder pour l'usage. Le *roux blanc*
se fait de même, seulement il reste moins longtemps sur le feu, et ne se garde pas.

BEURRE NOIR. — Mettre du beurre dans
une poêle, sur un feu vif; quand il brunit, l'é-
cumer et le mettre à part; faire chauffer ensuite, dans la même poêle, du vinaigre et du
sel; quand le vinaigre bout, on y ajoute le
beurre, et on verse bouillant sur le poisson ou
les œufs.

BEURRE D'ANCHOIS. — Après avoir lavé
des anchois et ôté les arêtes, les piler dans un
mortier, passer le résidu à l'étamine et l'incorporer à du beurre frais.

BRAISE. — Mettre au fond d'une casserole
des bandes de lard, des tranches de veau, des
ronds de carottes et d'oignons, clous de girofle, bouquet garni, sel, poivre, gros comme
une aveline de sucre, placer sur ce fond ce
qu'on a à faire cuire; ajouter vin blanc un
verre, une cuillerée d'eau-de-vie ou de rhum,
assez de bouillon pour que la pièce baigne;
mettre sur un feu doux, fermer le vase très
hermétiquement; laisser cuire longtemps.

CARAMEL. — Dans un poêlon de cuivre non
étamé ou une petite casserole sacrifiée à cet
usage, mettre du sucre blanc et un peu d'eau;
remuer; quand le sucre arrive à former une

bouillie couleur marron, ajouter de l'eau et remuer ; retirer, laisser refroidir et mettre dans
une bouteille.

SAUCE BLANCHE. — Mettre à froid dans
une casserole morceau de beurre, cuillerée de
farine, pincée de gros sel ; broyer avec une
cuillère, ajouter ensuite un verre d'eau froide,
mettre sur un feu doux, tourner toujours du
même côté et laisser un peu bouillir, pour que
la farine cuise ; retirer du feu, ajouter une liaison formée d'un jaune d'œuf délayé avec de
l'eau ; joindre un filet de vinaigre ou de citron.

Si, en épaisissant trop, cette sauce allait
tourner, autrement dit, si le beurre se séparait
de la farine, il est aisé de la ramener en la retirant du feu, en ajoutant un peu d'eau ou de
lait et en remuant très vivement ; remettre ensuite sur le feu jusqu'à cuisson. Quelques personnes y ajoutent du poivre ou de la muscade.
Si cette sauce doit accompagner du poisson
grillé ou cuit au bleu, on y ajoute une certaine
quantité de câpres au moment de verser dans
la saucière.

SAUCE TOURNÉE ou VELOUTÉE. — Hacher
du persil, des champignons, des échalottes ;
faire revenir le tout avec du beurre, ajouter
ensuite une pincée de farine, mouiller avec du
bouillon et un peu de vin blanc, faire bouillir
à petit feu, dégraisser et garder pour l'usage.
— Une autre sauce tournée, qui est la base,
pour ainsi dire de la cuisine des traiteurs, se
prépare en mettant dans une casserole des

cranches de cuisseau de veau, près le jarret, uu poulet maigre, carottes, oignons, champignons hachés, clous de girofle, bouquet garni; mettre le tout ensemble sur le feu, avec du beurre; faire un peu revenir, singer d'un peu de farine, tourner sur le feu, puis mouiller avec du bouillon; écumer, faire bouillir et réduire; ajouter quelques boulettes de beurre pétries de farine; laisser cuire et réduire; quand les viandes tombent de cuisson, retirer, passer à l'étamine et garder pour l'emploi.

SAUCE ESPAGNOLE. — Mettre dans une casserole deux cuillerées d'huile, une pincée de farine; faire revenir et mouiller aussitôt avec du jus ou du coulis, un verre de vin blanc, un verre de bouillon, bouquet garni, girofle, muscade, sel, panais, oignons, carottes, champignons, faire bouillir pendant une bonne heure, dégraisser, passer au tamis, garder pour l'usage.

SAUCE ITALIENNE. — Hacher des champignons, des échalottes, du persil; passer le tout au beurre, singer d'un peu de farine, mouiller avec du jus ou du bouillon, passer au tamis.

SAUCE ALLEMANDE. — Mêler de la sauce tournée à du bouillon; quand c'est bien chaud, clarifier un blanc d'œuf, passer, remettre sur le feu, y jeter des champignons, faire réduire, retirer et mettre une liaison de jaunes d'œufs, servir sur du poulet ou des tendons de veau.

POIVRADE. — Mettre un verre de vin blanc réduire sur le feu, puis y ajouter échalottes hachées, bouquet de persil, sel, poivre et bouillon ; clarifier, laisser réduire à point.

RÉMOULADE. — Mettre dans un vase vernissé : moutarde, sel gris, gros poivre, persil haché, échalottes hachées, vinaigre et deux jaunes d'œufs ; battre le tout, ensuite y ajouter un peu de sauce tournée et quelques cuillerées d'huile d'olive ; battre vigoureusement le tout à froid.

SAUCE TARTARE, *à froid*. — Échalottes, estragon, cerfeuil, le tout haché ; vinaigre, huile, moutarde, quatre épices ; battre le tout ensemble.

SAUCE PIQUANTE. — Mettre quelques cuillerées de vinaigre sur le feu, avec un peu de piment, de poivre, laurier, thym, faire bouillir, ajouter un peu de bouillon, faire réduire et servir chaud.

SAUCE TOMATE. — Couper des tomates en quatre, les mettre sur le feu avec beurre, tranches d'oignons, bouquet garni, sel, poivre, girofle, muscade ; faire bouillir en écumant sans cesse, passer au tamis, remettre au feu, et faire réduire à point ; on peut, dès le commencement, faire revenir un peu de farine dans le beurre avant d'y jeter les tomates et les autres ingrédients, cela rend la sauce moins liquide.

MAYONNAISE. — Mettre dans un bol, jaune d'œuf cru, sel, filet de vinaigre, cuillerée d'huile versée goutte à goutte, tout en tournant.

SAUCE ROBERT. — Mettre sur le feu du beurre et une pincée de farine ; faire roussir un peu ; y jeter quelques gros oignons hachés, faire revenir, mouiller avec du bouillon, laisser bouillir ; quand les oignons sont cuits, dégraisser, mettre sel, gros poivre, moutarde et filet de vinaigre. Servir sous du porc frais ou du dindon.

SAUCE VERTE CHAUDE. — Mettre sur le feu : verre de vin blanc et autant de bouillon ; faire réduire ; piler à part cerfeuil, estragon, cresson aléénois, pimprenelle, en exprimer le jus dans un vase quelconque, délayer dans ce jus quatre jaunes crus, retirer le vin du feu et y incorporer la liaison.

SAUCE VERTE FROIDE. — Prendre cresson alénois, pourpier, estragon, et, si on veut, un peu de baume et de civette, hacher le tout et l'épicer ensuite, ajouter sel, poivre, huile et moutarde, et bien battre le tout.

SAUCE AU BLANC. — Prendre 250 grammes de lard râpé, autant de graisse de veau, 125 grammes de beurre, citron coupé par tranches, mais dont on ôtera le blanc et l'écorce, girofle, deux carottes, deux oignons ; faire bouillir le tout jusqu'à réduction, en tournant souvent ; quand graisse et lard seront bien fondus, ajouter suffisante quantité de sel, passer au tamis et garder pour l'usage.

SALMI. — Faire bouillir ensemble un verre de vin blanc et de sauce espagnole, mettre un bouquet garni avec un peu de serpolet, y joindre des débris de perdrix rôties, pilés avec un peu de bouillon; réduire et passer au tamis. On peut y ajouter des truffes coupées par tranches ou hachées.

Garnitures

QUENELLES DE VOLAILLE. — Prendre des blancs de volailles rôties, ôter les nerfs et les peaux; pilez-les; pilez à part mie de pain trempée dans du lait, et un morceau de beurre. Passer au tamis la volaille pilée, mettre ensuite dans le mortier où est la mie de pain : piler de nouveau en ajoutant muscade, poivre, sel, jaunes d'œufs délayés et blancs, muscade, œufs battus en neige. Faire avec cette pâte de petits bâtons gros et longs comme le pouce; les faire pocher dans du bouillon en ébullition.

QUENELLES DE POISSON. — Avec soles, limandes; même travail.

CRÊTES ET ROGNONS DE COQS. — Les parer et ébarber, les laver et faire dégorger dans l'eau tiède, les retirer quand l'épiderme commence à s'enlever, essuyer doucement ; faire cuire dans du bouillon et un peu de jus, ajouter filet de citron pour conserver la blancheur ; les crêtes étant plus dures que les rognons, doivent être mises les premières sur le feu.

FINANCIÈRE. — Prendre de la sauce tournée, y joindre du consommé, faire réduire, puis y jeter du beurre et des ris de veau échaudés, puis passés au beurre ; quand ils sont cuits, y ajouter des rognons de coq, des crêtes et des foies de volaille coupés par morceaux et blanchis ; on peut y ajouter des culs d'artichauts, des champignons, des truffes et des quenelles de volaille ; au moment de servir, ajouter une liaison de jaunes d'œufs. — On peut faire la FINANCIÈRE blonde en y ajoutant de la sauce espagnole, du bouillon et du vin blanc.

GODIVEAU. — Enlever d'une rouelle de veau sa graisse et ses membranes, y ajouter le double en poids de graisse de bœuf également épluchée ; hacher le tout et le manier en y joignant deux jaunes d'œufs et un peu d'eau ; assaisonner ; y joindre une pincée de persil haché très fin ; pocher comme les quenelles ; c'est ce qui fait la garniture des tourtes et vol-au-vent des pâtissiers.

OIGNONS GLACÉS. — Éplucher de gros oignons en coupant bien net la tige et la racine,

les placer au fond d'une casserole après avoir
fait fondre du beurre, ajouter sel et sucre en
poudre, puis après un verre de bon bouillon ;
dès qu'ils ont pris couleur et qu'ils sont cuits,
les retourner pour les dresser autour d'un morceau de viande ou d'une pièce de bœuf ; détacher le fond de casserole avec du bouillon ;
passer au tamis et verser sur les oignons.

CROUTONS. — Prendre de la mie de pain
de ménage, ou mieux du pain carré anglais,
couper des tranches épaisses de la moitié d'un
travers de doigt, donner une forme régulière
en les taillant, ou les enlever avec un emporte-
pièces de ferblanc ; faire chauffer du beurre dans
une casserole ou dans un plat de cuivre à sauter, y jeter les croutons, laisser frire des deux
côtés jusqu'à un ton doré, retirer et servir autour de nombre de mets et de purées.

GARNITURE DE LÉGUMES. — Prendre,
suivant la saison, haricots blancs nouveaux,
petits pois, pointes d'asperges, haricots verts,
choux-fleurs, choux-raves, navets, carottes nouvelles, etc.; on coupe ou on taille les racines,
on les jette dans l'eau bouillante avec du sel et
un peu de beurre frais, on les retire dès qu'ils
sont cuits, et on les dresse autour de la pièce
qui doit les accompagner ; si la sauce de cette
pièce devait être trop courte, on sauterait ces
légumes, avant de les dresser, dans un peu de
beurre, avec du sel et un peu de poivre. Les
Jardinières de légumes ne se préparent pas autrement, sauf à y ajouter un coulis.

Purées

Les PURÉES sont d'un excellent emploi sous presque toutes les viandes et sous quelques poissons.

PURÉE DE CAROTTES. — Couper des carottes et deux oignons, passer le tout au beurre, ajouter un peu de sel, mouiller avec du bouillon ; arrivé à cuisson, ce mélange est écrasé sur la passoire en mouillant encore ; remettre sur le feu avec quatre-épices, une pincée, beurre frais et jus.

DE CARDONS. — Manier un peu de beurre avec une petite cuillérée de farine, ajouter eau et sel, remettre sur le feu, amener la farine à cuisson, puis la mouiller jusqu'à ne faire de cette préparation qu'un *blanc*, dans lequel, lorsqu'il bout, on jette les cardons ; faire réduire le *blanc*, pendant ce temps passer les cardons au tamis, réunir leur résidu au blanc, remuer toujours et mouiller au besoin avec de la crême.

DE CHICORÉE. — Éplucher, faire blanchir de la chicorée, retirer du feu quand elle fléchit sous les doigts, la jeter sur une passoire, égouter, hacher menu, remettre sur le feu avec beurre ou graisse de volaille rôtie ; chauffer, singer d'une pincée de farine, ajouter un petit morceau de sucre, mouiller au bouillon ou au jus, mettre sel, poivre et quatre-épices, une pincée, ou un peu de muscade ; laisser migeoter, retirer du feu, et ajouter, avant de servir, en dehors du feu, un peu de beurre frais pour parfumer, remuer et dresser.

La même Purée se fait au maigre, en n'employant que du beurre frais, sel et sucre; mouiller avec de la crême qui forme ensuite liaison en s'épaississant, ne pas oublier le beurre, gros comme une petite noix après avoir retiré du feu.

AUX PETITS POIS FRAIS, aux HARICOTS BLANCS NOUVEAUX, aux FÈVES DE MARAIS. — Jeter dans de l'eau bouillante des petits pois, des haricots nouveaux ou des fèves nouvelles dépourvues de leur enveloppe, faire blanchir et broyer ensuite sur un tamis de crin ou une passoire fine, mouiller avec du bouillon ou de l'eau, suivant qu'on veut la purée au gras ou au maigre. Mettre dans une casserole beurre frais ou graisse fine, faire chauffer, y jeter une pincée de farine, remuer et verser la purée dans la casserole, lui faire faire un tour, ajouter un bouquet de persil et ciboules, un peu de sel, faire cuire à point en mouillant avec du bouillon, du jus ou de la crême après cuisson, retirer du feu et mettre un peu de beurre, comme ci-dessus.

AUX POIS SECS CONCASSÉS. — Faire cuire à l'eau froide quelques poignées de pois concassés, les broyer sur une passoire fine, ou mieux à travers une étamine, mouiller avec du bouillon et assaisonner comme ci-dessus.

Les farines de légumes cuits que l'on vend maintenant permettent de préparer presque spontanément des purées de toutes sortes.

AUX MARRONS. — Prendre des marrons grillés, mais aussi peu brûlés que possible, les éplucher avec soin, les mettre dans une casserole avec du beurre, mouiller avec du vin blanc, faire bouilloter à feu doux; étant cuits tout à fait, retirer les marrons du feu, écraser et passer, remettre au feu, ajouter du jus, laisser réduire, retirer du feu, parfumer d'un peu de beurre.

D'OIGNONS. — Comme ci-dessus, mais mouiller au vin blanc.

D'OSEILLE. — Réunir oseille, cerfeuil, poirée, laitue, belle-dame; hacher le tout, le mettre sur un feu doux, sans beurre ni eau, mais avec un peu de sel fondu de soi-même, dans une casserole bien close; quand le tout est fondu, passer à l'étamine, remettre au feu avec du beurre, et, si l'on veut, une petite pincée de farine, mouiller avec eau ou bouillon; en retirant du feu, ajouter ou une liaison ou du jus; ne pas oublier de parfumer au beurre.

A LA ROMAINE ou A LA SCAROLE. — Faire blanchir l'une ou l'autre et procéder comme pour la chicorée, c'est excellent sous un aloyau, un rosbif ou des côtelettes de veau ou de mouton.

AUX POMMES DE TERRE. — Les faire cuire à la vapeur, les pelurer, broyer et piler dans un mortier, en mouillant au bouillon, passer au tamis, remettre au feu avec beurre ou graisse fine, mouiller au bouillon ou à la crême, suivant l'idée ; servir avec des croûtons tout autour, ce qui se fait pour toutes les autres purées. On peut ajouter du sucre à la purée maigre ou saupoudrer le plat de sucre tamisé et mettre un instant sous le four de campagne.

De la Friture

On fait la friture de trois manières et par conséquent avec trois substances différentes : l'huile, le beurre et la graisse ; ce n'est guère que dans les contrées méridionales où les huiles d'olive, de noix ou de fêne, ou fruit du hêtre, sont excellentes et peu coûteuses ; ailleurs c'est de l'huile d'œillette, et, dans les pays de pâture, le beurre est préféré ; mais la graisse l'emporte généralement, parce qu'elle est facile à travailler et à conserver.

Le saindoux employé seul a de la blancheur, de la finesse, mais il est indigeste ; voici donc la meilleure friture : deux kilos de graisse de veau d'autour du rognon, deux autres kilos de graisse de bœuf aussi du tour du rognon, couper le tout menu, le mettre sur un feu doux avec un litre d'eau, remuer de plus en plus souvent avec une forte écumoire, appuyer souvent au fond pour écraser les morceaux ; quand il ne reste plus au fond de la poële qu'un ré-

sidu membraneux, détritus de la graisse, quand
de petites globules se forment à la surface, la
friture est cuite, on y jette alors un kilo de
saindoux et on remue de nouveau ; quand l'é-
bullition produit de nouvelles globules, on retire du feu, on laisse reposer pendant cinq minutes, puis on passe au tamis de crin sur des
pots de grès dans lesquels on a mis deux à
trois feuilles de laurier qui restent dans la friture quand elle se congèle, et servent à la parfumer.

Dans nombre de maisons on a soin de dégraisser le pot au feu, on met cette graisse à
part avec les parures grasses des viandes :
mouton, bœuf, oies, etc., ainsi que les graisses
de rôti qui n'ont pas trouvé d'emploi, et une
ou deux fois par semaine on procède, comme
il vient d'être dit, à la cuisson de toutes ces
graisses ; filtrer de la même manière, ajouter
les feuilles de laurier, mais il est superflu d'y
mettre du saindoux.

PATES A FRIRE. — Il n'y a que le poisson
que l'on saupoudre de farine avant de le faire
frire ; autrement il faut préparer une pâte délicate et se tenant assez cependant pour bien
couvrir les croquettes de volaille, les huîtres,
les salsifis, en un mot tous les objets que l'on
veut soumettre à ce mode de cuisson.

PATE A FRIRE PARISIENNE. — Mettre ensemble dans un vase une cuillerée d'huile d'o-
live, sel égrugé une forte pincée, quatre cuillerées de farine fine, un peu d'eau, un filet de

de s'en servir, goûter si la pâte est assez salée, y incorporer deux blancs d'œufs battus en neige et remuer vigoureusement.

PATE A FRIRE FLAMANDE. — Délayer de la farine avec de la bière, demi-verre; cuillerée d'huile, gros comme une noix de beurre, forte pincée de sel, deux blancs d'œufs en neige.

PATE A FRIRE ITALIENNE. — Délayer avec du sel, du gros poivre, deux jaunes d'œufs, un peu de lait, quantité suffisante de farine; ajouter, en finissant seulement, deux cuillerées d'huile; remuer de nouveau.

PATE A BAIGNETS. — Délayer de la farine avec de l'huile et du sel, ajouter deux jaunes d'œufs, une cuillerée d'eau-de-vie, cuillerée de sucre en poudre; au moment de s'en servir, ajouter des blancs d'œufs battus en neige avec de l'eau de fleur d'oranger.

Au lieu de cette eau et de sucre en poudre, on peut frotter un morceau de sucre sur un citron et en râcler la surface imprégnée de l'huile essentielle du zeste dans la pâte à frire.

Des Ragouts

RAGOUT EN TORTUE. — Passer au beurre des ris de veau et les tenir à part; faire réduire dans une casserole moitié consommé et moitié sauce espagnole, y ajouter ensuite des champignons et les ris de veau, mouiller avec un verre de Madère; ajouter crêtes, rognons de coq, écrevisses vivantes, foies de volaille, des d'œufs cuits durs, des croutons frits, de petits cornichons.

On accommode de même la *tête de veau* après l'avoir fait blanchir, et lorsqu'elle est déjà presque cuite.

RAGOUT A LA CHIPOLLATA. — Même travail que ci-dessus; seulement on y ajoute un chapelet de petites saucisses, du petit lard de poitrine revenu dans le beurre et des marrons grillés.

RAGOUT DE FOIES GRAS. — Couper par morceaux des foies après avoir retiré l'amer, faire cuire dans une sauce préparée à l'avance, qui se fait en coupant très menu un quart de jambon maigre et demi-kilo de lard, on met le tout sur le feu avec beurre, bouquet garni, une carotte, un oignon; faire bouilloter, mouiller avec de l'eau, et presser le lard et le jambon afin de leur faire donner tout leur goût; c'est dans cette sauce tirée à clair que l'on fait cuire les foies, on les égoute ensuite, puis on les remet au feu avec une sauce espagnole réduite.

Pour simplifier ce ragoût, on peut mettre une tranche de jambon et quelques morceaux de lard sur le feu, avec carotte, bouquet, oignon, mouiller avec un peu de vin blanc; mettre ensuite les foies jusqu'à cuisson, les dresser et passer le jus pour le verser sur eux.

RAGOUT DE LAITANCES. — Faire réduire vinaigre ou mieux demi-verre de vin blanc, ajouter un jaune d'œuf cru, remuer et délayer jusqu'à consistance un peu solide; au moment bouquet, mettre un peu de sauce espagnole et de consommé ; clarifier cette sauce, la réduire et y jeter des laitances de carpes que l'on aura fait blanchir à part. Laisser arriver à cuisson parfaite, servir avec croutons tout autour.

PAPILLOTTES DE VIANDES. — Prendre des filets de gibier ou de volaille dans leur longueur, les faire mariner avec sel, gros poivre, épices, thym, champignon et échalottes hachées. Prendre papier blanc, le huiler, mettre les filets dedans, entre deux bandes de lard et leur marinade ; faire cuire sur un gril à petit feu.

RAGOUT MÉLANGÉ. — Mettre dans une casserole champignons et culs d'artichauts demi-cuits coupés par morceaux, foies gras, morceau de beurre, bouquet garni, gousse d'ail, sel, poivre et pincée de farine ; faire revenir le tout pendant quelques instants, mouiller avec moitié vin blanc, moitié bouillon ; dès que les foies sont cuits, dégraisser et servir.

RAGOUT DE CHAMPIGNONS, de MORILLES ou de MOUSSERONS. — Eplucher et laver avec soin l'une de ces plantes, car elles se préparent toutes les trois de la même manière, les faire blanchir à l'eau bouillante, retirer et égouter ; faire ensuite fondre et un peu chauffer du beurre, y jeter les champignons ou les morilles ; y joindre un filet de citron ; laisser cuire, retirer, passer, remettre le jus restant truffes, culs d'artichauts ; au moment de servir, mettre une liaison, puis ajouter des jaunes champignons, les morilles ou les mousserons. On peut y ajouter quelques petits oignons passés légèrement au beurre, et qui achèvent leur cuisson avec les champignons.

RIS DE VEAU. — Les ris de veau servent principalement à figurer dans les garnitures et dans les ragouts ; nous croyons devoir indiquer ici la manière de préparer cette sorte de glande, qui est excellente à manger. On leur enlève donc toutes leurs membranes, toutes les veines, les peaux qui les enveloppent ou qui s'y trouvent, on les met tremper dans l'eau tiède, on les presse à plusieurs reprises avec la main pour les faire dégorger ; on peut aiguiser la dernière eau avec quelques gouttes de vinaigre ou de citron pour pousser à la blancheur ; on les met ensuite dans de l'eau fraîche ; puis on les laisse égouter ; on les coupe en morceaux, on les passe au beurre, on les saupoudre d'un peu de sel fin et on y ajoute ensuite telle sauce que l'on désire.

RAGOUT DE TRUFFES. — On brosse à l'eau tiède les truffes ; on en enlève la surface avec un couteau fin, et on en garde le résidu pour un autre emploi ; on coupe les truffes par tranches de moyenne épaisseur, puis, on les met au feu avec beurre, bouquet de persil, clous de girofle, un peu de farine ; on mouille avec moitié vin, moitié bouillon ; demi-heure de cuisson sur un feu doux, dégraisser, ajouter un peu de coulis, servir pour entremets.
une demi-bouteille de vin de Champagne avec un bouquet garni ; après réduction, retirer le

Du Bœuf

Le meilleur bœuf est celui qui a la couleur foncée, d'un rouge cramoisi ; ses chairs doivent être couvertes de graisse ; le filet, l'aloyau, le gîte à la noix, la tranche, les entre-côtes et la culotte sont les morceaux préférés ; les morceaux inférieurs sont le paleron ou épaule, le collet, la tête et le flanchet ou peu du ventre. Il est bon de le laisser mortifier quatre jours en hiver, deux en été, à moins de vent d'orage et de chaleur excessive.

Les morceaux dont on fait encore emploi pour les bonnes tables sont la cervelle, la langue, le palais, les rognons, la graisse, la queue, la moëlle, la poitrine, les tendons de poitrine, le gros bout.

BOUILLI. — A l'article des potages nous avons indiqué la meilleure manière de faire le bouillon, qu'il ne faut ni trop réduire ni laisser trop gras ; la pièce de bœuf est d'ordinaire un quartier de tranche, de gîte, de culotte ou de côte couverte ; on le sert avec garniture de persil, d'oignons glacés, de choux, de choucroute, de racines tournées passées au beurre et cuites dans un coulis, de petites pommes de terre entièrement blanchies, épluchées et passées au beurre ; on sert aussi le bœuf sur l'une des sauces indiquées ci-dessus, notamsur le feu en ajoutant un peu de sauce rousse ou blanche ; cuits à point, ajouter une liaison de jaune d'œufs et jus de citron, verser sur les ment sur une sauce tomate, une sauce aux anchoix, etc.

BŒUF A LA MODE. — Hacher très fin persil, thym, laurier et demi-gousse d'ail; ajouter sel, poivre et quatre-épices; quand le tout est bien incorporé, y rouler de gros lardons de lard et piquer le bœuf dans le sens des fibres de la viande; faire un fond de casserole avec bandes de lard, tranches de jambon cru, jarret ou pied de veau, bouquet garni, gros oignons, grosses carottes, girofle, verre de bouillon, morceau de sucre, verre de vin blanc ou rouge, deux cuillerées d'eau-de-vie; faire cuivre avec feu dessus et dessous à petit feu pendant quatre ou cinq heures; pour dresser, mettre la pièce de bœuf sur un plat, entourée des carottes, mettre les autres objets dans un autre plat, passer le jus au tamis et en mettre quantité suffisante dans le plat où est le bœuf, si on veut le manger chaud; dans le cas où on ne voudrait le manger que froid, on réserverait tout le jus à part dans un bol après l'avoir clarifié avec un peu de blanc d'œuf battu en neige, de manière à trouver le lendemain une savoureuse gelée.

A L'ÉCARLATE. — Prendre un quartier de culotte, le désosser et le piquer de gros lard; frotter la pièce avec du sel, des épices en assez grande quantité; mettre dans une terrine avec thym, genièvre en grain, girofle, laurier, basilic, ail et oignons coupés par rouelles; bien couvrir la terrine d'un linge; quatre ou cinq jours après, retourner la pièce dans sa saumure et laisser passer encore autant de temps; retirer ensuite, envelopper dans un linge, ficeler, faire cuire dans une marmite avec de l'eau, des oignons et un bouquet garni. Cette pièce se sert chaude ou froide avec une sauce espagnole.

AU MIROTON. — Couper de gros oignons par tranches, les faire revenir dans du beurre ou dans de bonne graisse fraîche, saupoudrer de farine, mouiller avec du bouillon, sel, poivre, faire réduire, couper le bœuf par tranches, le mettre sur un plat avec les oignons presque cuits, faire bouillir un quart d'heure à petit feu, mettre un filet de vinaigre.

AUX FINES HERBES. — Garnir de beurre le fond d'un plat, y jeter persil et ciboule, une pincée de chapelure, mettre dessus le bœuf en tranches minces, faire en dessus une seconde couche de fines herbes et de petits morceaux de beurre, un peu de chapelure, mettre un feu doux dessus et dessous; on peut y ajouter des saucisses et des cornichons.

A LA POULETTE. — Faire revenir une pincée de farine dans du beurre, ajouter ensuite le bœuf coupé mince, mouiller avec de l'eau, mettre bouquet de persil, sel, poivre, retirer du feu, mettre une liaison de jaunes d'œufs avec un petit filet de vinaigre.

A LA PORTUGAISE — Prendre un morceau de tranche coupé carrément, le larder au gros lard roulé dans un assortiment comme le bœuf à la mode; mettre dans une casserole avec de la graisse de volaille rôtie ou du beurre, hacher des champignons, ail, ciboule et persil; faire une sorte de farce de ce mélange et en entourer la pièce de bœuf; ajouter un demi petit verre d'eau-de-vie; faire cuire dans son jus; dresser, passer le jus pour verser sur la pièce; laisser refroidir à part; cette pièce est destinée à ne pas être mangée chaude.

CROQUETTES FRITES. — Hacher le bœuf, y ajouter un peu de mie de pain trempée dans du bouillon, y joindre poivre, sel, une pincée de persil haché, un jaune d'œuf, pétrir le tout, en faire des boulettes, les saupoudrer d'un peu de farine, ou les rouler dans de la mie de pain broyée à la passoire avant de les plonger en boulettes dans la friture. On peut ajouter au hachis un peu de chair à saucisse; dans ce dernier cas on fait revenir cette chair avec un morceau de beurre, du sel, du persil; quand la chair à saucisse brunit, elle est à moitié cuite et on peut la mêler au bouilli.

CROQUETTES A LA BOURGEOISE. — Ajouter au bouilli haché un peu de chair à saucisses et quelques blancs de volaille rôtie que l'on hache menu; ajouter quelques pommes de terre cuites à la vapeur et une mie de pain trempée dans du lait, sel, poivre et persil haché; faire des boulettes, les rouler dans de la chapelure fine; les faire cuire dans une casserôle avec du beurre; dresser et verser dessus une sauce piquante.

HACHIS. — Mettre le bœuf haché sur le feu avec un peu de graisse de volaille ou de beurre et du jus, du bouillon et demi-verre de vin blanc. Faire mijoter et dresser quand il a bon goût.

ROSBIF. — Désosser un carré de côtes de bœuf, plonger çà et là la pointe d'un couteau dans cette chair afin d'en faire sortir l'air, saupoudrer de sel et de poivre, puis rouler, en commençant par le gros bout, maintenir dans cet état à l'aide de quelques broches de fer, ficeler fortement de trois en trois centimètres, puis retirer les broches de fer et embrocher cette pièce dans sa longueur pour la faire cuire devant un feu chaud, mais ne flambant pas; arroser souvent avec la graisse qui en tombera; retirer et servir sans retirer la ficelle. On sert à part les légumes destinés à accompagner le rosbif.

ALOYAU. — Saupoudrer de sel et de poivre, mettre à la broche; le feu de bois est celui qui doit obtenir la préférence pour ce rôti comme pour tous les rôts possibles. Servir l'aloyau sur son propre jus.

ALOYAU SAUTÉ. — Rôti comme ci-dessus, le couper par tranches minces, le mettre dans une casserole avec une sauce piquante, anchois, champignons, un peu d'ail; passer au beurre, mouiller avec du coulis; dégraisser avant de servir.

ALOYAU A LA BOURGEOISE. — Piquer à gros lard un filet d'aloyau, faire un fond de casserole comme pour le bœuf à la mode, ajouter pieds de céleri, oignons, carottes, cul d'artichaut, une idée de sucre, bouillon, une tasse. Faire cuire à l'étouffé.

FILET D'ALOYAU EN BRAISE. — Rouler des lardons dans un assortiment comme pour le bœuf à la mode, piquer et mettre au feu sur un fond composé de bandes de lard, oignons, carottes, bouquets garni, etc., consommé; faire cuire, étouffer le feu. Dresser en mettant dessous une partie de la cuisson passée au tamis.

ALOYAU AUX CONCOMBRES. — Mettre du filet d'aloyau sur des concombres sautés au beurre et cuits avec du *velouté.* — L'ALOYAU AUX TOMATES est généralement piqué et cuit en braise; on le place sur une sauce italienne mélangée de tomates.

BIFTECKS. — Les faire mariner dans l'huile, leur donner souvent un goût de rance; se contenter de retirer la graisse et les nerfs, de les aplatir un peu, de saupoudrer de sel mêlé de poivre. Faire cuire sur le gril, avec un feu de braise chaud, mais ne flambant pas; quand un jus rouge apparaît à la surface, retourner et laisser sur le feu jusqu'à ce que la viande offre un peu de résistance quand on appuie le doigt dessus; dresser sur une maître-d'hôtel avec ou sans cresson de fontaine, entouré de pommes de terre, sur une purée quelconque, sur une jardinière de légumes. Les BIFTECKS A L'ANGLAISE se passent dans du beurre tiède et sont passés à la mie de pain.

ENTRECÔTE. — Faire griller, assaisonner, servir comme les biftecks.

ENTRECÔTE ou BIFTECK SAUTÉ. — Graisser de beurre le fond d'un sautoir; placer dessus l'entre-côte ou le bifteck, saupoudrer de sel, poivre, et un peu de muscade râpée; retourner une seule fois, retirer, détacher le fond avec un peu de sauce espagnole ou seulement un peu de coulis, y jeter des olives, tourner si c'est l'assaisonnement demandé, verser bien chaud sur la viande et servir.

On varie à l'infini l'assaisonnement de ces sortes de viandes; seulement il faut remarquer que lorsqu'on ne veut mettre dessous que du beurre frais, en maître-d'hôtel ou saturé d'anchoix ou d'écrevisses; si on ne veut les entourer de pommes de terre frites ou sautées au beurre, il faut que l'entre-côte ou le bifteck soit cuit sur le gril, tandis qu'il vaut mieux les apprêter dans un sautoir ou une casserole, toutes les fois qu'il doit y avoir dessous une sauce, soit aux champignons, soit aux olives, soit au vin de Madère ou autre.

ENTRECÔTE AU VIN. — Mettre cette entre-côte cuire en braise comme il est indiqué ci-dessus, ajouter un verre de Madère ou d'Alicante et du bouillon; quand tout est cuit, faire réduire le fond, le passer au tamis de soie et verser sur l'entre-côte; un quartier de ROSBIF cuit de la même manière est excellent.

ENTRECÔTE A L'ITALIENNE. — Même préparation; seulement, quand elle est cuite et le jus réduit, on la place sur un lit de macarôni gratiné, mêlé de fromage de Gruyère et de Parmesan avec un peu de poivre, et on verse le jus sur le tout.

ENTRECOTE A LA BOURGEOISE. — La piquer à gros lardons, la mettre cuire avec un morceau de petit lard de poitrine, carottes, oignons, bouquet garni, girofle, sel, poivre ; faire blanchir et cuire à part un bon chou dans de l'eau, du sel, et quelques racines. Quand l'entre-côte est cuite, dresser les choux sur un grand plat, poser l'entre-côte dessus et les carottes tout autour, passer le jus et le verser sur le tout.

ENTRE-COTE A LA BONNE FEMME. — Piquer à gros lardons assaisonnés, mettre dans un sautoir, saupoudrer de sel et poivre, servir sur un peu de beurre frais. On peut ajouter autour des laitues blanchies et cuites dans un jus, des petits oignons passés au beurre et au roux, une purée d'oignons, une sauce piquante, chaude, avec des cornichons coupés.

FILET DE BOEUF ROTI. — Retirer d'un kilo de filet les membranes et la graisse, le piquer fin au lard simple, faire mariner vingt-quatre heures dans du vinaigre, un peu d'eau, oignons coupés, ail, thym, laurier, persil ; le retirer de la saumure, l'éponger avec une serviette, mettre à la broche, servir avec sauce au Madère ou sur son jus.

On peut se dispenser de le piquer, mais alors il faut le faire revenir seulement dans une casserole avec du lard coupé en dés ; on l'embroche ensuite et on le fait rôtir.

FILET DE BŒUF EN CHEVREUIL. — Le piquer, le faire mariner, l'aplatir, mettre dans le plat à sauter avec du beurre et des bandes de lard, dresser et mettre sous chaque filet un croûton de pain passé au beurre; verser ensuite dans le sautoir une sauce tomate ou une sauce au jus aiguisée de vinaigre, faire bouillir et verser sur les filets.

FI ET DANS SA GLACE. — Faire cuire dans le sautoir, détacher le fond avec un peu de bouillon et de la glace de viande.

FILET AU MADÈRE. — Faire mariner les filets dans de l'huile avec poivre et sel; faire sauter vivement dans le beurre, sauter et détacher la glace avec du Madère.

FILET BRAISÉ A LA BOURGEOISE. — Comme l'entre-côte.

LANGUE DE BŒUF A L'ÉCARLATE.—Quel que soit l'assaisonnement qu'on lui destine, la langue de bœuf doit toujours être préalablement parée, blanchie à l'eau bouillante et dépouillée. Pour l'*écarlate*, essuyer la langue et la frotter de salpêtre pulvérisé, quand elle en est bien imprégnée, la mettre dans un vase de terre avec clous de girofle, poivre en grains, basilic, thym, laurier, très forte poignée de sel; verser sur le tout de l'eau bouillante; laisser tremper pendant six jours, retirer au bout de ce temps et faire cuire dans deux litres d'eau avec carottes, thym, oignons, basilic, laurier, girofle.

LANGUE EN PAPILLOTTES. — Faire cuire

avec une première eau et un peu de sel ; retirer du feu, dépouiller, laisser refroidir, puis couper par tranches égales ; préparer une farce composée de mie de pain, lard, persil, ciboules, champignons, le tout haché menu, avec sel et poivre ; mettre dessus et dessous une barde de lard, envelopper le tout d'un papier beurré ; cuire à petit feu, servir avec le papier.

LANGUE AU FROMAGE. — Faire cuire la langue échaudée dans du bouillon, ôter la peau, couper par tranches et mettre dans une casserole avec un verre de champagne et un peu de coulis ; bouillir jusqu'à réduction presque complète, dresser le tout sur un plat, râper du parmesan ou du gruyère par-dessus ; faire glacer sous le four de campagne.

LANGUE BRAISÉE. — Après que la langue est échaudée, la parer, la piquer de gros lardons assaisonnés comme pour le bœuf à la mode, mettre sur un fond de casserole formé de lard, carottes, oignons, bouquet garni, bouillon, un peu de sucre et de vin blanc ou d'eau-de-vie ; quand la peau se détache, la langue est cuite ; la retirer du feu, la dépouiller ; dresser avec les légumes tout autour, verser le jus dessus après l'avoir passé.

LANGUE AUX CORNICHONS. — Même cuisson qu'en braise ; pour dresser, ne pas mettre les légumes autour, mais accommoder le jus en sauce piquante, et y mêler des cornichons.

LANGUE AUX FINES HERBES. — Même cuisson ; arranger au fond d'un plat, persil

ciboules, échalottes, le tout haché fin ; joindre
des câpres, ajouter bouillon, muscade, un peu
de chapelure, vinaigre ; mettre dessus le tout
des tranches de langue qu'on aura laissé refroidir ; faire bouillir à petit feu jusqu'au gratin.

On peut varier en mettant au fond d'un plat
du beurre manié de fines herbes, estragon, anchois et échalottes, le tout haché ; mettre les
tranches de langue sur ce lit, rajouter sur le
tout le surplus du beurre ainsi assaisonné,
ajouter bouillon et vin blanc ; faire gratiner.

LANGUE A LA MAITRE-D'HOTEL. — Même
cuisson ; retirer la langue, la dépouiller et la
mettre bouillante par tranches sur du beurre
frais manié de persil, cornichons et estragon,
le tout haché fin, sel, poivre, filet de vinaigre,
citron ou verjus.

LANGUE EN MATELOTTE. — Même cuis-
son ; couper par tranches, mettre sur le feu
avec vin rouge, oignons passés au beurre,
champignons, bouquet garni, gousse d'ail,
morceau de beurre pétri d'une pincée de farine, faire finir de cuire, passer la sauce, la
réduire, servir sur des croûtons.

LANGUE EN HOCHEPOT. — Même cuisson ;
servir la langue coupée par tranches, avec entourage de petits oignons glacés, passer le jus
et dresser.

Nota. La LANGUE DE BŒUF, cuite dans un fond
de braise, ou simplement dans le pot au feu
après avoir été échaudée et grattée, peut être

servie, avec un *entourage de cornichons,* sur des épinards au jus, avec un entourage de carottes nouvelles cuites dans le même fond de braise que la langue ; en général, ce morceau, qui est très bon, s'arrange de tous les assaisonnements savoureux et s'harmonie avec la plupart des légumes cuits.

PALAIS DE BOEUF. — Cette partie du bœuf réclame les mêmes soins que la langue ; il faut toujours qu'elle soit préalablement échaudée et grattée. On plonge le *palais* dans l'eau bouillante, on l'y laisse vingt à vingt-cinq minutes, on le retire, on le plonge dans de l'eau froide et on le dépouille, puis on le coupe par tranches pour achever sa cuisson et l'assaisonner.

PALAIS A LA MÉNAGÈRE. — Faire roussir des oignons dans du beurre ou de bonne graisse de rôti ; quand les oignons sont jaunes, y jeter les tranches de palais, mouiller avec jus ou bouillon, mettre bouquet garni, épices et pommes de terre coupées ; réduire ensuite la sauce, à laquelle on peut ajouter une cuillerée de moutarde.

PALAIS A LA LYONNAISE. — Mettre un fort morceau de palais sur le gril jusqu'à ce que toute la peau commence à s'en détacher ; enlever cette peau, faire finir de cuire le palais dans un *blanc,* couper par tranches et servir sur une purée d'oignons bien chaude.

PALAIS EN ÉMINCÉS. — Couper le palais échaudé et dépouillé par filets très minces, les mariner dans du bouillon très chaud avec vinaigre, quatre-épices, sel, poivre, basilic, thym, laurier, girofle, oignons coupés ; beurre manié de fines herbes et un peu de farine; après deux bonnes heures de marinade, égouter le tout et le jeter dans une pâte formée de farine délayée dans de la bière et des jaunes d'œufs; faire frire, servir bouillant avec persil frit. — On peut se contenter de faire mariner les filets dans un jus de citron avec sel et persil, pour faire frire ensuite comme il est dit.

PALAIS EN BLANQUETTE.—Mettre les tranches dans une sauce allemande (*voir ce mot*) et faire cuire ; au moment de servir, ajouter une liaison aiguisée de jus de citron ; croûtons autour.

PALAIS AU GRATIN. — Faire bien cuire et égouter le palais, le couper en hâtereaux qu'on enduit de farce cuite ; garnir le fond d'un plat de cette farce, mettre dessus les hâtereaux ; couvrir le tout d'un papier beurré, faire gratiner au four de campagne ou de fourneau ; dégraisser et verser dessus une *sauce financière* (*voir ce mot*).

PALAIS A L'ITALIENNE. — Couper en deux le palais blanchi et égouté, le parer ; faire une sauce italienne (*voir ce mot*), laisser le palais mijoter dedans, servir avec croûtons.

PALAIS AU FROMAGE.—Faire cuire à point, jeter de suite dans une casserole avec beurre, sel, poivre; dresser sur un plat, saupoudrer de parmesan et de gruyère émincé un peu de mie de pain, boulettes de beurre; faire prendre couleur sous le four de campagne.

PALAIS A L'ALLEMANDE. — Mettre les tranches bien cuites dans du velouté lié de jaunes d'œufs, avec bouquet de persil; quand ils sont cuits, retirer le bouquet.

CROQUETTES DE PALAIS. — Couper le palais en petits dés, les jeter dans une sauce tournée bien réduite, afin qu'elle soit épaisse; retirer et rouler les dés dans de la mie de pain, puis les plonger dans un mélange d'œufs cassés et battus, blanc et jaune, avec un peu de sel et de poivre; saupoudrer de chapelure et faire frire.

CERVELLES DE BOEUF. — Toute cervelle doit être dégorgée dans de l'eau tiède, avec un léger filet de citron ou de vinaigre; retirer les peaux, veines et membranes, faire blanchir seulement et non cuire totalement dans de l'eau, avec un peu de sel et un peu de vinaigre, faire égouter.

CERVELLE AU BEURRE NOIR. — Mettre un fond de lard dans une casserole, mettre la cervelle dessus, recouvrir avec une autre couche de lard, mettre autour carottes, oignons coupés, gros sel, poivre; mouiller au vin blanc, presser le feu; les cervelles cuites, les faire égouter, les servir sur un beurre noir.

CERVELLE SAUCE PIQUANTE. — Même cuisson; servir sur une sauce piquante.

CERVELLE POULETTE. — Même cuisson, dresser, égouter et faire la *sauce allemande* que voici : mettre dans une casserole partie égale de velouté et de bouillon ; faire bouillir et dégraisser, y jeter champignons tournés, et, quand la sauce sera réduite, ajouter une liaison ; au moment de servir, ajouter un peu de beurre frais et de jus de citron, remuer vivement et jeter sur la cervelle.

CERVELLE FRITE. — La faire cuire dans une marinade formée d'eau, gros sel, citron, bouquet garni ; quand la cervelle est cuite, retirer, faire égouter, la couper par tranches que l'on met dans une pâte à frire ; faire frire, donner bonne couleur, égouter sur un linge sec, servir chaud avec persil frit.

CERVELLE EN MATELOTTE. — Faire un peu de sauce espagnole (*voir ce mot*), y mêler un verre de vin blanc ou rouge, des petits oignons passés au beurre ; y jeter les cervelles déjà presque cuites ; après avoir fait un bouillon ou deux, les dresser, y joindre, si l'on veut, des champignons, des culs d'artichauts et des écrevisses, le tout cuit à part, ainsi que des quenelles et quelques croûtons.

QUEUE DE BOEUF. — Il est toujours indispensable de faire dégorger la queue de bœuf dans l'eau tiède, quelque puisse être l'assaisonnement qu'on lui destine.

QUEUE EN HOCHE-POT. — Séparer en autant de morceaux qu'il y a de vertèbres dans le morceau qu'on a ; les faire revenir dans un roux, y ajouter des carottes coupées, bouquet garni, sel, poivre ; mouiller avec du bouillon ;

faire cuire à petit feu ; la queue se mange très cuite.

QUEUE A LA PURÉE. — Bardes de lard au fond d'une casserole, bouquet garni, carottes, navets, céléri : faire très cuire, servir sur purée de lentilles, pois, haricots ou purée de farines de légumes cuits.

QUEUE SAUCE TOMATE. — Même cuisson ; servir sur une sauce tomate. (*Voir ce mot.*)

QUEUE AUX CHOUX. — Faire blanchir des choux, mettre dans une marmite avec carottes, quartier de lard, navets, bouquet garni, bouillon gras ; quand le tout est cuit, égouter et servir dessus une queue cuite comme pour être mise à la purée.

QUEUE AUX CHAMPIGNONS. — Même cuisson, égouter ; faire revenir dans du beurre des champignons blanchis, saupoudrer d'un peu de farine, remuer, mouiller avec du fond de cuisson de la queue, laisser épaissir, verser sur la queue.

QUEUE SAINTE-MENEHOULD. — Blanchir dans de l'eau bouillante une queue, puis la faire cuire dans le pot au feu ou dans une casserole avec un fond de bardes de lard, carottes, bouquet garni, oignons ; quand la queue est cuite, la laisser égouter et refroidir ; on en trempe ensuite les morceaux dans de l'huile d'olive dans laquelle on a battu du sel, poivre, persil et ciboule hachés très fin ; paner ensuite, faire griller et servir sur une sauce piquante ou une purée.

ROGNON DE BOEUF. — Enlever toute leur graisse, couper le rognon en morceaux et les mettre dans un sautoir beurré d'avance ; mettre sel, poivre, muscade, placer sur un feu vif, et retourner bientôt les morceaux ; manier un peu de beurre et de farine, et en faire des boulettes que l'on distribue sur les morceaux, arroser avec du vin blanc et une larme d'eau-de-vie ; saupoudrer presque en retirant d'un peu de persil haché fin.

Quelques personnes ajoutent, au lieu de farine, un peu de glace de viande, et mettent un filet de vinaigre en place de vin.

ROGNONS SAUTÉS. — Couper les rognons bien mince, jeter les morceaux dans une poêle avec du beurre et un hachis composé de persil, échalotes et champignons ; mettre sel, poivre, muscade, mettre à feu très vif, lier avec une pincée de farine, mouiller avec vin blanc et sauce espagnole ; ne pas laisser bouillir, cela durcirait le rognon ; ajouter, en retirant du feu, beurre frais et jus de citron ; croûtons autour.

FOIE DE BOEUF SUR LE GRIL. — Le couper très mince, saupoudrer de sel et poivre, faire griller chaque tranche légèrement, servir sur une maître-d'hôtel.

COEUR DE BOEUF. — Le faire mariner par tranches minces pendant vingt-quatre heures, faire griller et servir sur une sauce poivrarde.

TÉTINE DE VACHE. — La faire cuire dans

un fond de braise, avec carottes, oignons et bouquet garni.

TÉTINE A LA POULETTE. — La faire cuire à l'eau avec une pincée de farine, un bouquet garni, un peu de beurre et du sel; faire égouter; verser ensuite dessus une sauce blanche avec sel, poivre, une liaison de jaunes d'œufs et un filet de verjus.

GRAS-DOUBLE. — Le faire cuire après l'avoir nettoyé minutieusement, avec oignons, carottes, persil, thym, laurier, girofle, sel et gros-poivre; bonne quantité d'eau, le laisser égouter, le couper ensuite par morceaux de quatre doigts; le couvrir de beurre manié avec persil, ciboules, un brin d'ail haché, sel et poivre; servir avec une sauce piquante.

On sert le gras-double *à la poulette*, *à la lyonnaise*, *à la mode de Caen*, ce qui est une sorte de *daube*, avec carottes, oignons, lard et bouquet garni. Ces différents assaisonnements ont été déjà décrits (*voir ces mots*). Le gras-double doit être excessivement cuit. — Le *gras-double sur le gril* se coupe par morceaux quand il est aux trois quart cuit; on le met par tranches sur le gril, et on prépare une sauce piquante froide composée d'huile, vinaigre, sel, poivre, moutarde, échalottes hachées.

Du Veau

TÊTE DE VEAU AU NATUREL. — Échauder et faire dégorger une tête, puis la replonger dans de l'eau bouillante et la laisser cuire pendant une demi-heure, la retirer et la faire rafraîchir dans l'eau froide ; enlever ensuite la mâchoire supérieure jusqu'à l'œil ; désosser le sommet de la tête, rapprocher les chairs afin que la forme première soit conservée, la ficeler, puis l'envelopper d'un linge blanc après avoir frotté fortement la tête avec un citron coupé en deux. Pour la faire cuire, préparer une eau blanche, autrement dit délayer une poignée de farine ou de fécule dans de l'eau, ajouter du beurre, oignons, bouquet garni, panais, sel et gros poivre. Mettre la tête enveloppée dans cette eau ; quand celle-ci boura, enlever l'écume ; quand la tête est cuite, la retirer, la débarrasser de son linge. Servir avec sauce à part.

On prépare, avec la tête cuite de cette manière, la tête à *la financière*, à *la tortue*, à *la poulette*, à *la Sainte Menehould*, en *matelotte*. (*Voir ces différents mots à l'article des* SAUCES *et* RAGOUTS.)

TÊTE FARCIE. — Enlever de la tête, après l'avoir désossée, la langue, la cervelle, ainsi qu'une partie des muscles les plus épais ; ajouter un morceau de rouelle de veau pour augmenter la quantité des chairs, y joindre un peu de graisse fine de bœuf et des fines herbes; hacher le tout, le piler ensuite dans un mortier, y ajoutant des jaunes d'œufs, assaisonner et y joindre un verre d'eau-de-vie; remplir les creux de la tête avec ce hachis, relever les peaux, les coudre au besoin et rendre à la tête sa forme première, l'envelopper d'un linge blanc et la faire cuire à feu doux dans un vase où elle puisse baigner, avec bouillon, vin blanc, carottes, oignons, panais, bouquet garni, girofle, sel, gros poivre, citron coupé; laisser au feu trois heures, retirer et dresser; passer la cuisson au tamis, y ajouter champignons, anchois hachés, jus; faire réduire le tout; avant de servir, exprimer un jus de citron et ajouter des cornichons.

TÊTE A LA DUTILLER. — La blanchir et désosser comme ci-dessus, lui faire faire sa première cuisson dans de l'eau aiguisée de vinaigre, en retirer ensuite la langue que l'on coupe dans sa longueur en deux parties, ôter la cervelle, ficeler la tête, la faire cuire dans un blanc; quand elle est complètement cuite, la disposer dans un plat creux, la cervelle aux deux extrémités, la langue reste dans la sauce qui se prépare ainsi: on passe la cuisson au tamis, on y ajoute du vin blanc et un peu de sauce allemande ou espagnole; on assaisonne, on fait réduire, et on y ajoute des cornichons ou des tranches de citron.

CERVELLES DE VEAU BRAISÉES. — Les

préparer et blanchir dans l'eau et le vinaigre ; mettre au fond d'une casserole des bardes de lard, mouiller avec du vin blanc, carottes, bouquet garni ; cuire à très petit feu.

CERVELLES FRITES. — Comme celles de bœuf.

CERVELLES DE VEAU (*voir ci-dessus*). — En général, pour tous les genres d'assaisonnements, comme pour les cervelles de bœuf.

OREILLES DE VEAU. — Les oreilles doivent toujours être flambées sur un fourneau ; on les échaude ensuite et on les gratte avec soin.

OREILLES AUX PETITS POIS. — On les fait cuire dans un blanc, on manie des pois verts dans de l'eau fraîche avec du beurre frais, on les passe rapidement sur le feu, on mouille avec un peu d'espagnole, et on ajoute petit bouquet de persil et un peu de sucre ; au moment de servir, on égoute les oreilles, on les cisèle pour former le panache, et au milieu on met les pois à courte sauce.

OREILLES FRITES. — Cuites dans un blanc, on les coupe en deux pour les faire frire ; servir avec du persil frit.

On sert aussi les oreilles *furcies* et *panées*.

OREILLES A LA RAVIGOTE. — Cuites comme ci-dessus, on les sert sur une sauce à *la ravigote. (Voir à l'article des* SAUCES.)

LANGUES DE VEAU. — Elles se préparent comme celles du bœuf.

FRAISE DE VEAU AU NATUREL. — La couper par morceaux et la faire dégorger dans l'eau froide, la blanchir ensuite à l'eau bouillante; la mettre ensuite dans une casserole avec du beurre, bouquet garni, sel, poivre; passer au feu, singer d'une pincée de farine, mouiller au bouillon; arrivé au point de cuisson, ajouter une liaison de trois jaunes délayés dans un peu de lait; ajouter un filet de verjus.

FRAISE FRITE. — Faire blanchir, couper par morceaux, tourner dans une pâte à frire.

RIS DE VEAU. — Les faire blanchir à l'eau bouillante et les parer.

RIS EN FRICANDEAU. — Oter le cornet de deux riz, les piquer de lard fin roulé dans des fines herbes et un peu de sel, les envelopper de bardes de lard et les mettre dans une casserole, mouiller avec bouillon et vin blanc; cuire à très petit feu, retirer quand ils sont cuits, passer la cuisson, réduire, et, quand il n'y en a presque plus, y passer les riz pour les glacer du côté des tendons; servir sur purée de chicorée, d'oseille, de romaine au jus ou de scarole cuite, purée de lentilles, petits pois.

RIS AUX TOMATES. — Même cuisson; servir sur une sauce tomate.

RIS EN CAISSE. — Même cuisson; seulement les riz ne doivent pas être piqués, on les sauce dans une marinade formée d'huile, jus de citron, vinaigre ou verjus, fines herbes, sel, poivre; ou huile de fort papier blanc, on en fait des caisses dans lesquelles on place les ris, on dore le dessus avec du beurre, on pane à la mie de pain; on met la caisse sur un gril; cendres chaudes dessous, four de campagne dessus avec un feu doux.

RIS FRITS. — Quand ils sont blanchis, les mettre dans une marinade tiède formée de beurre, jus de citron, fines herbes, échalotes, ciboules hachées, bouillon, poivre, sel; on les laisse une heure dans cette marinade, puis on les retire, on les égoute, et on les jette dans une pâte à frire.

RIS A LA POULETTE. — Quand ils sont blanchis et presque cuits, les saisir dans le beurre, leur faire faire un tour de casserole avec un bouquet garni, singer de farine, terminer en fricassée de poulet.

RIS EN TIMBALE, avec CROUTE DE RIZ. — Faire cuire du riz dans du bouillon gras, le laisser très épais et le laisser refroidir; en mettre ensuite haut d'un doigt dans une timbale, y coucher les ris cuits comme pour le fricandeau, recouvrir de riz; arriver à deux tiers de la hauteur, tracer une ligne circulaire dorée avec un œuf battu, et saupoudrée de chapelure fine; recouvrir avec le four de campagne; quand la pâte a pris, on lève la calotte et on verse dans le creux la garniture d'une tourte.

RIS AU GRATIN. — Les partager en morceaux, les faire cuire comme pour le fricandeau, les retirer, les amalgamer à de la pâte à quenelles, et le double d'un mélange formé de champignons, persil, échalottes, truffes, le tout passé au feu avec du beurre et du lard râpé; mouiller au vin, assaisonner avec laurier et ail, faire réduire; disposer sur un plat les morceaux de ris en couronne, saupoudrer de chapelure, arroser de beurre fondu, mettre sous le four de campagne.

RIS A LA MARENGO. — Étant blanchis, les couper par tranches que l'on fait sauter avec huile d'olive, sel, poivre, muscade; laisser au feu vingt minutes, arroser de beurre fondu, ajouter champignons, truffes, persil haché, un peu de sauce espagnole réduite, un peu de sauce tomate; servir très chaud.

RIS SAUTÉS. — Les couper par tranches minces, mettre dans un sautoir, assaisonner de sel, poivre, muscade; verser dessus du beurre fondu, les mettre à un feu vif; quand ils sont cuits, y ajouter une sauce soit italienne, soit allemande, soit espagnole.

Nota. Les Ris, servant à faire beaucoup de *garnitures* (*voir ci-dessus ce chapitre*), s'harmonient généralement avec toutes les sauces juteuses et relevées. Dès qu'ils sont parés, blanchis et à demi-cuits avec bardes de lard, racines et bouillon, on peut les ajouter à nombre de plats, soit en financière, soit pour les vol-au-vent, soit pour les pâtés chauds, les casseroles de riz, etc.

RIS EN CRÉPINETTES. — On fait cuire de l'oignon avec beurre, sel, poivre, ail, laurier, muscade, du consommé, du velouté, afin de faire une purée d'oignon dans laquelle on trempe les ris de veau, pour les enfermer ensuite dans une *toilette* de porc frais, en aplatissant avec la main pour donner la forme des crépinettes, que l'on fait cuire sur un feu doux, en ajoutant pour servir telle sauce qu'on voudra.

FOIE DE VEAU A LA BOURGEOISE. — Piquer à gros lardons un foie de veau, le mettre mariner dans du vin blanc du jour au lendemain; le mettre dans une casserole avec un fond de lard, de carottes, oignons, bouquet garni, poivre, sel, vin blanc, bouillon, un petit morceau de sucre, quelques tranches de citron sans écorce ni pépins; recouvrir d'une bande de lard, mettre feu doux dessus et dessous, dégraisser, faire réduire le jus, servir avec entourage de cornichons.

FOIE A LA POELE. — Faire fondre du beurre dans une poële, y faire revenir le foie coupé par morceaux, saupoudrer de farine, mouiller moitié bouillon, moitié vin blanc, ajouter sel, poivre, un peu de muscade; presque au moment de retirer, ajouter une pincée de persil haché; quand le foie est raffermi et ne suinte plus, il est cuit.

FOIE SAUTÉ. — Couper le foie par bandes de dix à douze centimètres sur deux centimètres d'épaisseur, les aplatir doucement, faire fondre du beurre dans le sautoir, y coucher les bandes de foie, ajouter sel et poivre, mettre sur un feu vif, retourner les bandes quand elles ne suivent plus, retirer et dresser alternativement avec des croûtons, jeter un peu de sauce italienne, de vin blanc ou de vin de Madère dans le sautoir, pour détacher le fond, faire chauffer, joindre en retirant un peu de beurre frais, sans voir le feu, remuer et verser sur le foie.

FOIE A LA BROCHE. — Le piquer de lardons roulés dans le sel, poivre et quatre-épices, l'arroser souvent avec une sauce piquante, et le servir sur cette sauce, que l'on aura passée au tamis. On peut l'envelopper d'une large barde de lard ou d'un carré de panne.

FOIE A L'ESTOUFADE. — Mis de même à la broche; quand il est cuit, faire une poivrade dans laquelle on passe un peu de la cuisson; faire réduire et servir.

FOIE A L'ITALIENNE. — Le couper en filets minces, le mettre sur un fond de lard dans une casserole, et mêler aux filets fines herbes, échalottes, ciboules, persil, champignons, un peu d'ail, le tout haché; on ajoute huile d'olives, sel, poivre, muscade, thym, laurier, basilic en poudre; on fait cuire, on retire le fond de la casserole, on dégraisse ce fond, on y ajoute un peu de beurre enfariné et filet de vinaigre; quand cette sauce est liée, on y remet réchauffer le foie, et on sert.

FOIE EN GATEAU. — Hacher et piler un foie avec 250 grammes de graisse et autant de lard, mêler ensuite avec champignons et oignons coupés passés au beurre, six jaunes d'œufs avec leurs blancs fouettés, sel, poivre, petit verre d'eau-de-vie; garnir de lard le fond d'une casserole de terre ou de fer battu, placer le hachis en dessus avec des truffes coupées par tranches, recouvrir de lard, mettre feu dessus et dessous; quand le foie est cuit, retirer et laisser refroidir dans la casserole; la tremper ensuite dans l'eau bouillante, détacher le gâteau en le renversant sur un plat pour enlever les bardes; saupoudrer le gâteau de chapelure fine.

FOIE EN MIROTON. — Quand il reste du foi rôti, le couper en dés, le faire ainsi chauffer dans un peu de bouillon, les dresser ensuite avec garniture de croûtons, et arroser le tout d'une sauce aux champignons (*V. aux Sauces*).

MOU DE VEAU A LA POULETTE. — Faire dégorger un mou dans l'eau tiède, le faire blanchir ensuite à l'eau bouillante, le couper après cela par morceaux, laisser égoutter, puis les mettre dans une casserole avec du beurre, saupoudrer de farine, retourner souvent, mouiller avec eau ou bouillon, assaisonner avec sel, poivre, bouquet garni, petits oignons, champignons; cuit à point, on y ajoute une liaison de jaunes d'œufs et filet de vinaigre.

MOU AU ROUX. — Le préparer comme ci-dessus, faire revenir dans un roux, mouiller à l'eau ou au bouillon, ajouter champignons, sel, poivre, petits oignons.

MOU EN MATELOTTE. — Même préparation ; faire cuire à moitié dans l'eau avec sel, poivre, vinaigre, oignons ; faire revenir du petit lard de poitrine et des petits oignons avec cuillerée de farine, pour faire un roux ; quand celui-ci est à point, le saisir par un verre de vin, un verre d'eau et un bouquet garni, faire chauffer, y jeter le mou pour l'achever de cuire ; dégraisser et servir.

TENDONS DE VEAU. — Cet article est extrêmement délicat, et demande des soins intelligents ; généralement on les fait blanchir à l'eau bouillante ; mais comme ils sont très tendres, on se contente souvent de les faire cuire dans n'importe quelle sauce.

TENDONS AU BLANC. — Partager les tendons par morceaux, les faire blanchir à l'eau bouillante ; les parer après les avoir laissés refroidir, et les faire revenir dans un peu de farine ; mouiller avec du bouillon, du sel, gros poivre, bouquet, champignons ; laisser réduire pendant une heure et demie ; ajouter des petits oignons, laisser réduire la sauce ; au moment de servir, ajouter une liaison et mettre autour les champignons et les oignons.

TENDONS A LA CHARTREUSE. — Tailler à l'emporte-pièces des carottes et des navets, les faire cuire dans du consommé, en y ajoutant petits oignons, laitues, haricots verts et petits pois, s'il y a lieu ; ces légumes seront mis à

part quand ils seront cuits, et serviront à garnir symétriquement un moule; les tendons
doivent être cuits à part, pendant trois heures,
dans une casserole foncée de lard et de légumes; on clarifie le jus restant des légumes
tournés, on achève de combler le moule avec
les tendons, et on renverse le tout sur un plat,
en versant ensuite dessus le jus de ses légumes,
auquel on aura ajouté de la sauce espagnole,
de la gelée de viande, et qu'on aura fait réduire à point.

TENDONS FRITS, PANÉS, AU SOLEIL. —
Même préparation; les faire blanchir et revenir, puis les mettre cuire dans une marinade
environ deux heures, laisser égoutter; pour
faire frire, rouler dans une pâte à frire. —
Pour les tendons panés et au soleil, les faire
revenir au beurre, cuire au bouillon avec pincée de farine et assaisonner; quand la sauce
est réduite et refroidie, tremper les tendons
dans le blanc d'œuf, saupoudrer de mie de
pain ou de chapelure; recommencer jusqu'à
ce qu'une croûte soit formée, et faire frire.

TENDONS A LA JARDINIÈRE, FAÇON BOUR-
GEOISE. — Faire blanchir et cuire comme ci-
dessus avec fond de lard, bouquet et racines;
faire ensuite roussir des légumes tournés dans
la sauce des tendons, ajouter un peu de sucre;
entourer le tout de laitues au jus.

TENDONS AU KARI. — Blanchir, parer les
tendons, les faire revenir dans le beurre, singer
d'un peu de farine, mouiller au bouillon, ajou-

ter des émincés de lard maigre, ajouter un peu de poudre de kari, et, vers la fin de la cuisson, des culs d'artichauts et des petits oignons ; finir par une liaison. La *méthode Judéenne* consiste à faire dominer le safran et à servir les tendons à côté d'un plat de riz que l'on a fait crever et égoutter, qu'on a mis ensuite dans une casserole beurrée pour le faire sauter et le sécher, puis qu'on a mis sous un four de campagne pour le colorer.

TENDONS A LA MAYONNAISE. — Après les avoir fait cuire comme ci-dessus, les laisser refroidir, les dresser, et verser dessus une *Mayonnaise (Voir aux Sauces)*.

TENDONS POÊLÉS. — Même cuisson, et verser dessus une POÊLE ou sauce faite avec du veau, lard, beurre, carrottes, oignons, thym, laurier, basilic, girofle, sel, poivre, filet de citron ; mouiller au bouillon ; à l'instant de servir, dresser les tendons, passer le résidu au tamis, réchauffer et verser dessus.

TENDONS AUX PETITS POIS, AUX POINTES D'ASPERGES, AU RIZ. — Même cuisson ; faire cuire à part des pois, des pointes d'asperges ou du riz ; quand le tout est presque cuit, placer les tendons au milieu de chacun de ces légumes, laisser finir de cuire et servir.

TENDONS A LA MILANAISE. — Blanchir, parer, faire cuire et aplanir le plus possible les tendons, les plonger dans la gelée, en former ensuite une couronne sur un macaroni préparé à l'italienne, également glacé ; servir dans un plat profond sur des croûtons, saupoudrés de parmesan.

TENDONS A LA PROVENÇALE. — Même cuisson ; les recouvrir d'une purée d'oignons cuits dans l'huile d'olive avec une pointe d'ail, remettre bouillir le tout ensemble, ajouter du piment et un peu de sauce espagnole de verjus ou de citron.

TENDONS EN TERRINE. — Les faire cuire au blanc, mouiller ensuite avec du consommé, ajouter champignons, bouquet garni, sel, poivre, muscade ; faire à part des morceaux de noix de veau, du riz, crètes, rognons, quenelles de volaille ; après avoir fait égoutter, mêler le tout aux tendons, puis incorporer des jaunes d'œufs. De la sorte on peut faire des macédoines à la *sauce allemande*, aux diverses *purées*, aux *champignons*, à la *financière*, aux tomates, à la chicorée, etc.

TENDONS EN ASPIC. — Les fixer et blanchir, les faire cuire dans telle sauce qu'on voudra, prendre de la gelée, arranger symétriquement les tendons dans un moule et mettre celui-ci dans de la glace, remplir les vides par une mayonnaise ou par telle autre sauce consistante, retourner sur un plat et servir.

PIEDS DE VEAU AU NATUREL. — Les blanchir comme la tête, les râcler, enlever l'os principal ; les faire cuire dans le pot-au-feu ou dans du bouillon, les manger tout chauds à l'huile comme la tête, ou faire une sauce composée de bouillon, sel, poivre, vinaigre et fines herbes.

PIEDS A LA POULETTE.—Même cuisson ; les mettre dans une casserole avec un peu de bouillon, bouquet garni, poivre, sel, champignons, petits oignons, terminer comme une fricassée de poulet. Mettre quelques instants, si l'on veut, sous le four de campagne. — On les accommode aussi aux tomates, à l'italienne, etc.

QUEUES DE VEAU. — On les accommode de la même manière que les queues de bœuf. *(Voir ci-dessus cet article.)*

AMOURETTES DE VEAU. — Les dépouiller de leurs membranes, les couper par morceaux et les faire dégorger à l'eau chaude, les faire blanchir, les accommoder ou les faire frire comme la cervelle. — Elles servent souvent à varier ou à augmenter un plat, elles figurent dans un vol-au-vent, dans une fricassée de poulet, ainsi que dans les ragoûts faits au blanc.

ROGNONS DE VEAU. — On les accommode de la même manière que les rognons de bœuf *(voir cet article)*. On utilise le rognon de veau rôti dans une omelette, en faisant revenir un instant le rognon coupé en petits morceaux et dégraissé dans un peu de beurre ; on jette les œufs battus et assaisonnés par-dessus, on remue en tournant avec une cuillère, et on termine l'omelette. Si le rognon est cru, on le fait cuire dans le beurre avant de mettre les œufs.

VEAU ROTI. — Le piquer de lard, le saupoudrer de sel et le faire rôtir à un feu doux; le veau demande à être très cuit, sans être desséché; il est bon, quand on le présente au feu, de le saisir un instant, pour raffermir et *fermer* les chairs, afin de concentrer le jus dans l'intérieur; on modère la chaleur du feu sitôt après. — Ceci est une règle générale qui s'applique à tous les rôts comme à toutes les grillades.

VEAU A LA CASSEROLE. — Saupoudrer de sel un morceau de veau, le bien ficeler, mettre dans une casserole de la graisse de roti ou un morceau de beurre; quand cette graisse ou ce beurre est fondu, hâter le feu, mettre la pièce de veau dans la casserole et le retourner dans tous les sens pour *fermer* la viande, modérer le feu, couvrir, mettre un peu de feu sur le couvercle et faire cuire doucement; quand le veau est à moitié cuit, ajouter un petit morceau de sucre et retourner la pièce; quand elle est cuite, la dresser, la saupoudrer d'un peu de sel fin, dégraisser le fond et le détacher avec un peu de bouillon, passer et mettre ce jus sous le veau. Quelques personnes mettent dans ce jus un filet de vinaigre.

VEAU A LA BROCHE. — Même procédé; seulement on ne met pas de sucre dans la lèchefrite.

BLANQUETTE DE VEAU. — Couper par tranches minces ce qui reste de veau rôti; faire cuire à part dans un peu de bouillon des champignons, des petits oignons et un bouquet garni ; mettre dans une autre casserole du beurre, dans lequel on passe les émincées de veau, singer d'un peu de farine, mouiller avec la cuisson des champignons ; après quelques instants d'ébullition, dresser les émincées sur un plat, faire réduire toute la cuisson, passer à la passoire fine, ajouter ensuite une liaison, verser sur le veau en ajoutant les champignons et les petits oignons.

CARRÉ DE VEAU BRAISÉ. — Faire dans une casserole un fond de lard, placer dessus le carré de veau, avec carottes, gros oignons, bouquet garni, mouiller au bouillon, recouvrir de lard, ajouter sel, poivre, un peu de girofle ou de muscade, recouvrir d'un papier. Cuire à feu doux ; se sert avec ses légumes pour garniture, ou sur des épinards, des concombres, de l'oseille, une couche de champignons cuits au jus, etc.

CARRÉ ROTI AUX FINES HERBES. — Piquer de lard fin le carré de veau, le laisser tremper deux heures dans une marinade, l'embrocher en l'enveloppant d'un papier beurré, en dedans duquel on aura mis, tout autour du veau, les fines herbes de la marinade ; quand le veau est cuit, le retirer, ôter le papier et les herbes, mettre tout ceci dans une casserole avec du jus, du beurre manié de farine, bouillon, filet de citron ; lier et passer cette sauce, passer de l'œuf battu sur le veau et le paner à la mie de pain, lui faire prendre couleur à un feu vif, servir avec la sauce dessous.

CARRÉ PIQUÉ ET ROTI. — Le piquer, le faire mariner deux heures, l'envelopper de papier beurré pour le faire rôtir ; au moment de servir, ôter le papier, faire prendre couleur, servir sur une sauce tomate.

CARRÉ A LA PROVENÇALE. — Avec soixante-deux grammes d'huile d'olive, sel, poivre, bouquet, faire cuire à feu doux : retourner le *carré* de temps à autre. Servir sur une sauce italienne.

Nota. On prépare de la même manière que le *carré*, la *cuisse*, le *cuissot*, l'*épaule*, la *langue*, la *noix*, le *casi*, la *rouelle*.

POITRINE DE VEAU FARCIE. — Couper le bout des côtes, faire une incision entre la peau et les côtes pour y introduire telle farce de viande qu'on voudra ; coudre la peau pour la maintenir, faire cuire en braise, servir sur un ragoût de légumes ou de racines.

POITRINE AUX PETITS POIS. — La couper par morceaux, les faire blanchir, puis les passer au beurre et singer d'un peu de farine, mettre un bouquet de persil et ciboules, mouiller au bouillon, à sauce courte ; quand la poitrine est à moitié cuite, ajouter les pois et un peu de sucre ; faire cuire à feu doux, la casserole bien fermée avant de servir, dégraisser s'il y a lieu et ajouter une liaison de trois jaunes délayés dans de la crême.

FRICANDEAU. — Piquer très fin et en sens contrarié et régulier la surface d'une noix de veau ; la faire cuire dans une casserole avec carottes, bouquet garni, épices, bouillon, recouvrir la pièce d'un papier beurré, mettre feu doux dessus et dessous ; quand la pièce est presque cuite, retirer le papier, raviver le feu dessus et faire prendre au côté piqué, tourné en dessus, une couleur dorée, servir sur une farce d'oseille, d'épinards, de chicorée, de laitue ou de scarole cuite au jus. On peut le servir sur sa sauce détachée avec du bouillon ; quand on le sert froid, on l'entoure de gelée.

ÉPAULE A LA BOURGEOISE. — La mettre dans une casserole avec vinaigre, sel, poivre, bouquet garni, gousse d'ail, carottes et oignons coupés, ajouter du beurre, mouiller au bouillon, ajouter une idée de sucre et une cuillerée d'eau-de-vie ou de vinaigre suivant le goût, faire cuire trois heures, dégraisser, passer la sauce, servir avec cette sauce et les légumes pour entourage.

ÉPAULE EN GALANTINE. — Couper au moins un demi-kilo de lard, autant de maigre de veau, hacher le tout pour en étendre l'épaisseur d'un pouce sur tout ce qui reste d'une épaule de veau moyen, désossée et parée ; entremêler dans la farce des lardons, des filets de langue à l'écarlate, recouvrir avec une omelette bien mince dans laquelle il y aura du vert d'épinards, ajouter de nouveaux lardons, tranches de truffes et pistaches, assaisonner le tout, rouler la chair de l'épaule sur sa longueur, l'envelopper d'un linge fin et la ficeler avec soin, foncer une braisière avec bandes de lard, des couennes, des tranches de veau; pieds de veau désossés et blanchis à part, les os séparés et concassés grossièrement; sel, poivre, fort bouquet garni, oignons, carottes, clous de girofle, bouillon, un peu de sucre et d'eau-de-vie ou de rhum; maintenir un bon feu pendant trois bonnes heures, retirer, laisser refroidir dans le linge; clarifier le jus avec des blancs d'œufs, dresser à froid avec les principaux légumes pour garniture et la gelée dessus et dessous.

ÉPAULE FARCIE. — A peu près comme ci-dessus, seulement on n'y met ni truffes, ni omelette verte, ni pistaches, mais on y met un peu de vin au lieu d'eau-de-vie ou de rhum.

ÉPAULE ROTIE. — Couper l'extrémité ou manche, saler, poivrer, l'envelopper d'un papier beurré, arroser très souvent avec de la graisse fine; quand l'épaule est presque cuite, ôter le papier, faire prendre couleur.

ÉPAULE AUX RACINES. — La faire braiser comme la galantine, seulement on ne met pas de farce et on la pique; on place autour d'elle dans la braisière des carottes nouvelles, laisser refroidir, faire une gelée avec le fond de cuisson.

EPAULE A L'ÉTOUFFADE. — La mettre sur des bardes et la braiser, mouiller au bouillon, avec filet de vinaigre; on peut la piquer.

NOIX DE VEAU SAUTÉE. — Couper la noix par petits morceaux, les faire sauter avec beurre, sel, poivre et fines herbes ; quand la viande est cuite, la retirer, verser du velouté sur le fond de la cuisson, détacher et passer le tout, puis ajouter une liaison de jaunes d'œufs et verser sur la viande.

LONGE DE VEAU A L'ÉTOUFFADE. — Désosser une longe, la saupoudrer de sel et poivre, la rouler et la ficeler ; la faire cuire avec du beurre, la retourner de temps à autre ; vers la fin de la cuisson ajouter une idée de sucre. Dresser, détacher le fond avec un peu d'eau et de bouillon, ou mettre un peu de glace de viande sous la longe.

NOIX DE VEAU A LA GELÉE. — La mettre dans une casserole après l'avoir piquée de gros lard, et avec carottes, gros oignons, bouquet garni, sel, poivre, un jarret ou un pied de veau, mouiller au bouillon, mettre un peu de sucre ; quand la noix est cuite, la retirer, passer la cuisson, la clarifier au blanc d'œufs, la laisser refroidir à part ; excellente pour parer la noix et la servir froide.

QUASI OU CASI DE VEAU GLACÉ. — Le piquer fin d'un seul côté comme le fricandeau et le faire cuire de même ; réduire et passer la cuisson après l'avoir dégraissée, y mettre le casi, le lard en dessus, ajouter câpres et cornichons pour garnitures.

NOIX EN PAPILLOTES. — Retirer d'une noix toutes les parties tendineuses et nerveuses ; piquer de lardons, assaisonner, laisser mortifier pendant deux jours avec beurre fondu, fines du papier huilé ou beurré, griller sur un feu doux, servir dans le papier.

COTELETTES A LA POELE. — Retirer les petits os et les tendons, ne laisser que la côte, couper et faire fondre du lard coupé par petits morceaux, y mettre sel, poivre, persil ; ciboules, truffes, champignons ou morilles, le tout haché ensemble, puis quelques tranches de citron sans zeste, mettre au fond de la poêle ou de la casserole une large bande de lard, faire un feu doux; retourner les côtelettes ; quand elles sont cuites, les dresser, éclaircir la sauce, retirer le citron et la verser bien chaude sur les côtelettes.

COTELETTES A LA FINANCIÈRE ET AUTRES. — Les faire sauter au beurre avec un peu de sel ; quand elles sont cuites, les servir avec une financière, avec un ragoût aux champignons ou sur des légumes au jus. (Voir l'article des ragoûts et garnitures).

COTELETTES AU VERT-PRÉ. — Les mettre sur un feu vif avec beurre frais et bouquet garni ; quand elles sont bien chaudes, les saupoudrer avec de la fécule, les mouiller au vin blanc, joindre sel, muscade, poivre, ralentir le feu et couvrir la casserole, les retirer à leur cuisson, faire réduire la sauce, et pour la rendre verte, y jeter une poignée de cerfeuil, blanchi à l'avance et haché fin. Au moment de servir, aiguiser avec le citron ou le vinaigre.

COTELETTES AU LARD. — Mettre au fond d'une casserole du lard coupé par tranches, un joindre une maison de jaunes d'œufs, recouvrir les côtelettes de cette farce en enveloppant chacune d'elles dans une crépine de porc, les mettre sous le four de campagne ; quand la cuisson est complète, verser dessus une sauce piquante ou de tomates.

COTELETTES A LA DRUE. — Les piquer avec des truffes, des filets de jambon et de lard, faire sauter au beurre, retirer, laisser refroidir, couper le bout des lardons, mettre le bout de l'os à découvert, faire cuire à petit feu avec de la glace de viande et un bouquet; recouvrir d'un papier beurré, mettre feu dessus et dessous.

Quand elles sont cuites, retirer, détacher la glace avec du beurre manié d'une pincée de farine, dresser avec un crouton entre chaque côtelette, et telle sauce à haut goût que l'on voudra.

Nota. On peut à la rigueur se passer de truffes pour ces différentes sortes d'accommoder les côtelettes, elles sont encore très bonnes sans cet accessoire.

COTELETTES A LA CUISINIÈRE. — Prendre de belles côtelettes, les faire cuire entre des tranches très minces de lard et de beurre, les retourner; quand elles ont jeté leur jus, les dresser, détacher le fond de la casserole avec du bouillon lié de jaunes d'œufs, persil, échalottes, le tout haché, sel, gros poivre, filet de vinaigre ou jus de citron, faire réduire et verser sur les côtelettes.

COTELETTES A L'ÉCARLATE. — Les faire

sauter, y mettre sel, poivre et fines herbes; pour les servir, couper des tranches de langue à l'écarlate et les mettre dans l'intervalle des côtelettes.

COTELETTES A LA LYONNAISE. — Les piquer avec du lard, des cornichons et des filets d'anchois; faire mariner une heure et demie dans de l'huile avec sel, gros poivre, échalotes, fines herbes et persil haché; envelopper de bardes et faire cuire dans la marinade. Mettre dans une casserole beurre et pincée de farine avec fines herbes et échalotes hachées, mouiller avec le fond de cuisson, dégraisser, mettre un filet de vinaigre, verser sur les côtelettes.

COTELETTES A LA MILANAISE. — Les faire sauter avec beurre, échalotes, persil, sel, poivre, muscade, thym, laurier, cuire à petit feu, glacer leur sauce avec des tomates, dresser sur un lit de macaroni, la sauce versée sur le tout.

COTELETTES GRILLÉES. — Les faire mariner une heure dans l'huile avec fines herbes, sel, poivre, citron ou vinaigre, les saupoudrer ensuite avec la mie de pain, faire griller à feu doux; servir sur une sauce ravigote.

COTELETTES PIQUÉES. — Les aplatir, les piquer, les faire cuire comme le veau braisé.

COTELETTES EN PAPILLOTES. — Mariner comme ci-dessus, hacher des fines herbes avec du lard, y mêler un peu de mie de pain, les saucer ensuite dans la marinade, mettre de nouveau de la mie de pain, envelopper dans herbes, épices; envelopper ensuite la noix dans plusieurs feuilles de papier huilé; mettre pendant trois heures dans un four doux ou sur un gril avec four de campagne dessus. Au moment de servir, ouvrir le papier et le remplir d'une sauce italienne rousse et chaude.

COTELETTES DE VEAU GRILLÉES.—Après les avoir coupées et parées, les plonger dans une marinade de beurre chauffé, de persil, ciboule, champignons, échalotes, le tout haché, sel, poivre; en les sortant au bout de dix minutes de cette marinade, les saupoudrer de mie de pain et mettre sur le gril avec un feu très doux: quand elles sont cuites, on les arrose avec le restant de la marinade et on les dresse en couronne sans y rien ajouter, ou avec une sauce quelconque, aiguisée de citron, vinaigre ou verjus.

COTELETTES BRAISÉES AUX TRUFFES. — Les piquer avec du gros lard et des truffes coupées en filets; mettre des bardes au fond d'une casserole, mettre les côtelettes dessus avec une ou deux carottes, un oignon, gros sel, poivre, bouquet garni, bardes en dessus, bouillon et vin blanc, cuire à petit feu; quand elles sont cuites, les retirer, dégraisser la cuisson, réduire, ajouter un peu de jus, et, si l'on veut un peu de marmelade de tomates.

COTELETTES EN CRÉPINETTES. — Les parer, les piquer avec du lard et des truffes comme ci-dessus, les sauter au beurre, les faire refroidir; faire une purée de petits oignons avec sel, poivre, tym, laurier, muscade, y peu de beurre, les côtelettes par dessus, faire cuire à feu doux, ajouter persil, échalotes, gros poivre; dresser, faire réduire, terminer par une liaison de jaunes d'œufs et jus de citron.

Du Mouton

GIGOT DE MOUTON ROTI. — Pour qu'il soit bon et tendre, le choisir court, d'une chair brune et mortifiée; avant de l'embrocher, prendre une buche ou un fort couperet, frapper le gigot à tour de bras, de manière à ramolir toute la chair; parer le manche et le débarrasser des chairs, ouvrir avec le bout des doigts le gros bout du gigot, les enfoncer entre chaque muscle et y introduire du sel gris égrugé. Avoir une forte gousse d'ail coupée en quatre dans la longueur, pratiquer quatre trous oblongs le long du manche et de la *souris*, remplir de beurre et d'une pincée de sel chacun de ces trous et y introduire un des fragments de la gousse d'ail, remanier ensuite le gigot, le rouler, et le ficeler de manière à le rendre aussi rond que possible, afin que le gigot ne cuise pas plus d'un côté que de l'autre; nous n'avons pas besoin de répéter que pour le mouton, comme pour tous les rôtis, le feu de bois neuf est mille fois préférable, pour le goût et la salubrité, au four des fourneaux, surtout quand ceux-ci sont chauffés au charbon de terre.

Le gigot se sert sur des haricots verts ou blancs, anciens ou nouveaux, sur une chicorée, une purée d'oignons, un lit de pommes de terre en purée ou sautées au jus, sur de la scarole cuite, etc. On peut faire avec les restes du gigot toutes les émincées possibles.

GIGOT A L'EAU. — Retirer l'os du manches, piquer l'intérieur avec de gros lardons roulés, dans une farce composée de sel, poivre, quatre-épices et ail, le tout rendu impalpable; le battre comme il vient d'être dit, avant de le piquer; le ficeler comme ci-dessus, mettre dans une braisière avec bardes en dessous, carottes, gros oignons coupés, girofle, bouquet lestement garni; faire bouillir pendant cinq heures, déficeler avant de servir, mettre sur un plat avec un peu de sa cuisson passée à l'étamine, mettre autour si l'on veut des pommes de terre tournées et cuites à part; les faire cuire avec le gigot, c'est absorber tout le goût de ce dernier.

GIGOT A L'AMERICAINE. — Prendre le gigot le plus court possible, dégarnir et couper le manche, le battre comme ci-dessus, mettre de même l'ail, le beurre, le sel et le poivre, ficeler fortement, dans toute sa longueur et le peser; s'il pèse trois kilos, il devra avoir six quarts d'heure de la cuisson suivante; toujours un quart-d'heure par demi-kilo. — Mettre dans une marmite longue de l'eau, fort

bouquet garni, tranches de jambon, ail, panais, carottes, gros oignons, sel, poivre, clous
de girofle; faire partir à grand feu, quand les
racines s'amolissent, quand cette cuisson a bon
goût, doubler le feu, regarder l'heure et plonger le gigot dans cette cuisson; au moment
indiqué plus haut, retirer, déficeler, saupoudrer de sel fin et servir bouillant; la cuisson
peut servir, en y ajoutant du vinaigre ou mieux
du vin blanc, à faire cuire des écrevisses; si on
la laisse dans son état naturel, elle peut être
employée, en la passant, à tremper une excel
lente soupe au pain.

GIGOT A LA SERVIETTE. — Le préparer
comme ci-dessus, le ficeler dans un linge et
le plonger dans une marmite d'eau bouillante;
laisser bouillir une heure et demie pour deux
kilos; laisser plus longtemps, si le poids en
est plus fort. On le dresse tout simplement
ainsi, et chacun y ajoute tel assaisonnement
de table qu'il lui plaît.

GIGOT EN TERRINE.—Le désosser, le couper par tranches épaisses de deux doigts, les
piquer de lard, les mettre dans une hugue-
notte avec un fond de bardes de lard maigre,
les tranches de gigot en dessus; recouvrir cette
couche de hachis de fines herbes, champignons hachés, truffes s'il y a lieu, sel, poivre;
faire ainsi des lits superposés de gigot et de
hachis, couvrir le tout avec des bardes, mettre
vin blanc, lutter le couvercle avec de la farine
délayée dans de l'eau, faire cuire à petit feu,

passer ensuite, dégraisser la cuisson, faire réduire, servir avec un jus de citron.

GIGOT AUX TRUFFES. — Désosser le gigot, enlever de son milieu gros comme le poing de chair, combler cette cavité de truffes hachées, piquer le gigot de gros lard, le ficeler, puis le piquer à nouveau avec des filets de truffes et le larder de pistaches ; saler convenablement, laisser mortifier vingt-quatre heures, faire cuire à petit feu sur un fond de bardes, mouiller au vin blanc, passer la cuisson ; au lieu de *truffes*, si on met une farce, on a un gigot *à la sultane.*

GIGOT A LA PROVENÇALE. — Dépouiller un gigot après l'avoir battu, de manière à ce que la peau ne tienne plus qu'au manche ; larder ensuite la chair avec des anchois, du lard et du jambon, l'envelopper de céleri blanchi, de cornichons, d'estragon, d'ail ; faire mariner dans de l'huile et toutes sortes de fines herbes hachées ; rabattre la peau de manière à retenir toute la marinade autour de la chair, recoudre et ficeler, recouvrir d'un papier huilé, mettre en broche ; quand il est cuit, le servir sur une sauce au vin de Madère ou de Champagne.

GIGOT A LA GÉNOISE. — Battre et dépouiller comme ci-dessus, laisser mortifier à point, larder la chair avec du céleri à demi-cuit dans du bouillon, des cornichons coupés en lardons, branches d'estragon blanchi, lard et filets d'anchois ; assaisonnement d'usage ; remettre la peau, ficeler, mettre en broche; servir sur une partie du fond réduit.

GIGOT A LA BONNE FEMME. — Oter l'os du quasi, replier le manche, faire revenir dans le beurre, mouiller au bouillon, ajouter carottes, oignons, bouquet garni; faire petit feu; on le sert sur un tapis de légumes, pommes de terre, haricots verts, etc.

GIGOT A LA BOURGEOISE. — Faire mortifier, battre, et retirer l'os du quasi; piquer de lardons saupoudrés de quatre-épices, sel et poivre; le rouler, le ficeler, mettre dans une casserole avec un fond de braise (*voir ce mot plus haut*); quand il est cuit, le déficeler, passer et faire tarir son jus.

GIGOT BRAISÉ. — Mêmes préparatifs et même cuisson; mettre un feu très doux dessus et dessous, après avoir recouvert le gigot, dans sa braisière, d'une feuille beurrée.

GIGOT A L'EAU. — Mêmes préparatifs que ci-dessus; seulement les oignons doivent être entiers et piqués de girofle; cuisson, cinq ou six heures; on l'entoure volontiers de pommes de terre cuites à la vapeur, ou on pose le gigot sur une sauce tomate épaisse.

GIGOT A LA FLAMANDE. — Même préparation; faire cuire avec bouillon, sel, poivre, ail et bouquet garni; servir sur une sauce piquante.

GIGOT A LA BRUNOIST. — Avant tout, piler dans un mortier du lard, du jambon, cornichons, champignons avec sel, poivre, quatre-épices, thym, laurier, muscade et basilic; c'est avec ce mélange que l'on remplit des ouvertures pratiquées dans l'épaisseur et sur toute la longueur du gigot : on le roule, on le bride en tous sens avec une ficelle, et on le met dans une casserole avec vin, bouillon, oignons, carottes, panais; cuire à très petit feu; passer le fond au tamis, réduire et servir sous le gigot.

GIGOT PÉRIGOURDAIN. — Désosser un gigot après l'avoir battu, traverser toute l'épaisseur de ses muscles avec des truffes ciselées et assaisonnées, l'envelopper dans un fort papier huilé et le garder ainsi trois fois vingt-quatre heures; faire cuire sur des bardes de lard et entourer avec de la chair de veau et de volaille, des bardes; dégraisser et passer le fond, le faire réduire.

GIGOT-RÉGENCE. —Battu, désossé et coupé par quartiers égaux que l'on pique de lardons bien assaisonnés, on garnit la casserole avec des carottes, des oignons, un peu d'ail et aromates ordinaires, pied de veau coupé en deux; quand tout est cuit, on rapproche les tranches pour rendre au gigot sa forme primitive; passer et servir le fond.

GIGOT PANACHÉ. — Le préparer et le dépouiller comme le gigot *à la génoise*, larder avec lard, jambon et cornichons; ficeler et faire cuire; préparer à part deux cuillerées de réduction : beurre, jambon cuit, câpres, anchois, persil blanchi, quatre jaunes d'œufs durs, le tout haché très fin ; lier sur le feu, ajouter un jus de citron.

GIGOT DE SEPT HEURES. — Battre et désosser, piquer de gros lard, assaisonner et ficeler, foncer la braisière de bardes, en mettre dessus ; entourer de carottes, thym, laurier, les os du gigot et des parures de viande ; mouiller au bouillon et au vin blanc ; cuire à très petit feu, dessus et dessous ; mettre les principaux légumes autour pour dresser, ou le mettre sur la chicorée, la scarole cuite, la purée d'oignons, les haricots blancs ou verts, etc.

ÉPAULE DE MOUTON BRAISÉE. — Casser les os, retirer celui du bout, replier les autres en dessous afin de donner de la mine à l'épaule ; la faire cuire comme le gigot braisé. (*Voir ci-dessus.*)

ÉPAULE FOURRÉE. — La désosser, l'étendre, l'assaisonner ; mettre au milieu 125 grammes de chair à saucisses passée d'abord fortement au beurre et assaisonnée ; cette chair est bonne à employer pour l'épaule de mouton, quand elle devient d'un beau brun ; la mettre au milieu de l'épaule, rouler celle-ci, la ficeler et la faire cuire dans un fond de braise ; on peut ajouter à la chair à saucisses des champignons et des cornichons hachés ; quand cette farce est un peu volumineuse et qu'il est à craindre qu'elle ne s'échappe par les bouts de l'épaule, on met cette dernière cuire dans un linge fin.

ÉPAULE A LA SAINTE-MENEHOULD. — Désosser une épaule, la faire cuire en braise ; quand elle est cuite, la retirer et l'égouter ; la frotter ensuite de coulis réduit et passer une première fois l'épaule à la mie de pain ; délayer ensuite trois jaunes d'œufs avec un peu de beurre fondu, en arroser la première couche de mie, et paner par dessus une seconde fois ; mettre après cela l'épaule dans un four peu chaud et l'arroser de temps à autre avec du beurre fondu ; quand elle est dorée, la servir avec son fond passé et réduit.

HACHIS DE MOUTON ROTI. — Manière d'employer le gigot qui peut rester à la suite d'un repas : Enlever toutes les chairs d'après les os, les hacher très fin ; prendre des fines herbes, des marrons grillés ou simplement des pommes de terre cuites à la vapeur, passer tout cela ensemble au beurre, singer d'un peu de farine, laisser légèrement roussir, mouiller au bouillon et ajouter le hachis de gigot ; quand il a bon goût, servir très chaud avec des croûtons autour ou des œufs pochés. (*Voir à l'article des* GARNITURES.)

MOUTON EN CHEVREUIL. — Prendre un gigot ou un carré bien battu, bien mortifié, le piquer de gros lard, le faire mariner pendant au moins vingt-quatre heures dans huit décilitres de vinaigre et autant de vin blanc, avec gros sel, poivre, persil, ciboules, thym, basilic, romarin, serpolet, ail, genièvre, oignons en tranches, coriandre ; faire tiédir cette marinade en la remuant et y ajouter un peu de beurre manié de farine ; laisser refroidir de soi-même ; la viande est très molle quand on la retire de la marinade ; on la raffermit et on concentre le goût dans l'intérieur, en l'exposant pendant quelques instants sur un gril, au-dessous duquel sont des charbons ardents ; retourner vivement la pièce de tous côtés.; mettre ensuite le mouton à la broche, passer la marinade, la mettre dans la lèche-frite avec un peu de beurre frais et s'en servir pour arroser souvent le rôti ; quand celui-ci est cuit, faire réduire le fond de la lèche-frite., la passer, ajouter à son goût s'il y a lieu et le rendre piquant ; servir sous le mouton.

C'est de la même manière que l'on imite le chevreuil avec des *filets* et des *côtelettes* de mouton.

MOUTON A L'EAU-DE-VIE. — Prendre un carré de mouton, le couper en dés gros comme des noix, les larder de lard et de jambon, les passer sur le feu avec de l'huile, y mettre ensuite un verre d'eau-de-vie, l'allumer avec un papier, remuer jusqu'à ce qu'elle soit consumée ; mouiller avec bouillon et coulis ; ajouter des champignons, des truffes, des ris de veau blanchis, un bouquet, un bon assaisonnement ; faire cuire à petit feu ; dégraisser ensuite et joindre un filet de citron. Pendant la cuisson, on aura pelé de beaux marrons, on les aura fait cuire avec du bouillon ; quand ils seront cuits, on les fera chauffer dans le ragoût, et, lorsqu'on dressera le mouton, on mettra les marrons tout autour.

FILET DE MOUTON ROTI. — Le mettre en broche piqué de petit lard ; le servir sur son jus.

ÉMINCÉ DE MOUTON. — Emincer les chairs qui sont restées d'un gigot rôti et froid, les mettre réchauffer dans un roux mouillé de bouillon, et si l'on veut un peu de vin blanc, ajouter échalottes hachées, persil, quatre-épices ; au moment de servir, couper dessus des cornichons.

CARRÉ DE MOUTON A LA BOURGEOISE. — Même cuisson que pour le gigot. (*Voir plus haut.*)

HARICOT DE MOUTON. — Couper en petits morceaux un carré de mouton, le faire revenir, saupoudrer de farine, mouiller au bouillon, joindre un bouquet garni, sel et poivre, une idée de sucre si l'on y met des pommes de terre au lieu de navets ; si on y met des navets, on les passe au beurre à part avant de les mettre dans le haricot ; colorer avec un peu de caramel.

LANGUES DE MOUTON. — En général, elles s'accommodent comme celles de bœuf et de veau : en *braise,* au *gratin,* en *crépinettes,* aux *fines herbes,* aux *navets,* aux *tomates,* etc. ; comme ces dernières, elles demandent à être échaudées, grattées et dépouillées, mais, comme elles sont plus tendres et plus rapidement cuites que celles du bœuf, il faut leur donner une cuisson moins longue.

LANGUES A LA LIÉGEOISE. — Quand elles sont échaudées et dépouillées, on coupe en tranches quelques oignons que l'on passe au beurre avec un peu de farine; mouiller avec bouillon et vin blanc, ajouter échalotes, persil, champignons et ciboules, le tout haché fin; sel, poivre, citron; y placer les langues et cuire à point.

POITRINE DE MOUTON FARCIE. — Lever la peau et procéder comme pour *l'Epaule farcie*. (*Voir ci-dessus.*)

POITRINE GRILLÉE. — Faire cuire dans une braise ou du bouillon bien assaisonné d'épices, bouquet garni; quand elle est cuite, l'égouter, la passer à l'huile, la paner avec de la mie de pain mélangée de persil et de ciboules, le tout bien haché; la faire griller, servir sur une sauce piquante. On la prépare de même pour la mettre *à la purée*, sur de *la chicorée*, de *l'oseille* ou des *laitues au jus*.

COLLET DE MOUTON. — Faire cuire en braise ou tout au moins avec du bouillon assaisonné de sel, poivre et bouquet garni; on le sert sur un ragout de légumes ou une ravigote.

QUEUES DE MOUTONS PANÉES. — Cuire dans une braise, paner, beurrer, paner à nouveau et faire griller comme *l'Epaule à la Sainte-Menehould*. (*Voir ci-dessus.*)

QUEUES BRAISÉES. — Se contenter de les faire cuire en braise et servir sur une purée : oseille, lentilles, sauce tomate, ragout de choux ou chicorée au jus.

QUEUES FRITES. — Cuites en braise, les laisser refroidir, les paner et faire frire ; servir avec persil frit.

CERVELLES DE MOUTON. — Elles se préparent comme celles du bœuf et du veau (*voir ci-dessus ces articles*) ; on les met également au *blanc*, en *matelotte*, à la *sauce piquante*, aux *tomates*, on les fait frire, etc.

ROGNONS DE MOUTON AU CHAMPAGNE. — Les accommoder comme les rognons de bœuf. (*Voir cet article.*)

ROGNONS A LA MAITRE D'HOTEL, ou BROCHETTES. — Passer les rognons dans l'eau fraîche pour avoir plus de facilité à enlever le pellicule qui les enveloppe ; fendre les rognons par le milieu, en laissant le *nœud* en dedans ; les percer d'une brochette de bois ou d'une hatelette d'argent, les frotter d'un peu d'huile, saupoudrer de sel, poivre et d'un peu de muscade ; mettre sûr le gril du côté plat ; quand ce côté est cuit, retourner et prendre garde de perdre le jus qui se rassemble dans l'espèce de godet que forme chaque rognon ; servir sur une maître-d'hôtel, aiguisée d'un jus de citron.

ROGNONS A L'ÉCHALOTTE. — Prendre plusieurs rognons, les fendre sans les séparer, les faire mariner avec un peu d'huile, persil, ciboule, pointe d'ail, le tout haché fin, thym, laurier, basilic en poudre, sel, quatre-épices ; quand ils ont pris goût, les garnir de brochettes et les paner ; les faire griller en les arrosant avec leur marinade ; mettre dessous une sauce à l'échalotte et au jus.

BOULETTES DE HACHIS DE MOUTON FRITES. — Hacher le mouton très fin, ajouter chair à saucisse, le quart de son poids, mie de pain trempée dans du lait, pommes de terre cuites à l'étouffé, fines herbes hachées, sel, poivre, trois jaunes d'œufs ; manier le tout et former des boulettes qu'on roule dans la mie de pain, et faire frire ; servir sur une sauce piquante.

ESCALOPES DE MOUTON A L'HUILE. — Faire mariner pendant une heure dans 125 grammes d'huile des tranches de filet de mouton, avec sel, poivre, ail, basilic, ciboules, échalotes et persil, quelques champignons coupés ; mettre ensuite dans une casserole assez grande pour que les tranches ne se touchent pas, faire un feu vif ; c'est très promptement cuit ; arroser avec un verre de champagne, mettre une idée de sucre, un peu de bouillon, dégraisser et servir avec un peu de sauce aiguisée de citron.

COTELETTES AU NATUREL. — Les laisser mortifier pour les avoir tendres, et ne pas trop les aplatir, comme on en a la mauvaise habitude ; les parer en enlevant le gros os de l'extrémité, les peaux, tendons, etc., leur donner avec le couteau une forme arrondie ; si ce sont des côtelettes à côtes, dégager cette dernière les saupoudrer d'un peu de sel fin et d'une idée de poivre, les faire sauter avec du beurre frais dans un sautoir, ou mieux les faire griller sur un feu de braise chaud, mais pas trop ardent; éviter de la retourner plusieurs fois.

On peut les *paner* à la mie de pain avant de les mettre sur le gril; il est bon d'avoir un peu huilé les côtelettes avant de les paner.

COTELETTES PIQUÉES ET GLACÉES. — Il faut les avoir très fortes, les parer et les piquer avec de petits lardons de jambon, les passer au beurre ensuite pour les raffermir, les laisser égouter et refroidir: les parer de nouveau, couper les lardons à ras de la côtelette; les remettre dans la casserole avec un morceau de glace de viande (*voir cet article*), un peu de bouillon et un papier beurré pour entourage ; quand elles ont belle couleur, les servir avec des croûtons dans l'intervalle; mettre dessous telle sauce qu'on voudra.

COTELETTES SAUTÉES. — Il faut qu'elles soient très épaisses; on les pare, on les arrondit, on ne laisse que l'os de la côte; faire fondre du beurre dans une casserole, on y jette les côtelettes, on active le feu, et on retourne les côtelettes jusqu'à ce qu'elles aient de la couleur; on les sert placées symétriquement sur un plat en les séparant par des croûtons, et on les pose sur un fond de chicorée, de tomates, de truffes, de scarole au jus, de champignons, ou sur une purée quelconque.

COTELETTES A LA POELE. — Après avoir fait cuire les côtelettes dans le sautoir et sur un feu doux, on les retire pour les mettre égouter dans la casserole qui contient le jus qu'elles ont rendu ; on ajoute bouillon, sel, poivre, échalottes hachées fin, on remet sur le feu les côtelettes et trois jaunes d'œufs délayés dans du vinaigre, on ajoute un peu de muscade râpée, on tourne la liaison et on évite de la faire bouillir.

COTELETTES A LA SOUBISE. — Les faire cuire dans le plat à sauter, les dresser en couronne avec un croûton entre chaque ; on verse dans le milieu une purée d'oignons blancs. (*Voir l'article des* Sauces et Ragouts.)

COTELETTES A LA FINANCIÈRE. — Les faire cuire comme ci dessus, les mettre en couronne, verser au milieu un ragout financier. (*Voir aux* Ragouts.)

COTELETTES AUX LAITUES. — Même cuisson ; remplacer les croûtons par des laitues cuites au jus, ajouter au milieu un ragout de racines ou une sauce espagnole.

COTELETTES A LA CHICORÉE. — Comme les côtelettes à la Soubise, remplacer la purée d'oignons par de la chicorée au jus assaisonnée à l'avance.

COTELETTES AU BASILIC. — Prendre de fortes côtelettes, les parer, les faire cuire avec un bouillon peu salé et un bouquet garni ; quand elles sont cuites, on les sort, on dégraisse le jus, on le passe au tamis, on le remet sur le feu pour réduire et glacer les côtelettes avec la sauce ; les recouvrir ensuite avec la farce que voici : on mélange de la chair de veau cru ou rôtie, partie égale de graisse de veau, des œufs durs ; on assaisonne avec du poivre, sel, persil, ciboules, basilic, champignons hachés ; mouiller avec de la crême épaisse pour en enduire les côtelettes à forte couche, et on les saupoudre de mie de pain ; on dispose les côtelettes pour les mettre sous le four de campagne avec leur entourage, jusqu'à ce qu'elles soient rousses ; on les égoute, et on verse dessus une sauce très liquide avec filet de citron.

COTELETTES AUX CONCOMBRES. — Larder de fortes côtelettes, les piquer de quelques anchois, les mettre sur le feu dans un sautoir avec du beurre frais pour les raffermir ; les coucher ensuite sur des bardes de lard et des tranches de veau, des parures d'autres viandes, carottes, oignon coupé en rouelles, bouquet, poivre et muscade, faire cuire à feu doux ; les servir avec un entourage de concombres. (*Voir aux* Concombres.)

COTELETTES A L'ÉCARLATE. — Piquer des côtelettes, prendre des filets de langue à l'écarlate, entremêler tout ensemble avec du lard qu'on doit y joindre, foncer une casserole de bardes et de tranches de veau, assaisonner avec oignons, carottes, thym, laurier, clous de girofle ; couvrir le tout d'un papier beurré, mettre un feu doux dessus et dessous ; quand les côtelettes sont cuites, les égouter, faire glacer les tranches de langue que l'on dresse entre les côtelettes, verser dessus une sauce piquante.

COTELETTES A LA MAINTENON. — Braiser de belles côtelettes, les faire refroidir dans le mélange suivant : laver des champignons, persil, échalottes, truffes, égouter le tout dans une serviette, jeter le tout dans une casserole avec égale quantité de beurre et de lard râpé, mouiller au vin blanc, assaisonner avec poivre, laurier, ail, muscade, quatre-épices ; remuer avec une cuillère jusqu'à ce que la sauce se transforme en glace presque épaisse ; on termine en mettant les côtelettes en papillotes.

COTELETTES AUX NAVETS. — Faire cuire quelques navets avec les côtelettes ; mettre de côté ces navets-là et en servir d'autres passés au beurre et assaisonnés sous les côtelettes.

On fait aussi des COTELETTES A LA PURÉE DE NAVETS ; pour cela faire, on laisse mariner les côtelettes dans l'huile avec sel, poivre, vinaigre ou citron, puis on les fait griller à feu doux, on les dresse en couronne, la purée au milieu.

COTELETTES EN ROBE DE CHAMBRE. — Elles s'accommodent comme celles au *basilic*, à l'exception qu'on ne met pas de basilic, mais qu'on ajoute à la cuisson quelques jaunes d'œufs durs pour donner plus de consistance à la sauce.

ROTI SANS PAREIL. — Ceci est à bien dire une amusette de campagne, mais il est bon de tout savoir.

On farcit donc une belle olive tournée avec des capres et des anchois marinés dans l'huile; on enferme l'olive dans un bec-figue; on place celui-ci dans un ortolan ou tel autre oiseau d'une grosseur analogue; on supprime les pattes et la tête, on met le tout dans une mauviette que l'on couvre d'une barde; la mauviette prend ainsi place dans une grive, celle-ci dans une caille, la caille dans un vanneau, celui-ci dans un pluvier et ce dernier dans un perdreau, le perdreau dans une bécasse, cette dernière dans une sarcelle, la sarcelle dans un pintadeau, celui-ci dans un canard sauvage, et le canard enfin dans une poularde que l'on peut placer dans un faisan et ce dernier dans une oie, et de là dans une poule-d'inde, et cette poule dans une outarde; s'il y avait des vides, on les remplirait avec des truffes ou des saucisses. Mettre le tout dans une vaste casserole avec des petits oignons piqués de clous de girofle, carottes, jambon cru, céleri, bouquet garni, mignonette, sel, poivre, coriandre, ail; faire cuire à feu doux pendant vingt-quatre heures, ou mieux dans un four un peu chaud; dégraisser et servir chaud.

SELLE DE MOUTON BRAISÉE. — Enlever la pointe des vertèbres attachées au filet, au flanchet et à la graisse; après avoir assaisonné et roulé la selle, foncer une casserole, faire cuire en braise; parer, glacer, servir avec un peu de cuisson passée au tamis avec le ragout de légumes que l'on voudra. (*Voir aux* RAGOUTS.)

SELLE A L'ANGLAISE. — Même cuisson, laisser refroidir, enlever la peau, verser dessus une sauce anglaise avec des jaunes d'œufs, arroser avec du beurre fondu, paner à la mie de pain, faire prendre couleur au four de campagne, servir avec une sauce espagnole.

PIEDS DE MOUTON. — Les mettre dans une marmite pleine d'eau, y joindre deux iognons, sel, poivre, bouquet garni, quelques clous de girofle; laisser bouillir huit à dix heures; quand cette cuisson est faite, retirer le gros os et le nœud poilu; les bien gratter à nouveau, les laver et les mettre dans une casserole avec un morceau de beurre manié de farine; mouiller avec du bouillon, laisser mijoter une bonne heure avec champignons, petits oignons, sel, poivre, muscade. Si, au moment de retirer, on ajoute une liaison de jaunes d'œufs et un filet de citron, on a des PIEDS A LA POULETTE.

PIEDS FRITS. — Préparés comme ci-dessus et désossés, les faire bouillir avec du bouillon et filet de vinaigre, sel, poivre, etc., et un morceau de beurre manié de farine; laisser refroidir, tremper les pieds dans des œufs battus, les paner, les faire frire.

PIEDS AU FROMAGE. — Même cuisson; les couper en deux, les passer à la casserole avec beurre, champignons, persil, assaisonnement; mouiller au bouillon, faire réduire la sauce, ajouter un filet de vinaigre, dresser, couvrir d'une farce de godiveau avec des œufs battus;

saupoudrer de mie de pain et de fromage râpé
faire prendre couleur sous le four de campagne.

De l'Agneau

Nota. Les oreilles, cervelles, pieds, côtelettes, tendons, se préparent comme pour le mouton.

ISSUES D'AGNEAU. — On donne ce nom aux principaux abattages de l'agneau, la *tête*, le *foie*, le *cœur*, le *mou* et les *pieds*. En général, on fait dégorger toutes ces *issues* à l'eau tiède, et on les blanchit à l'eau bouillante On les fait cuire avec du bouillon, tranches de petit lard, bouquet garni, racines, oignons ; on fait infuser sur de la cendre chaude, sans bouillir, du persil, ciboule, laurier, poivre, filet de vinaigre, girofle, échalottes, un peu d'huile ; on dresse les issues bien égouttées sur un plat, la tête, au milieu, la cervelle découverte, les pieds et la fressure autour, les morceaux de lard au-dessus, passer la sauce au tamis, mettre cette sauce dans une saucière.

OREILLES D'AGNEAU FARCIES. — Prendre douze oreilles, les faire dégorger et blanchir ; après les avoir flambées, essuyées, les faire cuire dans un *blanc*, ensuite les égoutter et les remplir d'une farce cuite ; les tremper ainsi dans du coulis lié, et après cela dans la mie de pain, y ajouter quelques œufs, sel et gros poivre, battre le tout ensemble, y tremper les oreilles pour qu'elles prennent de l'œuf partout; au moment de servir, mettre les oreilles dans la friture, les égoutter ensuite sur un linge et servir avec persil frit.

TÊTE D'AGNEAU. — La désosser comme celle de veau; faire cuire de même; la manger à l'huile.

AGNEAUX A LA BÉARNAISE. — Piquer un quartier d'agneau du côté de la peau, à lardons fins; étendre du beurre fondu du côté opposé, paner avec un mélange de mie de pain, de fines herbes, sel, poivre; envelopper d'un papier beurré, et quand le carré est presque cuit, ôter le papier, recouvrir le côté pané avec de nouvelle mie de pain, faire prendre couleur.

CARRÉ A LA PÉRIGORD. — Après avoir paré ce *carré*, l'avoir passé au feu, avec huile d'olives, persil, ciboule, sel et poivre, quelques champignons coupés, on fonce une casserole avec bardes de lard, et quelques tranches de veau rôti, quelques truffes en tranches, on recouvre de lard, de quelques tranches de citron; faire cuire à feu très doux; servir avec l'entourage et la sauce dégraissée et passée.

ÉPAULE D'AGNEAU EN BALLON. — La désosser et lui donner une forme ballonnée, la faire blanchir et la piquer de lard fin, faire cuire à feu ardent; cuite à point, la déficeler, la laisser égoutter pour la glacer ensuite et la servir sur une purée ou une sauce, à volonté.

4

GALANTINE D'ÉPAULE D'AGNEAU. — Enlever les chairs jusqu'à la peau, désosser, ajouter volume égal de lard, hacher le tout, puis le piler dans un mortier avec sel et poivre, étendre la peau des chairs sur un linge fin, y étendre la farce entremêlée de lardons, truffes et cornichons coupés, la rouler avec le linge, la ficeler et la faire cuire en braise, mettre autour un pied de veau, racines, bouquet garni, bouillon, vin blanc; manger froid.

FILETS D'AGNEAU A LA CONDÉ. — Couper des filets dans le carré jusqu'au collet, les piquer d'anchois et de cornichons, les faire mariner dans du beurre fondu, mélangé d'huile d'olives et assaisonné de champignons, ciboule, échalottes, câpres, le tout haché, sel, poivre, quatre-épices, basilic, chapelure. deux jaunes d'œuf durs; envelopper les filets dans une couche épaisse de cette farce dans des morceaux de crépine; les fixer avec des hatelets à la broche, les recouvrir d'un papier fort, beurré; quand ils sont cuits, les retirer pour les paner et verser dessus une sauce au beurre avec un blanc de veau, citron et muscade.

QUARTIER D'AGNEAU ROTI. — Se fait comme le mouton rôti; mais, s'il en reste, on peut l'accommoder en blanquette et l'entourer de ses côtelettes panées et grillées.

FILETS A LA BÉCHAMELLE. — Dans une béchamelle (*voir ce mot, article des* SAUCES); ajouter des filets d'agneaux rôtis et coupés menus; au moment de servir, chauffer le tout sans bouillir.

EPAULE AUX TRUFFES. — Désosser l'épaule, la piquer en dessus avec du lard et en dedans avec des truffes, la mettre cuire dans une braisière à petit feu, la servir sur sa cuisson réduite.

EPIGRAMME D'AGNEAU.—Prendre le quartier de devant tout entier, enlever l'épaule et la faire cuire à la broche, séparer les six côtelettes, mettre cuire la poitrine dans une braisière; quand elle est cuite, la couper en six morceaux que l'on pane et que l'on fait griller; cuire les côtelettes dans un sautoir, dresser sur des croûtons les morceaux de poitrine, réunir le tout sur un même plat, verser dessus une sauce tournée dans laquelle on a mis la chair de l'épaule coupée en émincés et quelques champignons.

ROSBIF D'AGNEAU.—Prendre un rosbif d'agneau bien tendre, après avoir enlevé la peau qui le recouvre, en ciseler les deux côtés par des ouvertures distantes d'un pouce; on les remplit ensuite avec des tranches de petit lard, truffes, oignons, foie gras, anchois; on met ensuite du lard râpé et de la moëlle de bœuf assaisonnés de persil, ciboule, échalottes, sel, poivre, basilic et muscade, en plus six jaunes d'œufs durs et trois crus, on pile le tout ensemble et on couvre entièrement le rosbif d'agneau; envelopper ce dernier dans sa peau ou dans une crépine; faire cuire en braise; servir bien dégraissé; on arrose avec une glace de veau.

ROSBIF D'UNE AUTRE SORTE. — La préparation préliminaire est la même, mais on peut se contenter de faire cuire la poitrine dans une braise, de la laisser refroidir à part, de la couper ensuite par morceaux que l'on trempera dans une sauce relevée, puis on la panera et on la fera griller; les côtelettes cuiront dans un plat à sauter; quant aux épaules cuites à la broche, on en fera une blanquette; quant aux tendons, on les fera griller ou frire. Dresser le tout ensemble sur un miroton.

Du Cochon

LARD. — Enlever toute la chair qui peut doubler le lard, frotter et imbiber la surface de sel fin, demi-kilo pour 5 kilos de lard; joindre au sel 160 grammes de salpêtre par demi-kilo; mettre à la cave entre deux planches, mettre dessus un pavé ou une grosse pierre; trente jours après, suspendre au grand air dans un lieu frais.

SAINDOUX. — Hacher grossièrement la panne, en enlever toutes les membranes; mettre dans une chaudière avec un peu d'eau; on la reconnaît cuite quand les cretons se colorent en jaune et deviennent cassants sous les doigts.

PETIT-SALÉ. — Prendre du *filet* et de la *poitrine*; mettre une couche de sel dans un pot de grès, poser dessus la chair coupée; mettre une seconde couche de sel, continuer ainsi; mettre pour finir un linge, un plateau de bois et un poids quelconque; il est bon au bout d'une semaine.

PORC FRAIS A LA BROCHE. — Mariner pendant deux ou trois jours dans l'huile avec sel, poivre, persil, oignons, laurier, clous de girofle; le mettre à la broche et l'arroser de sa marinade.

HURE. — Désosser la tête avec soin, dépouiller la langue et la couper en filets, y joindre des bandes de chair maigre et de gros lard; faire mariner le tout pendant quelques jours; remplir ensuite la hure d'une farce à laquelle on ajoute des tranches de langue et de truffes; recoudre la tête, en lui rendant, autant que possible, sa forme première; l'envelopper d'un linge, la faire cuire dans une braisière avec les os concassés et du thym, laurier, sauge, basilic, bouquet garni, girofle, sel, poivre, un peu d'eau, bouteille de vin; cuire à petit feu; au bout de sept à huit heures, piquer avec une pointe quelconque, pour savoir si elle est cuite; retirez-la du feu; quand elle sera tiède, la presser fortement, laisser totalement refroidir, la couvrir entièrement de chapelure.

HURE A LA PARISIENNE. — Retirer d'une tête la langue et les oreilles; mettre cuire cette tête dans une marmite avec assez d'eau, oignons, carottes, bouquet garni, basilic, sauge, ciboules, girofle; faire cuire sept heures à petit feu, jusqu'à ce qu'on puisse désosser; lever doucement la peau, garnir d'un linge fin le fond d'une braisière, mettre sur ce linge la peau à la renverse, mettre toutes les chairs avec truffes et pistaches dans cette braisière, replier la peau et le linge, remettre de la cuisson dans cette braisière, achever de faire cuire; quand tout est cuit, retirer doucement la cuisson, renverser la hure enveloppée sur un plat, laisser refroidir; le lendemain, retirer le linge, chapelurer tout autour et servir à froid avec de la gelée et des tranches de citron pour garniture.

LANGUES FOURRÉES. — Elles sont également bonnes avec des langues de cochon, de bœuf ou de mouton. Il faut les parer, ôter les cartilages qui sont au gros bout, blanchir à l'eau bouillante, les dépouiller, les mettre dans un pot sur une couche de sel, avec le sixième de salpêtre et d'aromates hachés.

On saupoudre les langues avec ce mélange jusqu'à ce que le pot soit aux deux tiers plein; recouvrir avec un plateau chargé pour maintenir les langues; on les laisse huit jours dans la saumure; on les retire, on les égoutte, on les recouvre d'un boyau de bœuf, de veau ou de cochon qu'on fixe aux deux bouts, puis on les expose au-dessus de branches de genièvre vert auquel on met le feu.

FROMAGE DE COCHON. — Désosser entièrement une tête de cochon, séparer le gras du maigre, couper toutes les chairs en filets, enlever les oreilles, mêler le tout avec laurier, thym, basilic, sauge et persil hachés très fin, épices, sel, poivre, muscade, zeste et jus de citron ; étendre la peau de la tête dans une terrine, arranger par dessus les filets, gras et maigres, un peu de panne, de la langue à l'écarlate, des truffes coupées, des pistaches ; envelopper le tout dans la peau et la coudre serrée ; faire cuire comme la hure ; quand le fromage est cuit, le retirer et le mettre refroidir dans un moule de fer-blanc.

FROMAGE D'ITALIE. — Piler un foie de porc avec deux tiers de lard et un tiers de panne ; mêler le tout, hacher ensuite du persil, thym, laurier, sauge, basilic, coriandre et anis pilés, muscade râpée ; couvrir le fond d'un moule de fer-blanc avec une crépine ; mettre le fromage au milieu, recouvrir de bardes et faire cuire au four, et, quand il est cuit, le laisser refroidir dans le moule et retirer en trempant dans l'eau bouillante.

PIEDS DE COCHON A LA SAINTE-MENEHOULD. — Les fendre en deux, les envelopper d'une bande de toile, faire cuire dans une marmite avec oignons, carottes, bouquet garni, basilic, sel et poivre ; mouiller moitié vin blanc, moitié eau ; faire cuire à feu doux pendant vingt-quatre heures; laisser refroidir, paner et mettre sur le gril.

PIEDS TRUFFÉS. — Même cuisson; les désosser et les remplir de la farce que voici : mie de pain et tétine de veau hachée, le tout bouilli dans du bouillon; quand ce mélange est cuit et épaissi, ajouter blancs de volaille, tranches de truffes, quelques jaunes d'œufs, sel, poivre; mêler le tout ensemble, envelopper le bout du pied dans de la crépine; paner et dorer au beurre, et une seconde fois à l'œuf faire griller avec précaution.

OREILLES BRAISÉES. — Flamber et griller les oreilles, les blanchir à l'eau bouillante, puis les faire cuire dans une braise ordinaire; quand elles sont cuites, les servir sur une purée au choix.

OREILLES A LA SAINTE-MENEHOULD. — Blanchir de la même manière; faire cuire comme les pieds (*voir ci-dessus*); dorer au beurre, paner, dorer à l'œuf, paner de nouveau et les mettre sous un four de campagne; servir sur une rémoulade.

OREILLES FRITES. — Comme celles de veau (*voir cet article*).

OREILLES A LA LYONNAISE. — Dans une sauce faite avec oignons émincés passés au beurre, mettre les oreilles braisées et coupées par filets; joindre un peu de farine, mouiller au bouillon, faire réduire; filet de vinaigre avant de servir; quelques croûtons autour.

OREILLES A LA PURÉE. — Flamber, gratter, nettoyer et faire cuire avec des lentilles, carottes, oignons ; quand elles sont cuites, les servir sur une purée de lentilles.

QUEUE DE PORC A LA PURÉE. — Les couper en plusieurs morceaux après les avoir échaudées et ratissées ; faire cuire comme les oreilles.

ROGNONS DE PORC. — Les mettre dans un sautoir, après les avoir émincés ; ajouter beurre, persil, échalottes, sel, poivre et champignons, le tout haché ; faire revenir et singer de farine ; mouiller au vin blanc ; ne pas les laisser bouillir.

CERVELLES DE PORC. — Les accommoder comme celles de veau ou de bœuf.

ÉCHINE DE PORC. — Parer ce morceau, ôter la plus grosse graisse, mettre à la broche et faire bien cuire ; servir sur une sauce Robert (*Voir aux* SAUCES).

BOUDIN NOIR. — Passer au beurre des oignons coupés en tout petits dés, éviter de leur faire prendre couleur ; couper en très fin aussi de la panne, demi-kilo par litre de sang ; mêler le tout ensemble en y ajoutant fines herbes hachées fin, sel, épice, crème ; remplir à l'aide d'un entonnoir spécial les boyaux nettoyés et râclés à l'avance ; remplir jusqu'au bout et ficeler ; faire cuire dans l'eau tiède jusqu'à ce qu'en le piquant avec une épingle, le sang ne sorte plus ; retirer, égoutter et faire sécher ; couper par morceaux ; cuire sur le gril ou à la poêle, après l'avoir lardé de coups de pointe.

BOUDIN BLANC. — Mêler blancs de volaille pilés avec autant de panne, des oignons coupés en dés et cuits dans du bouillon avec sel, épices ; ajouter mie de pain cuite avec de la crême ; piler le tout, y ajouter des jaunes d'œufs et de la crême ; remplir les boyaux et les faire cuire dans l'eau avec moitié lait ; arrivé à ce point, piquer et faire cuire sur une feuille de papier huilé.

BOUDIN SANS BOYAU OU BOUDIN DE MÉNAGE. Il se fait avec le sang de veau, de cochon, d'agneau, de volaille ; couper des oignons en petits dés que l'on fait cuire dans le beurre, sans prendre de couleur, ce qui s'obtient avec un feu doux et en laissant le couvercle sur la casserole ; quand ils sont cuits, on y met le sang, soit de poulet, soit de pigeon, soit de veau, d'agneau ou autre, et on remue comme si l'on faisait des œufs brouillés ; ajouter sel, poivre et muscade râpée ; le goût est le même que celui du boudin ; ce met est surtout facile à faire à la campagne, pour employer le sang très délicat de la volaille.

CERVELAS DES CHASSEURS. — Au lieu de viande de porc, ne mettre que de la chair de lièvre, de chevreuil ou de lapin de garenne ; on hachera cette viande, on y mêlera une bonne dose de lard coupé en petits dés, en ajoutant persil, ciboules hachées, sel, épices ; remplir des boyaux, les exposer à la fumée dans la cheminée pendant deux jours, et les faire cuire ensuite pendant trois heures dans du bouillon sans sel.

CRÉPINETTES. — Hacher du porc frais, en bonne chair, avec autant de lard ; ajouter sel, poivre, épices ; envelopper dans un morceau de crépine ou de toilette.

SAUCISSES LONGUES. — Même travail ; on peut y ajouter des truffes hachées ; piquer avant de mettre à la poêle ou sur le gril.

CERVELAS. — Prendre de la chair entrelardée, la hacher avec persil, un peu d'ail, à volonté ; remplir des boyaux de grosseur convenable, lier les bouts, les mettre pendant quelques jours dans la cheminée pour les fumer ; pour les manger, les faire cuire pendant trois heures.

CERVELAS A L'ITALIENNE. — Hacher de la chair maigre de porc avec poids égal de lard ordinaire, joindre épices, gros poivre ; sel, coriandre, anis ; verser sur le tout moitié vin blanc, moitié sang de porc encore chaud ; couper en filets de la chair de la tête de porc pour les introduire avec le reste dans des boyaux qu'on ficèlera, faire cuire, exposer à la fumée.

SAUCISSONS. — Prendre la chair la plus maigre et la plus courte du porc, moitié de son poids de filet de bœuf et autant de lard ; hacher ensemble les deux viandes, couper le lard en petits dés ; assaisonner pour trois kilos de chair, mettre 150 grammes de sel, 5 grammes de poivre, autant de poivre en grains, 12 grammes de salpêtre ; mêler le tout exactement ; le lendemain remplir des boyaux de bœuf ou autres, fouler la chair avec un bout

de bâton, ficeler comme une carotte de tabac ;
quand ils sont pleins, les mettre dans le saloir ; laisser pendant huit jours baigner dans
le sel mélangé de salpêtre, puis faire sécher à
la fumée ; les enduire de lie de vin dans laquelle on aura fait bouillir de la sauge, du
thym, laurier et basilic ; quand ils sont secs,
les envelopper de papier pour les conserver
dans de la cendre.

SAUCISSONS DE MÉNAGE. — Prendre demi-
kilo de chair de cochon hachée que l'on fera
cuire à moitié, mêler ensuite cette chair avec
deux kilos de pommes de terre cuites à l'é-
touffée et battues en pâte ; saler, poivrer et pétrir vigoureusement ; avoir des boyaux de bœuf
nettoyés, les remplir à l'aide d'un *embossoir* de
fer-blanc ; piquer le boyau de temps à autre
avec une épingle, pour livrer passage à l'air
qui, comprimé, ferait éclater le boyau ; fermer
ce dernier et étrangler les saucissons de longueur ; les envelopper d'un linge dans lequel
on les laisse se ressuyer pendant trois jours ;
ensuite les suspendre à l'air libre ; on les fait
griller ou bouillir à volonté.

ANDOUILLES. — Prendre, laver et râcler les
boyaux les plus charnus du cochon, les faire
dégorger ensuite pendant vingt-quatre heures
dans l'eau fraîche, les retirer et les laisser
égouter ; les partager en filets avec de la chair
et de la panne coupées de même, ajouter sel,
poivre, aromates pilés, quatre-épices ; retourner les viandes dans cet assaisonnement et les

y laisser deux heures ; remplir ensuite d'autres boyaux avec le mélange, les ficeler et les mettre au saloir ; faire cuire sur le gril avec un feu chaud, mais calme.

ANDOUILLES DE TROYES. — Faire cuire une fraise de veau (*voir ci-dessus cet article*), y ajouter une tétine, laisser égouter et couper en filets ; hacher champignons, persil, échalotes, couper des truffes en morceaux ; passer le tout au beurre, mouiller avec du vin blanc et du jus ; assaisonner et faire réduire, ajouter ensuite la fraise et la tétine, six jaunes d'œufs pour lier le tout ; faire chauffer sans bouillir et en remuant sans relâche ; remplir les boyaux préparés avec ce mélange, lier les deux bouts, laisser refroidir entre des planchettes afin de donner aux andouilles la forme carrée. On peut les faire cuire à un feu doux, dans du vin ou du bouillon ; on les met aussi sur le gril. Elles ne se gardent que quelques jours.

DU JAMBON. — On met en jambon la cuisse et l'épaule ; mais la cuisse est toujours préférée.

JAMBONS DE BAYONNE. — Mettre les jambons en presse pendant vingt-quatre heures entre deux planches lourdement chargées ; après avoir raccourci les jambons en attachant avec une forte ficelle le manche avec la noix, on les saupoudre de sel mélangé d'un dixième de salpêtre ; remettre à la même presse pendant trois jours, puis faire bouillir, dans moitié eau moitié vin, du genièvre en grain, lau-

rier, thym, basilic, sauge, coriandre, anis, sel
et poivre ; tirer cette saumure à clair et la verser sur les jambons que l'on empile dans un
saloir de telle sorte qu'ils baignent entièrement ; saupoudrer de sel par dessus ; laisser le
tout en paix pendant dix-huit à vingt jours ;
les retirer, les laisser se ressuyer et les exposer
à la fumée de bois de genièvre , auquel on
ajoute des plantes aromatiques; les frotter ensuite avec de la lie de bon vin, les faire sécher
enveloppés de papier et les conserver sous la
cendre.

JAMBONS DE MAYENCE. — Les plonger
dans l'eau de puits pendant trente-six heures,
les faire égouter, puis les mettre en presse sous
une planche au saloir ; verser ensuite dessus la
saumure que voici : faire bouillir un kilo de
sel dans suffisante quantité d'eau, 125 grammes
de salpêtre, 250 grammes de cassonade et 20
grammes de *calamus aromaticus*, que l'on enferme dans un linge ; même moyen de conservation que le précédent.

JAMBON DE TABLE. — Dans l'état où est le
jambon après les préparations que nous venons d'indiquer, on ne peut tout au plus qu'en
couper quelques tranches minces que l'on fait
tremper dans de l'eau pour les dessaler, puis,
qu'on passe à la poêle avec un peu de beurre
frais ou que l'on met un instant sur le gril. —
Pour le servir froid et dans son entier, il faut
donc parer le jambon, le gratter, le laver à l'eau
chaude, n'en pas ôter la couenne, le faire des-

saler deux ou trois jours, selon son ancienneté
et sa provenance ; l'ouvrir avec précaution, en
retirer les os, le refermer, l'envelopper d'un
linge blanc, et le mettre dans une huguenote
d'une capacité analogue à la grosseur du jambon ; ajouter deux litres d'eau et autant de vin
blanc, un petit morceau de sucre, un demi-
petit verre d'eau-de-vie, oignons, racines, fort
bouquet garni, saint-foin vert une pincée, romarin, serpolet ; faire cuire pendant cinq à six
heures, le laisser refroidir dans sa cuisson ; le
retirer ensuite, enlever la couenne sans endommager la graisse ; mettre par dessus cette dernière du persil haché, un peu de poivre et de
la chapelure ; servir froid sur une serviette.

Quelques personnes ont fait cuire des jambons de Bayonne dans de la gelée de groseille ;
c'est une coûteuse fantaisie qui n'a rien de bien
délicieux.

JAMBON TOUT CHAUD. — Ce n'est guère
que le jambon de Mayence ou assaisonné de
cette manière que l'on serve tout bouillant et
sortant de sa cuisson.

JAMBON A LA BROCHE. — Il faut que le
jambon soit tout nouvellement fermé et préparé. Il faut le faire mariner pendant vingt-
quatre heures dans du vin blanc avec tranches
d'oignons et de persil, l'embrocher, l'arroser
avec sa marinade ; quand il est aux trois quarts
cuit, enlever la couenne et paner sur la graisse,
puis laisser finir de cuire, arroser avec un peu
d'eau-de-vie ; pendant ce temps préparer, avec
des débris d'os de viande et de jarret de veau,

une glace faite à la casserole et mouillée de bouillon ; on la passe au tamis, on la réduit en gelée dans laquelle on trempe une plume pour dorer le jambon ; on le sert sur la marinade cuite.

JAMBON A L'ALLEMANDE. — Foncer une casserole avec tranches de jambon cru très minces et tranches de mie de pain passées au beurre ; on ajoute du lard râpé, de la mie de pain, des fines herbes, champignons, truffes ; on met le jambon paré et nettoyé sur ce lit, on saupoudre en dessus avec de la mie de pain, et on met le tout au four pendant trois heures.

JAMBON DES PYRÉNÉES. — Après l'avoir paré, le mettre du côté de la couenne sur un feu très doux , jusqu'à ce qu'on puisse facilement ôter cette couenne ; mettre à mariner le jambon dans du vin d'Espagne avec coriandre, thym, laurier, carottes et oignons par tranches ; le mettre ensuite à la broche enveloppé d'une triple feuille de fort papier beurré. Au bout de trois heures de cuisson, faire au papier une petite ouverture pour y couler du vin à l'aide d'un petit entonnoir ; refermer le trou du papier avec de la farine délayée. En retirant du feu, tâcher de ne pas perdre le contenu du papier ; ajouter une sauce espagnole réduite.

JAMBON A LA GELÉE FINE. — Le faire dessaler, le faire à moitié cuire avec du thym et du basilic ; retiré de cette première cuisson, le placer dans une casserole foncée de tranches et d'un jarret de veau ; mouiller avec bon vi blanc, bouillon, deux citrons pelurés et coupés, bouquet garni, basilic, girofle ; achever de réduire jusqu'à forte réduction ; passer la gelée, faire refroidir le jambon au milieu.

CROUSTADE DE JAMBON. — Ajouter à toutes les parures d'un jambon autant de fines herbes hachées ; pour lier le tout ensemble, on y ajoute de la graisse ; couper des tranches minces, préparer de la mie de pain également émincée ; entasser le tout dans une terrine profonde, lit de pain, lit de jambon, lit de hachis, et ainsi de suite ; quand le tout forme une sorte de pain rond terminé par une croûte, on retourne la terrine sur un plat, l'on met sous le four de campagne et l'on fait cuire jusqu'au gratin ; on le laisse refroidir.

LE PATÉ DE JAMBON ne diffère de la Croustade que parce qu'on y incorpore une partie du foie et les rognons.

Un jambon nouveau, cuit dans sa marinade, devient un JAMBON AUX LÉGUMES quand on le met sur un lit de petits pois, de laitues, etc.

COCHON DE LAIT A LA BROCHE. — Le tremper un instant dans l'eau chaude et l'épiler ; le vider ensuite, et le froisser en le frottant dans tout l'intérieur avec du beurre pétri de fines herbes, sel, poivre, muscade et quelques zestes de citron ; ciseler bien légèrement la peau des cuisses, des épaules, de la tête, afin que la peau n'éclate pas ; faire rôtir, arroser souvent avec de l'huile pour rendre la peau

croquante ; faire prendre une couleur dorée ;
servir très chaud.

COCHON DE LAIT EN BLANQUETTE. —
Emincer ce qui reste de cochon rôti ; le mettre
dans une sauce poivrade (*V. aux Sauces*) ; faire
bouillir un quart-d'heure au plus ; ajouter une
liaison et filet de citron.

GALANTINE DE COCHON DE LAIT. — L'é-
chauder et le désosser complétement, la tête
exceptée ; remplir la peau d'une farce composée de foie de veau et d'autant de lard, le tout
bien assaisonné ; ajouter filet de jambon, truffes, tranches de langue à l'écarlate ; recoudre
la peau et tâcher de lui rendre sa forme primitive ; envelopper d'un linge, cuire dans une
braisière à petit feu ; quand il est cuit, retirer,
le presser avec les mains dès qu'on le peut ; ce
n'est que pour le servir qu'on lui ôte son enveloppe et qu'on le sert sur une serviette.

COCHON DE LAIT AU PÈRE DOUILLET.
— Faire un bon bouillon avec un trumeau de
bœuf, un jarret et deux pieds de veau, bouquet
de persil, ciboules, ail, girofle, moitié d'une
muscade, oignons, racines, un morceau de
sucre ; la viande cuite, passer le bouillon, mettre le cochon de lait dans un vase convenable
avec quatre grosses écrevisses vivantes et le
bouillon ; ajouter demi-litre de vin blanc, sel,
gros poivre ; cuire une heure et demie, passer
la cuisson au tamis, la dégraisser et la mettre
sur le feu pour l'éclaircir au blanc d'œuf en
neige, en y mettant moitié d'un citron dépourvu

de son zeste ; quand cette cuisson a assez de corps, la passer à travers une serviette, mettre le cochon dans un vase approprié à sa grandeur, les quatre écrevisses en dessous, avec des branches de persil vert ; verser la gelée sur le cochon et mettre le tout refroidir ; quand la gelée est bien prise, tremper le dessous du vase dans de l'eau bouillante, et renverser immédiatement le tout sur une serviette.

DU SANGLIER. — Sa chair est lourde et pourtant on la digère mieux que celle du cochon.

FILETS DE SANGLIER. — On les coupe en tranches sur l'épaisseur ; coucher ces tranches dans une casserole sur du beurre, persil, ciboules hachées et gousse d'ail, thym, basilic, sel et épices ; avant la cuisson complète, retirer le tout de la casserole et mettre à part jusqu'au lendemain où l'on achève la cuisson ; garnir de cornichons en tranches.

HURE. — Se prépare comme celle du cochon.

CUISSE OU JAMBON. — Flamber les soies et nettoyer avec persévérance ; désosser jusqu'à la jointure du manche ; piquer de gros lardons assaisonnés d'aromates pilés, sel, gros poivre, garnir une grande terrine avec beaucoup de sel, poivre en grains, genièvre, thym, basilic, laurier, oignons coupés, persil, ciboules, salpêtre. Laisser mariner la cuisse de sanglier douze jours dans cette saumure ; la retirer ensuite, lui ôter ses aromates, l'envelopper d'un linge, la faire cuire dans une braisière comme le jambon de porc; ne pas enlever la couenne, la glacer.

CÔTELETTES DE SANGLIER SAUTÉES. — Les parer comme celles de mouton, les mettre dans le sautoir avec beurre fondu, sel, gros poivre; feu modéré, les retourner; quand elles sont fermes, elles sont cuites; les mettre sur une sauce Robert ou une poivrade.

Du Poulet

NOTA. — Toute volaille doit être débarrassée de ses plus grosses plumes sitôt après avoir été tuée; il faut éviter de la mettre dans l'eau tiède ou froide pour la plumer; elle se plume à sec; il ne faut la vider qu'après qu'elle est flambée, et ce dernier travail doit se faire, soit avec une feuille de papier blanc, soit sur un fourneau de charbon bien allumé, car s'il y avait un fumeron la volaille en prendrait le goût. Il faut autant que possible vider par l'incision du cou, afin de faire l'ouverture la plus petite possible au ventre et sous la cuisse gauche.

Il faut, comme règle générale, que la volaille soit jeune, qu'elle ait la peau fine, et qu'elle soit d'une grande fraîcheur.

POULETS. — Il y a plusieurs sortes de poulets; les uns sont gras, les autres en chair, les uns fins, les autres vulgaires; mais en bonne cuisine chacune de ces sortes a son emploi.

FRICASSÉE DE POULETS. — Après les avoir flambés, épluchés, vidés et coupés par morceaux, les mettre tremper et dégorger dans l'eau tiède; retirer de l'eau, presser et égouter dans une passoire. Faire fondre du beurre dans une casserole, y jeter les morceaux du poulet, passer bien ferme dans ce beurre, singer ensuite d'une cuillerée de farine, remuer encore, et quand la farine gonfle, mouiller avec un peu de bouillon; mettre de l'eau ou du bouillon dans une autre casserole, avec une petite tranche de jambon cru et maigre, un bouquet garni, avoir des champignons tournés, en jeter les épluchures dans cette eau, avoir une poignée de petits oignons tout épluchés et des culs d'artichauts. Quand cette eau a jeté quelques bouillons, y jeter les oignons et un peu après les champignons; quand les oignons commencent à fléchir sous les doigts, retirer leur cuisson du feu, si le poulet a besoin d'être mouillé, y mettre quantité suffisante de cuisson des oignons et des champignons. Quand le poulet est sur le point d'être cuit, y mettre le bouquet, les oignons et les champignons; à cuisson complète, retirer et dresser les morceaux du poulet, dresser les petits oignons et les champignons tout autour, ajouter une liaison de trois jaunes à la sauce, avec jus de citron ou filet de vinaigre, remuer en dehors du feu et verser la sauce sur le poulet.

Dans le cas où l'on voudrait mettre quelques écrevisses, des crêtes et des rognons de coq, on .es ferait cuire dans la cuisson des champignons.

FRICASSÉE DE POULET AU BLANC. — Dépecer un beau poulet, parer le bout des ailes et des cuisses, faire chauffer de l'eau, y jeter un bouquet garni, et quand cette eau bout, y mettre la valeur d'une cuillerée de farine maniée avec du beurre frais, remuer dans l'eau qui bientôt sera blanche ; au plus fort de l'ébullition jeter dans cette cuisson les morceaux de poulets, y mettre un peu de sel, laisser cuire le poulet à point, le dresser et le tenir bien chaud, faire réduire sa cuisson jusqu'à ee qu'elle puisse couvrir le poulet, goûter si le sel est bon, ajouter une liaison de trois jaunes d'œufs déliés avec de la crême, garnir le tout du plat au poulet avec champignons, culs d'artichauts et petits oignons cuits à l'avance, verser sur le tout sa sauce réduite à laquelle, en mettant la liaison, on aura ajouté un peu de sucre en poudre et un filet de citron.

Pour rendre cette fricassée encore plus blanche, on pourrait ôter la peau des morceaux de poulets et les frotter avec un citron pour les mettre dégorger ensuite.

FRICASSÉE DE POULET A LA MINUTE. — Après avoir dépecé un bon poulet de grains, le faire revenir dans le beurre avec du sel, champignons, bouquet garni ; saupoudrer de farine, remuer, mouiller à l'eau ou au bouillon et un peu de vin blanc au moment de servir, mettre un filet de citron.

FRICASSÉE A LA BOURGUIGNONNE. — Sauter le poulet dans le beurre, ajouter sel, poivre, muscade, vin blanc pour mouiller, faire un feu vif; sitôt cuit, tirer le poulet à part, faire réduire la sauce, la lier en y ajoutant le jus d'un citron et du persil haché très fin.

POULET A LA CHEVALIÈRE. — Enlever avec soin toutes les parties charnues d'un gros poulet, en commençant par les blancs que l'on piquera et fera cuire à part pour les amener à la glace; quand tout est préparé dans une casserole, on le fait sauter pendant quelques minutes, on saupoudre d'un peu de fécule, on mouille au bouillon très chaud, on assaisonne avec laurier, persil, échalottes, poivre, puis on augmente le feu et l'on met de petits oignons blancs; dégraisser, faire réduire, passer la sauce, lier avec des jaunes d'œufs, placer les cuisses opposées l'une à l'autre, les filets au milieu, le reste en entourage et la sauce sur le tout.

FRICASSÉE DE POULET A LA FRÉDÉRIC. — Mêmes préparatifs, mais moins de complication; faire revenir les morceaux dans le beurrre après les avoir blanchis un instant à l'eau bouillante; mettre l'assaisonnement indiqué ci-dessus, lier avec un peu de farine, faire cuire à part des petits oignons que l'on saupoudre d'un peu de sucre; mêler le tout à la sauce; terminer par une liaison.

POULET ROTI. — Avant de le mettre à la broche ou cuire dans du beurre ou de la graisse fine dans une casserole, introduire dans le corps du poulet une forte pincée de sel et gros comme le pouce de beurre ; coudre l'ouverture, couvrir d'une barde.

Pour faire une ENTRÉE DE POULET RÔTI, le préparer comme ci-dessus, mais le frotter en outre d'un citron et l'envelopper entièrement d'un papier beurré ; servir sur une sauce au beurre d'écrevisses, aux tomates, à la ravigote, etc., ou aux ragoûts, financière, aux truffes, aux champignons.

Mêmes préparatifs pour les POULETS POÊLÉS ; seulement, au lieu d'un papier, on les couvre de bardes.

POULET A LA SAINTE-MENEHOULD. — Se fait avec ce qui reste d'une fricassée de poulet bien liée ; appliquer la sauce autour des morceaux, les paner à la mie de pain, tremper dans de l'œuf et paner de nouveau ; faire frire ou mettre sous le four de campagne.

FRITEAU DE POULETS. — Faire mariner les morceaux dans l'huile, citron ou vinaigre ; sel, poivre, oignons par tranches et persil haché ; laisser égoutter et faire frire dans l'huile ; servir avec une sauce à l'huile, avec poivre, sel, citron, persil, estragon hachés.

POULET A LA MARENGO.—Mettre les morceaux sur le feu avec de l'huile, sel, bouquet garni, champignons, truffes ; faire prendre à tout cela une belle couleur ; quand le poulet est cuit, dresser avec une sauce italienne bien réduite (*V. l'article des Sauces*) ; y ajouter écrevisses, croûtons, olives tournées et œufs frits.

AUTRE PRÉPARATION. — Faire cuire comme ci-dessus dans l'huile, mais préparer dans une casserole à part ; persil, champignons, échalottes, truffes hachées ; faire revenir le tout, mouiller avec demi-verre de vin blanc, sel, poivre ; bouillir à petit feu trente minutes ; passer au tamis, ajouter peu à peu et en remuant l'huile où a cuit le poulet ; servir.

POULET A L'ESTRAGON. — Faire blanchir une pincée de feuilles d'estragon et les hacher ; hacher le foie du poulet, y mêler du beurre, lard râpé et le quart de l'estragon, sel, gros poivre, muscade ; mettre cette farce dans le corps du poulet, lui couvrir l'estomac d'une barde, faire cuire à la broche avec un papier beurré ; faire fondre du beurre dans une casserole et y jeter une pincée de farine, y ajouter le restant de l'estragon, mouiller au bouillon, filet de vinaigre, deux jaunes d'œufs, sel, gros poivre ; faire lier la sauce hors du feu.

POULET SAUTÉ. — Beurrer un plat à sauter, y placer les morceaux d'un poulet, faire chauffer, ajouter un peu d'huile ; quand les morceaux auront belle couleur, y joindre une pincée de persil haché, épices ; dresser sur un plat bien chaud, détacher avec un peu de glace de viande ou de jus.

LE POULET DE CAMPAGNE se prépare de même, à l'exception que le persil se met en bouquet, qu'on ajoute quelques tranches de carottes et d'oignons et qu'on mouille de bouillon.

POULET AU BLANC. — On le laisse entier ; avant de le trousser, on met dans le corps le foie, un morceau de beurre, forte pincée de sel ; on le fait cuire comme la fricassée de poulet, en évitant tout d'abord qu'il prenne couleur.

POULET EN COMPOTE. — Préparer de même ; le laisser entier, l'accommoder comme le *Pigeon en compote.* (*Voir cet article, plus loin.*)

POULET A LA TARTARE. — Le retrousser par les pattes, le fendre par le dos jusqu'au croupion, l'aplatir avec le plat du couperet, le mettre dans une marinade à l'huile, le faire griller et le servir avec une sauce à la Tartare ; nombre de personnes le font revenir dans le beurre et le pannent avant de le faire griller.

POULET AUX FINES HERBES. — Hacher le foie entier, le manier avec beurre, fines herbes, poivre, sel ; mettre cette farce dans l'intérieur du poulet, le faire revenir au beurre avant de l'embrocher ; le recouvrir d'une barde et le mettre tout entier dans un papier beurré ; mettre dans le beurre où on l'a fait revenir une carotte, une oignon coupés par tranches minces avec laurier, thym, basilic ; faire bouillir quelques minutes et passer, ajouter des fines herbes hachées, estragon, pimprenelle, cerfeuil, cresson alénois, civette ; remettre au feu une bonne demi-heure, mais sans bouillir; passer et ajouter un morceau de beurre, sel, poivre; servir sous le poulet.

POULET AU FOUR. — Faire cuire du riz dans du bouillon gras; le faire épais; en étendre la moitié sur une tourtière, placer dessus une fricassée de poulet froide avec sa sauce, recouvrir avec le surplus du riz, dorer au jaune d'œuf, cuire au four.

POULET AUX ANCHOIS. — Hacher le foie avec du lard, persil, ciboules, anchois et un peu de poivre; soulever doucement la peau et placer le mélange dessous; recouvrir d'une bande, envelopper de papier beurré; mettre en broche, servir avec sauce au jus de veau dans lequel on mettra des anchois hachés.

CROQUETTES DE POULET. — Mariner du poulet rôti froid; passer les morceaux dans une pâte un peu aiguisée de citron ou de vinaigre; faire frire.

MARINADE DE POULET. — Dépecer un poulet, le passer dans une marinade, rouler dans la pâte; faire frire.

FILETS AU SUPRÊME. — Prendre les filets de trois poulets, dont on séparera les filets mignons; enlever la peau et les nerfs, saupoudrer de sel, les faire cuire dans le sautoir, sans prendre couleur, les dresser sur un plat avec des croûtons frits dans l'intervalle. — On peut les piquer et les servir sur une sauce tournée aux truffes.

CASSEROLE DE VOLAILLE AU RIZ OU AU MA-

CARONI. — Faire cuire du riz ou du macaroni dans du bouillon gras, y ajouter une ou deux rarottes, un navet, un bouquet garni ; si c'est du riz, il doit être fort épais ; quand l'un ou l'autre est cuit, retirer les racines et le bouquet sans presser ce dernier ; étendre une couche de riz ou de macaroni (et dans ce cas on y amalgame du parmesan râpé et une pincée de poivre) sur un plat ; on verse sur cette couche une fricassée de poulet à courte sauce ; on recouvre avec le restant du riz ou du macaroni, et, dans ce cas, on y incorpore du parmesan râpé et du fromage de Gruyère émincé. On donne à tout cet ensemble l'aspect d'un gâteau, et on met sous le four de campagne pour prendre couleur.

POULET AUX LÉGUMES. — Hacher le foie avec lard, persil, ciboules, champignons, sel, poivre ; mettre le tout dans le poulet, et faire cuire ce dernier en braise ; faire cuire à part des choux-fleurs ou d'autres légumes ; quand ils sont à moitié cuits, on y ajoute le poulet ; après avoir dégraissé la sauce, servir les légumes sous le poulet.

CAPILOTADE DE POULET. — Faire fondre du beurre, y délayer une cuillerée de farine, puis ajouter champignons, persil, échalottes, le tout haché ; mouiller moitié vin blanc, moitié bouillon ; la sauce venue à point, y faire mijoter pendant un quart-d'heure les morceaux de poulet ; servir avec des croûtons.

POULET FRIT A LA VILLEROI. — Prendre

le restant d'une fricassée ou une fricassée tout
entière à sauce réduite; entourer chaque morceau d'autant de sauce que possible, et paner
à la mie de pain une première fois; passer à
l'œuf, passer une seconde fois et faire frire;
servir avec persil frit.

ASPIC DE VOLAILLE. — Jeter de l'aspic
dans un moule et mettre ce dernier sur de la
glace pour faire prendre l'aspic; former un
dessin avec des œufs durs, des feuilles de persil, des truffes, recouvrir le tout avec de la gelée; quand elle est prise, placer les blancs de
volaille jusqu'à ce que le moule soit rempli;
on fait prendre et on remplit ensuite la cavité
réservée au milieu par un ragoût composé de
blancs de veau et de poulet, des crêtes, des
ris de veau, champignons, truffes, cuits à part
dans une sauce tournée, à laquelle on ajoute
quelques cuillerées d'aspic fondu; quand tout
est bien pris, tremper le moule dans l'eau
chaude, retourner sur un plat et servir.

SALADE DE VOLAILLE.—Dépecer un pou-
let rôti, n'en prendre que les chairs, les parer,
les mettre mariner dans une ravigote hachée
avec sel, gros poivre, huile, vinaigre; dix minutes après, dresser avec cœurs de laitues, anchois, œufs durs coupés, cornichons, câpres;
verser dessus l'assaisonnement.

PURÉE DE VOLAILLE. — Prendre la chair
d'un poulet rôti, ôter la peau, les membranes,
les nerfs, hacher et piler en ajoutant un peu
de béchamel; quand la purée est faite, délayer

avec la sauce de béchamel; ne chauffer que légèrement et servir avec œufs pochés et croûtons frits.

SOUFFLÉ DE VOLAILLE. — Faire une purée comme la précédente, mais la tenir épaisse, y ajouter cinq jaunes d'œufs et leurs blancs fouettés; quand le tout est délayé, mettre le soufflé dans une caisse sous le four de campagne; le manger de suite.

Du Chapon

La poularde est plus fine, plus délicate qu'un chapon, mais elle n'est pas aussi grosse.

CHAPON AU GROS SEL. — Plumer, vider, flamber très légèrement et trousser; le frotter de citron, le recouvrir de barde ou mieux d'un papier beurré; mettre dans une casserole avec bouillon, lard gras, le gésier, des parures de veau, le cou, sel, carottes, bouquet garni; cuire à feu doux; quand il est cuit, ce qu'indique l'aileron quand il cède sous le doigt, dégraisser un peu de sa cuisson, la mettre réduire à part jusqu'à ce qu'elle soit brune; quand elle est à ce point, mouiller d'eau pour détacher, remettre encore de la cuisson, dégraisser et servir.

CHAPON BRAISÉ. — Le faire cuire dans une braise, passer la cuisson au tamis, faire réduire, verser dessus.

CHAPON AU RIZ. — Faire cuire le chapon comme celui au gros sel, prendre la graisse de toute la cuisson et moitié de celle-ci pour faire cuire le riz; faire avec le reste de la cuisson une sauce semblable à celle du champignon; gros sel; glacer le riz et le chapon avec cette sauce; servir le chapon sur le riz.

CHAPON ROTI AUX TRUFFES. — Comme le Dindon. (*Voir plus loin cet article.*)

CHAPON FARCI A LA CRÈME. — Faire rôtir le chapon, lui enlever ensuite l'estomac, hacher toutes les chairs qui sont dessus avec une bouillie composée de mie de pain cuite avec de la crème, 75 grammes de graisse de bœuf, persil, ciboules, champignons hachés et passés au beurre, sel, poivre, trois jaunes d'œufs; remplir tout l'intérieur de cette farce, figurer ce qui a été enlevé; couvrir d'un peu de mie de pain, dorer avec du beurre fondu, paner une seconde fois, faire prendre couleur sous le four de campagne, servir avec une sauce piquante.

CHAPON A LA NANTAISE. — Hacher le foie, douze marrons grillés, persil, ciboules, un peu d'ail, ajouter sel, poivre et deux jaunes d'œufs; mêler le tout et remplir avec; mettre à la broche en enveloppant d'un papier beurré; quand le chapon est cuit, ôter le papier, dorer à l'œuf et couvrir de mie de pain; servir sur une sauce piquante.

CHAPON EN CROUTE. — Le cuire en braise, le retirer, passer et réduire le fond de cuisson.

y remettre le chapon, le bien imprégner de sauce, faire refroidir; le couvrir ensuite d'une seconde sauce composée de beurre manié de farine, lait, poivre, sel, sauce très épaisse; passer ensuite à la mie de pain, mettre sous le four de campagne, servir avec sauce piquante.

De la Poularde

On peut l'accommoder de la même manière que le Chapon, et tous les deux peuvent recevoir le même assaisonnement que le poulet. Tous les trois peuvent aussi être truffés de la même manière que les Dindes; mais, comme il est quelques plats très délicats qui peuvent être préparés avec la poularde, nous allons indiquer les principaux :

POULARDE A LA REINE. — On la fait cuire dans une poêle (*voir ce mot à l'article des* Sauces); laisser refroidir, enlever les chairs de l'estomac et faire avec elles une farce cuite; envelopper le tour de la poularde avec de petites chevilles de bois; la mettre sur une tourtière au four ou sur un feu doux, et, le four de campagne un peu chaud par dessus, la laisser une heure; au moment de servir, retirer les bardes; mettre dessous pour sauce un velouté clarifié.

POULARDE A LA TARTUFFE. — Retrousser les pattes d'une poularde à la façon d'un dindonneau, après l'avoir flambée et vidée; détacher la peau d'avec la chair sur l'estomac, y mettre partout du beurre d'écrevisses ; farcir l'intérieur avec le foie haché, lard râpé, persil, ciboules, sel, gros poivre, deux jaunes d'œufs ; coudre la poularde, la faire rôtir à la broche en l'enveloppant de bardes et de papier ; servir avec le ragoût suivant de queues d'écrevisses : Mettre les queues et les œufs d'écrevisses cuire avec un peu de bouillon, demi-verre de vin blanc, du blond de veau, sel, gros poivre ; en servant, mettre un peu de beurre d'écrevisses, faire lier sans que la sauce bouille, servir sur la poularde.

POULARDE A LA CONTI. — Quand une poularde est préparée, la farcir de son foie haché et assaisonné, mettre en broche avec enveloppe de bardes et de papier ; dresser sur un plat, ciseler la poularde, l'arroser avec une sauce faite avec oignons hachés, persil, ciboules, beurre ; passer au feu le tout, mouiller avec bouillon, vin blanc, blond de veau, sel, poivre ; faire cuire ; y mettre ensuite un anchois, de grosses câpres hachées, faire encore un peu bouillir ; la sauce finie, ajouter de la moutarde en la délayant dans la sauce, passer au tamis ; la faire chauffer sans bouillir.

POULARDE A LA LYONNAISE. — Trousser une poularde en dindonneau, la faire cuire dans une casserole foncée de tranches de veau blanchies, couvrir la pièce de bardes, ajouter autour oignons et racines, bouquet garni, mouiller au bouillon et au vin blanc ; à la cuisson, passer le fond, y ajouter un peu de blond de veau ; servir sur la sauce avec un peu de persil blanchi et haché.

POULARDE TOULOUSAINE. — Désosser une poularde, commencer par le cou, bien ménager la peau, afin de la remplir d'un ragoût de ris de veau, truffes, champignons et courte sauce; coudre la poularde, foncer une casserole avec des tranches de veau blanchies; mettre la poularde dessus, couvrir de bardes, mettre la moitié d'un citron en tranches ; mouiller au bouillon, un peu de sel, gros poivre; faire petit feu ; après cuisson, dégraisser le fond de sauce, passer au tamis, y mettre un peu de blond de veau, servir sur la poularde.

POULE AU RIZ. — La faire cuire à moitié au pot, la passer ensuite à la casserole, y ajouter un peu de roux, puis y adjoindre du riz cuit, épais et bien nourri.

POULE AUX PETITS OIGNONS. —Mettre au pot et continuer comme ci-dessus, faire prendre couleur, la mettre dans un roux, mouiller au bouillon; cuisson, une heure et demie; ajouter sel, poivre, bouquet garni et petits oignons à volonté.

Du Dinde

La poule-dinde est préférable au coq-dinde, elle est plus tendre et plus délicate que lui ; les vieux dindes ne sont bons qu'à mettre en daube et en galantine; du reste, le dinde offre des ressources immenses, puisque, comme viande douce, elle s'arrange de tous les accommodements.

DINDE EN DAUBE. — Plumé, vidé, flambé, on lui ôte les pattes, le cou, les ailerons; mettre dans le corps un bon morceau de beurre avec forte pincée de sel, le mettre cuire en braise avec un morceau de jarret et deux pieds de veau; cuire à petit feu; arrivé à point, passer et dégraisser la cuisson, servir tout chaud avec les carottes autour; on peut aussi la laisser refroidir; pour cela faire, on met à part la cuisson qui se transforme en gelée. — La dinde désossée, cousue dans sa peau, enveloppée d'un linge fin pour cuire, est encore plus délicate.

DINDE EN GALANTINE. — L'ouvrir par le dos, la désosser entièrement, ménager la peau; couper les filets en lardons, hacher le reste, et retirer les tendons, cartilages, etc.; ajouter de la rouelle de veau et du lard coupé en lardons; piler les petits morceaux, étendre la peau sur un linge, y poser symétriquement la farce et les filets, y mêler un rang de langue à l'écarlate ou du jambon; on peut ajouter des truffes coupées par morceaux, et mêler les épluchures hachées à la farce; rouler la galantine dans son linge, la ficeler et faire cuire en daube; elle se sert avec sa gelée. On aura eu soin de mouiller la galantine avec du bouillon auquel on aura ajouté du vin blanc et mis bouillir les os concassés du dindon.

DINDON EN SURPRISE. — Faire rôtir un

dinde et le laisser refroidir, enlever toute la partie supérieure de l'estomac, remplir le corps avec une bonne financière ou tout autre ragoût au choix, dans lequel on aura fait entrer les blancs enlevés au dinde; couvrir d'une farce à quenelle avec laquelle on ferme l'ouverture, en rabattant la peau que l'on aura ménagée avec soin, saupoudrée de mie de pain, mêlée de fromage râpé; faire prendre couleur et chauffer sous le four de campagne; servir avec une sauce allemande.

HACHIS DE DINDE. — Hacher fin toutes les chairs d'un dinde rôti, en supprimant les tendons, les membranes; mettre ce hachis dans une béchamelle (*voir aux* SAUCES *et* RAGOUTS), servir sur des croutons, ajouter des œufs pochés.

MARINADE DE DINDON. — Mettre le restant d'un dinde rôti coupé en morceaux dans une *marinade* cuite; égouter ensuite, jeter dans une pâte, faire frire.

CAPILOTADE DE DINDON. — Faire fondre du beurre, y délayer une cuillerée de farine, ajouter ensuite champignons, échalottes et persil hachés, mouiller avec vin blanc et bouillon; dégraisser, laisser mijoter quinze minutes les morceaux de dinde rôti dans cette cuisson, servir avec des croûtons. On en fait autant pour le poulet rôti.

ABATTIS A LA BOURGEOISE. — L'abattis comprend les ailerons, les pattes, le gésier, le cou, la tête, le foie; éplucher et flamber les pattes, les ailerons, le cou, la tête; mettre dégorger ensuite dans l'eau tiède; laver à plusieurs eaux, abattre le bec de la tête; mettre le tout, excepté le foie, dans du beurre chaud, avec bouquet garni, deux clous de girofle et gousse d'ail; passer ferme sur le feu, singer ensuite d'une cuillerée de farine, faire bien revenir; quand la farine gonfle et commence à se dorer, mouiller à l'eau ou au bouillon, mettre du gros sel, un peu de poivre; à moitié de la cuisson, ajouter le foie et des petits oignons blanchis à part, et des navets passés au beurre également à part; bien dégraisser, servir chaud et à sauce un peu courte.

On remplace souvent les navets par des pommes de terre. Enfin, quand on ne veut que faire un ragoût sans navets et sans pommes, on ajoute une liaison avec un filet de vinaigre.

AILERONS EN BRAISE. — Piquer des ailerons, les faire cuire dans un fond de braise.

AILERONS EN FRICASSÉE DE POULET. — Les faire blanchir, accommoder comme le poulet.

AILERONS FRITS. — Quand ils sont cuits en fricassée de poulet, les laisser refroidir dans leur sauce, les paner à deux fois, les faire frire.

AILERONS EN MATELOTTE. — Les passer au beurre, les singer d'un peu de farine, mouiller avec moitié vin, moitié bouillon, assaisonner, faire grand feu; à moitié de la cuisson, ajouter des petits oignons passés au beurre e des champignons; servir sur des croutons.

AILERONS PIQUÉS. — Enlever les plus gros os, les jeter un instant dans l'eau chaude; les flamber et piquer de lard fin, les faire cuire dans de la glace, les couvrir d'un papier beurré; quand ils sont cuits, leur faire prendre couleur en réduisant la sauce; les servir sur une purée quelconque ou un ragoût de légumes.

AILERONS A LA SAINTE-MENEHOULD. — (*Voir ci-dessus ce genre d'accommodement.*)

AILERONS A LA SAUCE ROBERT. — Inciser les ailes ou cuisses restant d'un dinde rôti, les faire chauffer sur le gril, les servir sur une sauce Robert.

DINDE TRUFFÉ. — Ce travail ne se fait pas partout de la même manière; nous allons donner le vrai système des meilleurs chefs de Paris, lequel est celui des habitants de Périgueux Limoges et Angoulême.

Ce système consiste à prendre des truffes bien brossées, bien nettoyées et pelurées grossièrement, à les passer dans du beurre avec sel, gros poivre et muscade râpée, à en remplir de suite et tout chaud le corps du dindon jusqu'au jabot, à recoudre les peaux pour que rien ne s'échappe, à envelopper la pièce dans du papier après l'avoir troussée, et à la mettre au frais pendant quatre à cinq jours, puis à la faire rôtir pendant deux heures, enveloppée d'un papier beurré que l'on retire un peu avant de servir, afin de faire prendre couleur; servir la pièce toute seule ou simplement sur une sauce aux truffes.

Les cuisiniers secondaires truffent à froid, emploient du saindoux au lieu de beurre, ne placent de minces tranches de truffes que sous l'épiderme, et bourrent l'intérieur d'une chair à saucisses non cuite, non préparée, grossièrement entremêlée aux épluchures de truffes; mais cette ignoble préparation est aussi éloignée des principes d'une bonne cuisine qu'une poule-d'Inde ou une oie bourrée d'un hachis de bouilli, de gousses d'ail et de châtaignes grillées; ces dernières doivent être tenues éloignées de la table d'un homme distingué.

Comme dernier moyen, pour que l'arôme des truffes pénètre jusqu'aux os, il serait bon de ne truffer la pièce qu'aussitôt qu'elle est tuée et flambée.

De l'Oie

Si l'Oie est la providence des petits ménages, elle occupe à présent une place toute particulière sur les tables bourgeoises; seulement, sa chair est ferme, très nourrissante, et ne convient ni aux enfants ni aux vieillards.

OIE A LA BROCHE.—Mêmes soins que pour la dinde rôtie; seulement, il est bon que la pièce reste un peu devant un feu chaud et qui ne flambe pas. Ce dernier coup de feu est destiné à faire couler le surplus de la graisse et à rendre la peau rissolée et croquante; rien n'est moins distingué que de bourrer une oie de chair à saucisses et de marrons grillés.

OIE A LA CHIPOLATA. — Prendre une oie en chair et peu grasse, la dépecer avec soin après l'avoir flambée et vidée. Faire revenir ces morceaux dans un roux; ceci fait, y ajouter des saucisses longues coupées en deux ou trois morceaux chaque, puis champignons et marrons rôtis, peu grillés; mettre bouquet garni, assaisonnement; quand la cuisson est faite, dégraisser; au moment de servir, ajouter un jus de citron ou un filet de vinaigre.

OIE EN DAUBE. — C'est un plat excellent, mais peu distingué; il consiste à prendre une oie en chair, que l'on pique de lard; quelques personnes la remplissent de marrons grillés, d'autres prennent un demi-kilo de chair à saucisses, la mettent dans une casserole avec un peu de beurre, gros comme le poing de mie de pain trempée dans de bon bouillon, sel, poivre, persil et un petit oignon haché menu; faire bien revenir le tout sur le feu; retirer du feu quand ce hachis a bon goût, et remplir immédiatement les cavités de l'oie; mettre autour des carottes nouvelles, de gros oignons, et avoir fait avant tout un fond de casserole avec les couennes et des bardes de petit lard. Servir chaud avec les légumes autour; il est bon de clarifier le fond de cuisson avec un peu de blanc d'œuf battu en neige et un peu d'eau.

CUISSES D'OIE. — Les cuisses et les foies

sont deux morceaux délicats et que l'on conserve avec succès.

CUISSES CONFITES AU VINAIGRE. — Les plonger, bien flambées, dans de l'eau bouillante, sans les laisser entièrement cuire ; les retirer pour les arroser de vinaigre et de vin dans lesquels on mélange un peu de gelée assaisonnée ; achever la cuisson sans attendre qu'elle soit arrivée à son dernier degré. Les introduire dans des bouteilles à vastes goulots, et que l'on remplit avec la saumure ; après refroidissement parfait, boucher avec un bouchon de liége, lutter avec du goudron ou fermer avec un parchemin mouillé.

CUISSES ET AILES CONSERVÉES. — Faire rôtir, jusqu'à demi-cuisson, des oies grasses et pourtant bien charnues, enlever le plus largement possible leurs ailes et leurs cuisses ; frotter les unes et les autres d'un mélange de sel et de salpêtre pour les poser par lits les uns sur les autres ; mettre une couche de feuilles de laurier entre chaque couche, y joindre de la sauge et du thym. Réunir toute la graisse que les oies ont pu rendre ; laisser s'infuser cette marinade pendant 24 heures, faire ensuite fondre toute la graisse, et, si l'on ne croit pas en avoir assez pour couvrir les ailes et les cuisses, compléter avec du saindoux ; mettre ces ailes et ces cuisses dans la graisse pour achever de cuire à petit feu ; quand elles sont cuites, ce qu'on reconnaît quand on peut y enfoncer une allumette aiguisée par un bout, les

retirer et les laisser presque refroidir; aprè-
cela, les ranger dans un pot de terre vernissés
en les serrant bien; verser ensuite la graisse
tiédie par dessus; il faut qu'elles soient coue
vertes d'une couche de graisse épaisse de 5 à 6
centimètres; ne couvrir le pot que lorque tout
est parfaitement refroidi; serrer dans un lieu
sec et frais.

SALMIS D'OIE. — Comme le Salmis de Perdreaux.

Du Canard

Il y a deux sortes bien distinctes de canards :
le *Canard sauvage*, provenant de la chasse, et
le *Canard domestique*, élevé dans les basses-
cours. Le canard privé porte le nom de *caneton*
quand il est tout jeune.

Le CANARD SAUVAGE ne se mange guère que
rôti; quand il est plumé et flambé, on introduit dans son corps un morceau de beurre manié de sel fin; on le bride ensuite et on le met
à la broche en le recouvrant d'une barde de
lard; sitôt retiré du feu, on le retourne, le
croupion en l'air; on verse dans le corps une
bonne cuillerée d'huile d'olive et on le secoue
bien dans cette position, comme si on agitait
une bouteille; on dresse ensuite; le canard a
naturellement beaucoup de jus et un jus très
succulant; l'huile s'harmonie parfaitement
avec ce jus et en développe toute la quintes-

ence. Trois quarts d'heure suffisent pour la cuisson.

On fait rôtir aussi les Canards domestiques; quelques personnes les farcissent de chair à saucisses et de marrons rôtis; mais cet arrangement n'appartient pas à la cuisine distinguée; d'ailleurs il est essentiellement indigeste.

CANARD AUX NAVETS. — Faire roussir dans le beurre ou dans de belle graisse de rôti de volaille ou de veau une cuillerée de farine, y passer le canard; mouiller avec moitié vin blanc, moitié bouillon, bouquet garni, sel, poivre, muscade; quand le canard est à moitié cuit, y ajouter de bons navets tournés ou choisis au moins d'une grosseur égale, que l'on aura fait roussir dans le beurre avec un peu de sucre; quand le tout a fini de cuire ensemble, dégraisser et servir très chaud.

CANARD AUX OLIVES. — Faire cuire le canard comme ci-dessus, mais passer entièrement la cuisson, y ajouter des champignons coupés et faire réduire cette cuisson; tourner des olives pour en retirer le noyau, jeter ces olives dans la sauce, les laisser bouillir un instant, verser sur le canard et servir très chaud.

CANARD A LA BOURGEOISE. — Larder le canard de gros lard, faire cuire à petit feu avec un peu de bouillon, un verre de vin blanc, bouquet garni, girofle, basilic, sel, poivre; prendre le fond de la sauce, la dégraisser, a passer au tamis, et faire réduire si elle se trouve trop longue; servir la sauce sur le canard.

CANARD EN DAUBE. — Même accommodement que le Dinde.

CANARD AUX CHOUX. — Faire blanchir des choux, les presser entre les mains pour en faire sortir l'eau; faire revenir le canard dans le beurre avec un morceau de lard et une tranche de jambon; quand ceci est fait, placer le lard et le jambon au fond de la casserole, puis une couche de choux, puis le canard également entouré de choux, bouquet garni, clous de girofle; flanquer le canard de saucisses, faire cuire à petit feu.

CANARD A LA CHOUCROUTE. — Même accommodement. On sait que la choucroûte demande à être lavée et passée plusieurs fois.

CANARD FARCI. — Le désosser, retirer du dedans toutes les chairs et les hacher avec partie égale de rouelle de veau, la valeur du tiers de ces viandes en graisse de bœuf, persil, champignons, ciboules, deux jaunes d'œufs crus et un peu de crême; assaisonner cette farce, dont on remplira la peau et la surface du canard; coudre et ficeler, ou envelopper d'un linge fin; faire cuire en braise à petit feu; quand le canard est cuit, le retirer, passer le fond de la cuisson, y ajouter un peu de blond de veau (*voir aux* SAUCES); faire bouillir un instant, dégraisser, servir sous le canard.

CANARD POÊLÉ. — Retrousser les pattes le ong des cuisses, faire rentrer le croupion dans on intérieur, mettre dans le corps un peu de eurre manié de sel, frotter le canard avec des morceaux de citron, le recouvrir de bardes de lard, le mettre dans une casserole avec oignons, carottes, bouquet garni, parures de veau, des blancs d'autres canards ou de volaille ; ajouter bouillon, vin blanc, une idée de sucre, faire cuire à petit feu ; quand le canard est cuit, le déficeler et le servir sur une purée de lentilles, de navets, à la sauce verte, à la bigarrade, aux olives, etc.

CANARD EN HOCHEPOT. — Le faire cuire comme le précédent. Pour faire le *hochepôt*, tourner des carottes au couteau ou à l'emporte-pièce, les faire cuire dans du consommé avec une idée de sucre ; quand elles sont cuites, les lier avec un peu de sauce espagnole ; servir sous le canard.

CANARD AUX PETITS POIS. — Faire cuire le canard comme celui aux navets ; avoir des petits pois dans de l'eau très froide, et que l'on aura maniés de beurre dans cette eau ; quand le canard est à moitié cuit, retirer sa sauce, mettre quelques bardes au fond de la casserole, les petits pois par dessus avec un bouquet de persil et ciboules seulement, quelques petits oignons blancs ; gros comme une grosse aveline de sucre, un peu de sel, et le canard au milieu ; faire cuire à feu doux. En général, on prend le canard bien jeune pour le mettre aux petits pois.

CANARD EN SALMIS ORDINAIRE. — C'est de préférence le canard sauvage rôti que l'on met en salmis. (*Voir à l'article des* SAUCES.)

CANARD EN SALMIS DES CHASSEURS. — Faire rôtir un canard sauvage, en retirer ensuite les filets et les cuisses; dépecer les restes, les jeter dans une casserole pour les sauter avec sel, poivre, deux cuillerées d'huile, deux verres de vin de Bordeaux; aiguise le tout d'un filet de citron exprimé au moment de servir.

CUISSES DE CANARD EN MACÉDOINE. — Prendre un certain nombre de cuisses de canard, en ayant soin de leur conserver leur peau; les assaisonner de sel et poivre; couvrir les muscles avec une farce très fine, coudre la peau par dessus et les faire cuire; les faire refroidir pour les parer et les découdre; les réchauffer dans une demi-glace pour les servir en couronne avec une macédoine au milieu.

FILETS DE CANARD A L'ORANGE. — Enlever toutes les chairs qui recouvrent la poitrine de deux ou trois canards, les mettre mariner dans l'huile avec sel, poivre, tranches d'oignons, persil; attacher ces filets sur la broche avec des hatelets; demi-heure de cuisson, retirer et mettre ces filets dans une glace, mais sans bouillir; les dresser en rond sur un plat et les couvrir d'une sauce avec le citron, l'orange et la bigarrade.

CANETON. — Le faire cuire comme le CANARD POÉLÉ, le coucher ensuite sur du beurre d'écrevisses, sur des concombres. On peut le mettre en macédoine, aux racines, au verjus, à la ravigote.

Le Pigeon

Il y a plusieurs sortes de pigeons ; celui de volière est le plus délicat, les ramiers sont plus durs, et les bisets ou pigeons sauvages sont les plus petits et les plus coriaces.

PIGEON RÔTI. — Pour le trousser, faire bien ressortir la poitrine, mettre les pattes en dedans ; envelopper le pigeon d'une feuille de vigne avec une barde par dessus, mettre dans l'intérieur du corps une pincée de sel et un petit morceau de beurre, ficeler et faire rôtir, arroser avec du beurre mêlé à un peu de vinaigre ; 30 minutes à peu près de cuisson.

PIGEONS EN COMPOTE. — Trousser et flamber les pigeons, leur mettre un peu de beurre dans le corps ; mettre du beurre sur le feu et y faire revenir de petits dés de lard dont la couenne aura été retirée, y mettre un peu après les pigeons, faire revenir le tout ensemble et singer d'un peu de farine ; remuer et mouiller avec du bouillon et un peu de vin blanc, ajouter un tout petit morceau de sucre, un bouquet garni, des champignons et un peu de muscade râpée ; un peu plus tard, terminer en ajoutant des petits oignons passés au beurre et préparés à part.

On accommode des poulets de la même manière en les laissant entiers. Servir avec de croûtons.

PIGEONS EN MATELOTE. — Les passer au beurre avec du lard coupé mince, singer de farine, ajouter moitié vin rouge, moitié bouillon, ajouter des champignons et des oignons passés au beurre; le bouquet doit être garni et pourvu au milieu d'une gousse d'ail; ne pas oublier le sucre, indispensable surtout dans toutes les sauces au vin, afin d'en faciliter la digestion et de prévenir l'effet de la décomposition acidulée que le vin subit par le contact du feu.

PIGEONS A L'ÉTUVÉE. — Trousser en poulets trois beaux pigeons, les faire refaire et les larder de filets d'anchois; faire un petit roux, y passer une douzaine de petits oignons, mouiller avec bouillon et vin blanc, y mettre cuire les pigeons avec bouquet garni, sucre, girofle, basilic; vers la fin de la cuisson, ajouter six petites saucisses; pour dresser, mettre un jus de citron; entourer de croûtons.

PIGEONS A LA TARTUFFE. — Frotter d'abord les pigeons avec du citron, les faire revenir au beurre sans les colorer; les mettre dans une casserole sur un fond de lard, verser par dessus le beurre dans lequel ils seront revenus, recouvrir avec d'autres bardes et un papier, mouiller avec une *poële (voir ci-dessus à l'article des* SAUCES); quand ils sont cuits, les dresser et mettre des écrevisses entre chacun d'eux; verser sur le tout une sauce préparée avec d'autres écrevisses.

PIGEONS A LA CRAPAUDINE. — Les fendre

par le dos sans les séparer en deux, les aplatir, assaisonner de sel et poivre, les baigner dans de l'huile d'olive ou du beurre fondu, les paner, les faire cuire et les servir sur une sauce piquante ou une *ravigote*. (*Voir aux* SAUCES.)

PIGEONS AUX PETITS POIS. — Les mettre dans une casserole avec de petits morceaux de lard, faire revenir, ajouter un bouquet de persil et ciboule seulement; singer d'un peu de farine, remuer et mettre par dessus le tout les pois que l'on aura pétris préalablement dans de l'eau très fraîche avec un peu de beurre, ajouter un peu de sucre et de sel; laisser cuire à petit feu; si la sauce était trop courte, l'allonger avec un peu de bouillon, bien dégraissé. — Avant de dresser les pigeons aux pois, dégraisser la sauce s'il y a lieu.

PIGEONS A LA GAUTIER. — Comme ceux *à la Tartuffe*, en y ajoutant un ragoût de truffes et de crètes.

PIGEONS A LA MINUTE. — Les couper en deux, passer au beurre; quand ils sont demi-cuits et colorés, ajouter champignons, persil, échalotes, le tout haché; dresser les pigeons, détacher leur glace avec un peu de bouillon et de vin blanc, verser dessus.

PIGEONS AUX POINTES D'ASPERGES. — Comme ceux aux petits pois; seulement on fait blanchir les asperges avant de les joindre aux pigeons; attendre que ces derniers soient presque cuits.

PIGEONS EN MATELOTE. — Les passer au

beurre avec un peu de lard coupé par tranches minces, singer d'une pincée de farine, ajouter bouquet garni, puis moitié vin, moitié bouillon, champignons, petits oignons passés au beurre; servir sur quelques croûtons.

PIGEONS EN PAPILLOTES. — Enlever les ailerons, couper les pigeons en deux sur leur longueur, les saupoudrer de sel fin et faire sauter avec du beurre; retirer dès qu'ils sont saisis, ajouter au fond de la casserole une pincée de farine et un peu de bouillon, champignons, échalottes et persil hachés; quand la sauce est réduite et d'un goût convenable, la verser sur les pigeons, placer une barde des deux côtés, envelopper de papier huilé ou beurré et faire cuire sur le gril.

PIGEONS EN TORTUE. — Éplucher de gros concombres suffisamment mûrs, les faire blanchir dans l'eau bouillante après les avoir vidés et parés; avoir un nombre égal de pigeons auxquels on aura coupé le bec et laissé la tête, les pattes et le bout des ailes; on aura eu soin de faire mariner ces pigeons à part dans le vinaigre avec fines herbes, quelques rouelles de veau; faire quatre ouvertures dans chaque concombre, y enfoncer les pigeons; la tête, le bout des ailes, les pattes doivent dépasser, de manière à donner à chaque pigeon l'aspect d'une petite tortue pourvue de son écaille; les placer ensuite sur les morceaux de rouelle; faire cuire dans une casserole foncée de lard; assaisonner, mouiller au jus, faire cuire à feu doux;

égouter l'eau des concombres; verser sur le tout une sauce espagnole. Dresser avec symétrie les pigeons dans leur enveloppe de concombres.

MARINADE DE PIGEONS. — Couper des pigeons rôtis en quatre parties, les passer dans une marinade quelconque, les plonger et les recouvrir d'une pâte à frire.

SAUTÉS DE FILETS DE PIGEONS (*voir ci-dessus les* FILETS DE POULETS AU SUPRÊME).

PIGEONS EN CAILLES.—Ouvrir et désosser quelques pigeons tout le long des vertèbres jusqu'aux reins, les remplir d'une farce faite avec des foies de volaille, des champignons hachés, une pincée de fines herbes, assaisonnement; prendre du papier blanc un peu fort, le huiler, en relever les bords de 7 à 8 centimètres; on couche dans cette caisse les pigeons entre deux bardes de lard; saupoudrer de fines herbes, ajouter un peu de beurre frais, mettre sous le four de campagne ou dans le four d'un fourneau moderne; dès qu'ils ont une couleur dorée, on les dégarnit de leur enveloppe et on lour fait une sauce piquante.

PIGEONS A LA CARBONNADE (*voir la* CRAPAUDINE).

PIGEONS A LA CASSEROLE. — Les trousser, mettre un peu de beurre et de sel dans le corps, les mettre à feu vif, les assaisonner en haut goût; au bout d'une petite demi-heure, les retirer, y ajouter telle sauce qu'on voudra et un filet de citron.

PIGEONS A LA CHARTREUSE. — Les cuire comme ci-dessus, les coucher sur une macédoine de légumes frais.

PIGEONS A L'EAU-DE-VIE. — Braiser les pigeons dans une casserole, les retirer, faire un caramel avec leur jus et de l'eau-de-vie en quantité suffisante ; ajouter du sucre, verser le tout bien chaud au moment de servir, y mettre le feu.

PIGEONS SOUS LA CENDRE. — Prendre un fort papier, lui donner la forme d'une caisse, y placer deux pigeons de volière ; bien envelopper chacune des caisses dans lesquelles, en outre, on aura mis une farce quelconque ; quand tout ceci est prêt et les caisses enveloppées, placer ces dernières sous la cendre chaude et les recouvrir de braise nouvelle ; quand les pigeons sont très gros, on les fait presque cuire d'abord avec quelques tranches de citron dans un blanc de fécule ou de farine très fine, et on leur adjoint un ragoût mélangé de ris de veau, truffes, champignons ; on fait réduire et on place le tout dans les caisses.

PIGEONS EN PATÉ. — On les enveloppe d'une pâte préparée à l'avance, avec garniture intérieure composée de champignons, lard broyé, moelle de bœuf ; de la sorte on peut les mettre au four ou dans un vase spécial et les faire cuire ainsi.

PIGEONS EN RAGOUT. — Les passer au beurre, y ajouter ris de veau, bouquet garni, vin blanc, une larme d'eau-de-vie, quelques tranches de jambon, faire réduire.

PIGEONS EN SURPRISE. — Les envelopper de laitues, les placer au centre sur une sauce à godiveau, en achever la cuisson dans un fond de jus.

PIGEONS EN TERRINE. — Les accommoder avec des choux blanchis comme les perdrix grises.

PIGEONS EN TIMBALE. — Les faire cuire dans un *blanc* (*V. aux Sauces*), y ajouter un ris de veau, de gros champignons; former une abaisse de pâte au fond d'une tourtière, recouvrir les pigeons avec du veau, du beurre frais; lame de pâte en dessus; dorer avec une liaison de jaunes d'œufs; faire cuire au four.

PIGEONS A LA ROYALE. — Prendre une demi-douzaine de pigeons très jeunes en vie, les saigner et mettre leur sang à part; presser un citron sur ce sang pendant qu'il est chaud pour l'empêcher de tourner; échauder les pigeons, les trousser les pattes en dedans, les faire blanchir, puis les passer avec champignons, bouquet garni, tranche de jambon, ris de veau, bouillon, truffes. Quand les pigeons sont cuits et de bon goût, y ajouter le sang, faire lier sur le feu en remuant toujours; éviter alors de faire bouillir, servir.

COQUILLES DE PIGEONS AU FROMAGE. — Échauder quatre pigeons, les trousser comme ci-dessus et les passer de même ; mouiller avec demi-verre de champagne, cuillerée de coulis ; faire cuire à petit feu. Quand tout est cuit, presque sans sauce, laisser refroidir ; prendre ensuite quatre coquilles d'argent ou de mer, y faire un bord de pâte ; délayer de la farine avec un œuf, et tenir cette pâte consistante ; frotter les bords de la coquille avec du jaune d'œuf, y faire tenir la pâte, la faire cuire au four ; mettre ensuite du parmesan râpé au fond des coquilles, mettre par dessus un pigeon et autour du salpicon ; recouvrir avec du parmesan râpé ; mettre les coquilles au four, laisser glacer jusqu'à couleur dorée. Servir dans les coquilles.

PIGEONS SOUFFLÉS. — Plumer à sec quatre pigeons cauchois, les flamber et les désosser par la poche ; couper en dés du lard, du jambon, des ris de veau, des champignons et truffes, gros sel gris, fines herbes hachées ; farcir les pigeons avec ce salpicon, les coudre pour que rien n'en sorte, les envelopper avec du lard et du papier, mettre à la broche devant un feu doux ; servir sur une sauce à volonté.

PIGEONS A LA CHAMPEAUX. — Plumer quatre pigeons à sec, les flamber et vider, les farcir avec lard râpé, truffes, champignons, ciboules, persil, le tout finement haché ; ajouter sel, gros poivre, coudre, trousser les pattes sur l'estomac ; les faire revenir dans du beurre, envelopper de papier et de lard, mettre en broche ; prendre ensuite une forte noix de veau, la parer, la couper en cinq morceaux, les piquer chacun de petit lard, les faire blanchir et cuire, les glacer comme des fricandeaux; dresser dans le plat un petit fricandeau au milieu, les pigeons autour et les quatre autres fricandeaux entre eux; la sauce qui sera dessous sera faite comme celle des fricandeaux au jus.

PIGEONS A LA FLEURY. — Préparer une bonne compote de pigeons à courte sauce, faire blanchir et égouter des choux-fleur après les avoir passés à l'eau fraîche; on dresse les choux-fleur, la fleur en dessus; pour les maintenir, on verse dessus une bonne sauce de godiveau bien liée, on met le ragoût de pigeons dedans, on achève de couvrir avec de la farce et des choux-fleur; on ajoute ensuite un peu de bouillon, on assaisonne et l'on finit la cuisson à petit feu; quand tout est cuit, dresser sur un plat avec bonne sauce en dessus faite avec beurre frais et coulis; la faire lier sur le feu sans bouillir.

FILETS DE PIGEONS A L'ESPAGNOLE. — Lever les filets de six pigeons de volière, les parer et enrayer leur première peau; les mettre dans un plat à sauter avec beurre, saupoudrer de sel fin; au moment de servir, cuire sur un feu doux (c'est l'affaire de quelques minutes), les égouter de leur beurre, y ajouter deux cuillerées à ragoût de sauce espagnole bien arsée; clarifier et réduire; lier avec un morceau de beurre et quelques gouttes de citron.

COQUILLES DE PIGEONS A LA SAINTE-MENEHOULD. — Prendre les restes d'une compote de pigeons, en remplir des coquilles, recouvrir le tout avec une farce de volaille cuite, mettre un instant au four; servir dans les coquilles.

De la Poularde

On l'élève très bien à présent dans nos basses-cours; sa chair est excellente, elle s'accommode comme le dinde, le chapon et le faisan.

Des Foies gras de Volaille

FOIES EN CAISSE. — Prendre de beaux foies gras, les passer au beurre dans une casserole avec sel, poivre, quatré-épices, persil haché, échalottes et champignons hachés; faire une caisse avec du papier blanc et fort huilé ou beurré; y mettre un léger fond de chapelure sur laquelle on dispose les foies en tiers ou coupés par morceaux, avec une pincée de fines herbes; faire cuire sur le gril avec un feu très doux, dresser ensuite sur un plat, dégraisser s'il y a lieu, recouvrir d'une sauce espagnole réduite avec filet de citron.

FOIES EN HATÉLETS. — Couper des foies en tranches longues, les entremêler à des bardes de lard, y joindre des truffes coupées de même, les traverser par le milieu avec un hatelet; quand il est suffisamment chargé, on assaisonne pour le tremper dans l'huile ou l'imbiber de jaunes d'œufs avant de le rouler dans de la mie de pain, et ensuite de le faire cuire sur le gril avec un feu très doux; y ajouter pour servir une sauce à volonté.

FOIES EN COQUILLES. — Faire blanchir les foies, les couper par tranches; assaisonner avec persil haché, sel, poivre, muscade; mettre le tout dans une casserole avec du beurre, passer le tout au feu pendant un bon quart d'heure, mouiller avec du consommé ou de la sauce espagnole; laisser réduire ensuite, en remplir des coquilles que l'on recouvre de mie de pain pour gratiner sous un four de campagne.

FOIES EN ESCALOPES. — Après avoir fait blanchir les foies pour les couper en escalopes arrondies, on les place sur un sautoir avec beurre, truffes, champignons, sel, poivre, muscade; les mouiller avec une sauce espagnole, un verre de vrai madère; avant de servir, on les fait sauter pour dresser ensuite avec des croutons ou autres garnitures savoureuses.

FOIES AU GRATIN. — Garnir le fond d'un plat de métal avec une farce faite avec blancs de volaille, mie de pain, ris de veau, jaunes d'œufs; donner à ce fond l'épaisseur d'un pouce, mettre dessus les foies de manière à laisser un vide au milieu que l'on remplit avec de la même farce, recouvrir de bardes de lard et d'un papier beurré; mettre le tout sous le four de campagne; quand tout est presque cuit découvrir et verser dans le milieu une sauce au choix des personnes.

FOIES EN MATELOTTE. — Prendre les foies d'oies ou de canard aussi gros que possible, les parer; ne jamais oublier d'ôter l'*amer* ou *vésicule* du fiel et ce qui l'environne; les jeter pour quelques minutes dans l'eau bouillante, puis les plonger spontanément dans l'eau froide; on les pique ensuite avec des lardons de truffes; les faire cuire dans une casserole avec bardes de lard au fond, sel, poivre, carottes, oignons, bouquet garni; mouiller avec du vin généreux, ajouter une idée de sucre et une cuillerée d'eau-de-vie; quand tout ceci est cuit, retirer les foies, faire réduire la sauce; servir chaud.

FOIES A LA PÉRIGUEUX. — Cuits comme ceux en matelotte; les saucer avec n'importe quelle sauce de haut goût, les entourer de crètes de rognons de coq; on peut les paner et les jeter dans la friture, ou les entremêler avec des truffes cuites séparément.

FOIE GRAS AU PAIN. — Faire revenir des foie dans le beurre, avec champignons, truffes, échalottes, persil, le tout haché et assaisonné de thym, laurier, sel, poivre, muscade, girofle, quatre épices; laisser refroidir, puis, avec de la tétine de veau cuite, une panade de mie de pain, un jaune d'œuf, on prépare une farce que l'on mettra ensuite dans un mortier, afin de broyer les foies avec elle. Quand l'amalgame est terminé, on en fait un bloc que l'on place dans le fond d'un moule et que l'on fait cuire au bain-marie ; quand ce *pain* est cuit, on renverse le moule sur un plat et on y ajoute une sauce où le goût des truffes doit prédominer.

On peut remplacer la tétine et le ris de vean par du lard gras râpé et des morceaux de lard à l'écarlate, et que l'on sert à froid, on aura un *pain de foies gras à la gelée.*

De la Venaison

La VENAISON OU VIANDE NOIRE établit une sorte d'intermédiaire entre la viande de boucherie et le gibier ; les viandes noires sont peu nombreuses, ce sont : *le chevreuil, le daim, le faon, le cerf, la biche, le chamois, le bouquetin, le sanglier, le marcassin* et *l'ours.*

La chair du *cerf* a beaucoup de rapport avec celle du cheval ; quand le cerf est jeune, il peut être accommodé comme le chevreuil ; quand le cerf est plus âgé, on trouve dans ses cuisses un excellent carré que l'on accommode comme du bœuf à la mode, après toutefois l'avoir laissé piquer et laissé mariner pendant quelques jours avec des aromates, carottes, tranches d'oignons, de l'eau, du vinaigre, etc.

La chair du *daim* est dans les mêmes conditions ; on ne mange guère de bouquetin et de chamois que dans le Tyrol et dans les Alpes ; quand ces animaux sont jeunes, et que l'on aime le goût sauvageon, on tire un très bon parti des cuisses et des filets de ces animaux.

On mange de l'ours en Suisse, dans les Pyrénées et en Russie. On recherche autant les jambons de l'ours que sa graisse fine et blanche comme de beau saindoux, et qui remplace le beurre dans la préparation des mets. À Paris même, nous avons préparé des quartiers de filets d'ours ; c'est la chair la plus huileuse qu'il soit possible de rencontrer ; il faut la laisser se fondre, pour ainsi dire, dans une marinade que l'on renouvelle pendant trois mois ; au bout de ce temps, on retire la chair de cette marinade, et on la laisse à sec se ressuyer d'elle-même : c'est alors qu'elle achève de rejeter une huile excessivement fine ; on met alors la chair sur le gril ou dans un sautoir, et on prépare une sauce piquante pour mettre dessous.

CHEVREUIL. — Sa chair est dure et indigeste quand il est vieux ; il n'y a moyen de l'employer, en pareil cas, qu'en en faisant une daube d'une cuisson très longue. La femelle a la chair plus tendre que le mâle, et les connaisseurs prétendent que le chevreuil brun est de meilleure qualité que le roux. On fait presque toujours mariner le chevreuil avec vinaigre, un peu d'eau, sel, poivre, épices, thym, basilic, ciboules, persil, laurier, serpolet, oignons, carottes, etc. Il lui faut au moins deux jours pleins de marinade.

COTELETTES DE CHEVREUIL. — Elles sont

recherchées ; les faire mariner dans de l'huile ; après les avoir retirées de la marinade, les sa-ler, les poivrer ; cuisson sur feu vif ; sauce-piquante avec cornichons et autres conserves au vinaigre.

GIGOT DE CHEVREUIL. — Le faire mariner après l'avoir piqué ; l'arroser de sa marinade ; une heure et demie de cuisson ; servir avec sauce piquante dont on a détaché le fond de la lèchefrite.

CIVET DE CHEVREUIL. — On emploie volontiers pour cela les épaules ou la poitrine ; mettre les tronçons de chevreuil dans un roux avec échalottes hachées, vin rouge, fort bouquet garni ; dégraisser pour servir et ajouter un peu de sucre en poudre ; ajouter des croûtons.

QUARTIER DE CHEVREUIL. — Parer le filet et le cuissot d'un chevreuil, le piquer de lard fin et le mettre dans une tonne, avec suffisante quantité de vinaigre, et compléter la marinade indiquée plus haut. Quand on veut faire cuire, retirer ; mettre sur un gril à un feu vif et pour un instant ; de la sorte on raffermit la viande, *on la ferme*, et tout le jus reste en dedans. Cinq quarts-d'heure suffisent pour cuire à point ; servir sur une sauce poivrade.

CARRÉ DE CHEVREUIL A LA BROCHE. — Réunir les deux carrés, enlever les os qui tiennent au filet et les membranes qui les recouvrent, faire mariner, passer au feu sur le gril ou à la main pour raffermir les chairs; faire cuire, servir sur une sauce tomate ou poivrade.

CERVELLE DE CHEVREUIL. — L'enlever promptement, la dépouiller de ses membranes, la mettre dégorger dans de l'eau dégourdie; la faire cuire dans une marinade ou la faire frire comme celle du veau.

CRÉPINETTES DE CHEVREUIL. — Hâcher des chairs de chevreuil rôti; retirer toutes les parties tendineuses, y joindre truffes, champignons, tétines de veau, réduire le tout dans une sauce espagnole; laisser refroidir, pétrir le tout avec du beurre, en faire des boulettes destinées à être enveloppées de crépine; mettre en *crépinette* sur un fond de beurre; leur faire prendre couleur sous le four de campagne; verser dessus une sauce très relevée, quelle qu'elle soit.

ÉMINCÉ DE CHEVREUIL. — Couper par tranches n'importe quel morceau, pourvu qu'il soit rôti; jeter ces tranches dans une sauce poivrade, ajouter un peu de beurre, servir avec des croutons.

SAUCISSES DE CHEVREUIL. — Dépouiller de ses membranes une certaine quantité de chairs, ajouter le tiers de son poids de très bon gras, ajouter sel, poivre, thym, persil; faire du tout un hâchis très fin, y ajouter des truffes, envelopper le tout de crépine ou s'en servir pour beurrer des boyaux préparés; faire griller, manger sur une sauce relevée.

Du Gibier

On sait qu'il se divise en deux catégories :
le *gibier à poil*, le *gibier à plumes*.

LE LIÈVRE

Le lièvre demande des soins pour être dépouillé et vidé, attendu que son sang joue un rôle important dans son accommodement. Pour le vider, on fait donc au milieu des muscles du bas-ventre une petite ouverture, après avoir mis le foie à part et avoir débarrassé ce dernier de son amer.

CIVET DE LIÈVRE. — Mettre à part tout le sang qu'on aura pu recueillir, ainsi que le foie, couper le lièvre par morceaux en partageant les épaules en deux, le flanchet du ventre forme deux autres morceaux, chaque cuisse en forme deux ; on laisse entier le bas des reins attenant à la queue ; on peut fendre la tête en deux ; le collier ne forme qu'un morceau, la poitrine s'ouvre et forme quatre morceaux ; les reins, auxquels tiennent les rognons, se fendent par le milieu, si le lièvre est fort, et chaque côté se subdivise en deux. On prépare un fort bouquet garni, avec gousse d'ail au milieu ; une assiettée de petits oignons que l'on passe au beurre ; deux maniveaux de champignons. On commence par faire revenir dans le beurre 250 grammes de lard de poitrine; quand il commence à chauffer, on y ajoute les quartiers de lièvre, et on fait revenir le tout ensemble; quand le tout est bien chaud, on singe d'une bonne cuillerée de farine, et on remue jusqu'à ce que le fond de la casserole devienne sèche; on mouille alors avec de bon vin, un peu de bouillon; on ajoute le bouquet, sel, poivre, girofles; on remue bien, on ajoute deux cuillerées d'eau-de-vie et un morceau de sucre; on couvre et on laisse cuire en remuant de temps en temps; aux trois quarts de la cuisson, on ajoute les oignons, les champignons et le foie quand tout est cuit; on dresse le lièvre sur un plat; on l'entoure des oignons et des champignons, on passe la sauce dans une passoire un peu fine, et on verse sur le tout le sang que l'on a réservé; on a soin de remuer le tout en le versant comme si c'était une liaison; il ne faut pas pour cela que la sauce bouille, parce qu'alors le sang se caillerait. Quelques personnes hâchent le foie très menu et le mêlent avec le sang pour employer les deux ensemble.

LIÈVRE DE CAMPAGNE, *mets favori des chasseurs.* — Couper un lièvre encore chaud par morceaux, le jeter dans un chaudron avec son sang, un bouquet garni, oignons, sel, poivre, deux bouteilles de vin rouge, faire cuire à feu clair afin que le vin s'enflamme; avoir un fort morceau de beurre manié de farine et le jeter dans la sauce; une demi-heure suffit pour cuire ce lièvre.

LIÈVRE ROTI. — Garder le sang à part ainsi que le foie et le mou, briser les os au milieu des cuisses, aplatir avec le couperet depuis le cou jusqu'à l'extrémité du râble, piquer de lard fin le râble et le gros des cuisses; mettre en broche, soutenir à l'aide d'un morceau de bois, afin d'écarter à sa plus large extrémité, l'imprégner de son sang dans toute sa longueur; allonger les pattes de devant le long du cou, ficeler, faire fondre d'un autre côté du beurre dans une casserole avec une pincée de farine, mouiller avec bouillon et vin, sel, poivre, persil, ail, faire réduire avec le foie écrasé; passer le tout au tamis, faire bouillir quelques minutes, retirer du feu, ajouter ce qui reste de sang, remuer sans cesse, servir dans une saucière.

LIÈVRE ROTI A L'ALLEMANDE. — Quand un lièvre est rôti de cette manière et saupoudré avec un mélange à partie égale de farine et de sucre, un peu avant d'être retiré de la broche, et après avoir été arrosé de beurre fondu, il est rôti à *l'allemande*..

LIÈVRE ROTI A L'ANGLAISE. — Le faire rôtir comme il est dit plus haut, mais prendre un pot de gelée de groseille, le faire fondre avec une sauce fortement assaisonnée, maintenir le tout épais et en recouvrir le lièvre pendant qu'il finit de cuire, à l'aide d'une barbe de plume.

LIÈVRE ROTI DES CHASSEURS. — Sitôt arrivé au logis, ouvrir le lièvre et le vider sans le dépouiller; puis, avec son foie et quelques autres substances, tels que du lard râpé, de la mie de pain, du beurre, faire une farce assaisonnée de sel, poivre et aromates ; recoudre l'animal, le mettre en broche devant un très petit feu et ne le retirer que lorsqu'on voit la peau sur laquelle sont les poils, le séparer complètement. Il va sans dire qu'on n'arrose pas ce rôti ; on se contente de le nettoyer pour le manger avec une sauce piquante.

LIÈVRE A LA BROCHE, *façon bourgeoise.* — Un lièvre étant souvent une trop grosse pièce pour un ménage, on fait un civet avec le train de devant, et on met à la broche celui de derrière ; pour cela faire, on pique cette dernière partie, et on la fait mariner ; le surlendemain, on la met à la broche et on l'arrose avec le fond de la marinade ; si le lièvre est entier et qu'on en ait par conséquent le foie, le mou et le sang, on écrase tout cela dans du vinaigre salé et poivré, et auquel on ajoute quelques échalottes haillées ; on met le tout dans la lèchefrite, on arrose le rôti avec ce mélange qui se cuit à l'aide de charbons entretenus sous la lèchefrite.

PATÉ DE LIÈVRE EN TERRINE. — Désosser le lièvre, y joindre demi-kilo de porc frais, autant de rouelle de veau, un peu de graisse de bœuf, deux cent cinquante grammes de lard, ciboules, persil, thym, laurier, gousse d'ail hachée, girofle, sel, poivre. Barder et envelopper le tout de bardes minces, verser sur le tout quelques cuillerées d'eau-de-vie, faire cuire pendant quatre heures dans une marmite ou terrine bien fermée.

LIÈVRE A L'ANGLAISE. — Dépouiller un jeune lièvre avec soin, conserver les pattes avec leurs ergots; on ne coupe pas les oreilles, on se contente de les échauder à l'eau bouillante; on fait l'ouverture la plus petite possible pour le vider; on pile le foie avec de la mie de pain mouillée de lait, réduite à l'état de panade; on y ajoute quelques jaunes d'œufs crus, sel, poivre, quatre épices, oignon coupé menu; on passe toute cette farce au beurre, on y ajoute de la sauge en poudre; on remplit tout l'intérieur du lièvre avec cette farce, quand elle est à moitié cuite et on le met à la broche dans l'attitude d'un lièvre au gîte, on le couvre de barde et on met un papier par-dessus le tout; cuisson une heure et demie. En France, on supprime le papier et le lard, et les pattes chargées de leurs ergots, on mange le lièvre avec une savoureuse sauce piquante; les anglais le mangent avec de la gelée de groseilles dont on remplit une saucière.

BOUDIN DE LIÈVRE. — Enlever toutes les chairs d'un lièvre; on les pile, on les passe au tamis, on y ajoute égal poids de tétine de veau très cuite et pilée, mie de pain imprégnée de bouillon gras; broyer le tout ensemble, y ajouter persil, échalottes, thym, quatre épices, sel, poivre, jaunes d'œufs et quelques blancs d'œufs, pour donner de la consistance; procéder pour le reste comme pour le boudin de porc ; on pane ce boudin pour qu'il grille mieux à un feu doux, ou on lui donne du ton et de la couleur sous le four de campagne ; d'autres fois on glace ce boudin pour le servir sous un *fumet* de gibier.

CUISSES DE LIÈVRE EN POIVRADE OU EN PAPILLOTTES. — Prendre un certain nombre de cuisses de lièvres, les faire rôtir, puis en retirer les os du bassin ; on les taille, on les arrondit pour ne laisser passer que le gros os. On les saute ensuite dans une demi-glace, on les dispose sur un plat en forme de couronne ; dans le milieu on verse une poivrade ou telle autre sauce épaisse dont la tomate, le vinaigre, le verjus ou le citron doivent dominer.

LIÈVRE EN DAUBE. — C'est la ressource ordinaire pour employer de trop vieux gibier ; il est donc bien de désosser entièrement le lièvre et de le placer dans une braisière avec un demi-jarret de veau, des bardes de lard dessus et dessous, sel, poivre, carottes, oignons, bouquet garni, un peu de sucre ; mouiller avec moitié vin blanc, moitié bouillon ; cuisson à petit feu pendant une heure et demie ; quand le lièvre est cuit, le retirer ; passer au tamis la cuisson, faire réduire s'il y a urgence, servir bien chaud ; ou, si l'on veut manger froid, laisser refroidir et servir avec la gelée.

LIÈVRE EN DAUBE A LA BOURGEOISE. — Même préparation, mais au lieu de vin n'employer que de l'eau ; puis, avant de servir, retirer tout le lièvre de la casserole pour le glacer, et faire réduire de près de moitié ce qui reste, et passer au tamis ce résidu en le versant sur la daube.

LIÈVRE DIT A LA SAINT-DENIS. — Dépouiller un lièvre, le vider par la plus petite ouverture possible, le faire mariner, de deux à trois jours ; lui remplir le corps avec une farce à quenelles mélangée avec le foie du lièvre, du lard aromatisé et des jaunes d'œufs ; recoudre l'ouverture faite au ventre, préparer un fond de daubière avec des bardes de lard, carottes, oignons, bouquet garni, serpolet, girofle, ail, sel, poivre, bouteille de vin, verre de vinaigre ou petit verre d'eau-de-vie, un peu de sucre ; faire cuire à feu doux ; après la cuisson, retirer, passer la sauce, la réduire, la verser sous le lièvre et passer un citron dessus.

LIÈVRE EN ÉMINCÉS. — Prendre les parties les plus épaisses d'un lièvre, les faire rôtir, puis refroidir, les couper aussi minces que possible, y ajouter truffes, champignons coupés de même ; mettre dans une casserole du beurrre, du vin rouge ou blanc, assaisonnement, faire réduire ; quand cette sauce est faite, y jeter les émincés de lièvre, les servir sur des croûtons ; presser dessus un citron.

FILETS DE LIÈVRE EN BIGARRURE. — Prendre tous ses filets, les parer, en rouler quelques-uns dans la mie de pain ; ciseler les autres et y intercaler des blancs de volaille ; on fait frire ceux qui sont panés, on saute dans le beurre ceux qui sont ciselés; on les dresse en rond, en les entremêlant; on les glace, et, dans le milieu du rond qu'ils forment, on verse une purée de champignons, de tomates, ou autre, à volonté.

FILETS DE LIÈVRE GLACÉS. — Enlever les filets d'un lièvre bien tendre, les faire mariner, les faire cuire ensuite avec du bouillon et un peu de glace dans une casserole recouverte de papier beurré; feu doux dessus et dessous; quand ils sont cuits, les retourner pour les glacer; les servir sur une sauce tomate.

FILETS DE LIÈVRE PIQUÉS ET SAUTÉS. — Enlever les filets et les parer, retirer toutes leurs membranes; les piquer, les faire mariner; quand ils le sont assez, les essaurer dans une serviette; les mettre dans un sautoir beurré, puis les dresser avec des croûtons entre chaque; sauce poivrade ou tomate.

FILETS DE LIÈVRE A LA MARSEILLAISE. — Les parer avec soin, les larder avec des anchois et du lard, les faire cuire dans une casserole frottée d'huile d'olive; assaisonner avec ail et échalottes, sel, poivre ou piment; quand ils sont cuits, les retirer pour faire une sauce, en ajoutant au fond de la casserole de la sauce espagnole ou du consommé; faire réduire, dégraisser, verser sur le filet.

AUTRE MANIÈRE. — Piquer et mariner les filets comme ci-dessus; foncer une casserole de bardes de lard recouvertes d'une marinade, mettre ensuite les filets, recouvrir d'un papier

beurré, feu doux dessus et dessous ; glacer les
filets avant de les retirer, verser une sauce provençale sur le tout, sauce terminée dans la
casserole pour en détacher le fond.

LIÈVRE EN QUENELLES. — Piler du lièvre
rôti, le passer au tamis ; prendre autant de
mie de pain imbibée de lait ou de bouillon,
même poids de beurre frais ; broyer le tout
ensemble, ajouter poivre, sel, muscade, quatre
épices ; ajouter au fur et à mesure quelques
jaunes d'œufs mêlés à un tiers de blancs ; jeter
un peu de ce mélange dans l'eau bouillante,
pour voir s'il prend bien ; pour faire de ces
quenelles à toute sauce, il suffit de partager
cette sorte de pâte avec une cuillère ou de la
couper sur une table singée de farine ; on
moule cette pâte, on la fait cuire à volonté. Si
l'on veut faire des *croquettes*, on imprègne les
quenelles avec des œufs battus, pour retenir
la mie de pain dans laquelle on les roule pour
les mettre dans une friture très-chaude. On
peut maintenir la pâte très épaisse, y piquer
des tranches de truffes, et mêler les quenelles
avec des crêtes, des rognons de coq, des ris
d'agneau, des truffes, des champignons ; mouiller le tout avec du Madère ou du Xérès ; quand
cette sauce est réduite, la passer au tamis, la
réduire, y joindre des jaunes d'œufs.

LIÈVRE DE VOYAGE. — On ne prépare ainsi
le lièvre que lorsqu'il y a abondance de gibier,
et que, dans une longue excursion, on veut
emprunter des aliments solides ; on désosse,

on hache le lièvre, on y incorpore, s'il y a lieu,
des blancs de volaille ; on y mêle des lardons
de lard et de jambon, on y ajoute des jaunes
d'œufs ; on fait cuire le tout dans une braisière avec bouquet garni, girofle, muscade, carottes ; mais avant de mettre le hachis au feu,
on l'enferme dans un linge bien cousu ; quand
il est cuit, on le retire et on le laisse refroidir
dans le linge ; quand il est froid, il forme un
pain qui se coupe par tranches faciles à em-
porter.

DU LEVRAUT

C'est le lièvre encore tout jeune ; on le reconnaît à une petite éminence que l'on sent à
la première jointure, près de la patte du devant. Comme il est plus tendre et moins fait
que le lièvre, il demande des accommodements
plus légers et une cuisson moins forte.

Les chasseurs apprécient beaucoup le levraut,
parce qu'en effet sa chair est délicate, n'a pas
un goût de venaison très prononcé, et que
cuisant en très peu de temps, il satisfait promptement leur appétit. Quelques cuisiniers l'accommodent absolument comme le lièvre fait ;
une longue expérience nous a appris qu'il y
avait, pour accommoder le levraut, des procédés exceptionnels et dont la délicatesse, la finesse de goût seront appréciées par tous les
gourmets.

LAPEREAU EN RACCOURCI. — Vider deux
apereaux, casser l'os des cuisses, désosser le

mileu du râble de manière à y pratiquer un trou assez grand pour y passer la tête et les épaules, afin de tout ramasser ensemble ; ficeler pour maintenir dans cet état ; faire cuire en braise, servir sur un ragoût ou une sauce.

LAPEREAU À LA GASCONE. — Couper deux lapereaux chacun en quatre morceaux, qu'il faut larder à gros lard ; les faire cuire avec quelques tranches de veau blanchies, quelques gousses d'ail, un peu d'huile, quart de litre de vin blanc, ciboules, basilic, blond de veau, bouillon, sel, poivre ; retirer les lapereaux après cuisson ; faire réduire la sauce, la passer, y joindre un filet de citron.

LAPEREAU SAUTÉ AU CHAMPAGNE. — Dépouiller et vider un lapereau ; avoir soin d'en ôter le mou ; essuyer ces morceaux pour qu'il n'y reste pas de sang ; mettre du beurre dans une poêle, le faire bien chauffer, y jeter les morceaux du lapereau avec aromates pilés, sel, gros poivre, muscade ; quand les morceaux seront raidis, ajouter du persil et une échalotte, le tout haché très fin, verser dessus une petite cuillerée de farine, retirer la casserole du feu, remuer et faire sauter le lapereau et ajouter ensuite un verre de Champagne ; remettre sur le feu, remuer afin que la sauce se lie sans bouillir, dresser ensuite.

LAPEREAUX AUX PETITS OIGNONS. — Dépecer deux lapereaux ; faire blanchir pendant quinze minutes une petite assiettée d'oignons blancs, les mettre cuire ensuite avec les morceaux de lapereaux, bouillon, vin blanc, bardes de lard, bouquet garni, petit morceau de sucre, sel, poivre. Dresser ensuite les lapereaux, les entourer des oignons, mettre du blond de veau dans la casserole, un peu de beurre manié de farine, sel, muscade, gros poivre, faire lier sur le feu, verser sur les lapereaux.

LAPEREAUX A LA TARTARE. — Désosser deux lapereaux, les couper en quatre chacun, les faire mariner avec huile, sel, gros poivre, persil, ciboules, échalottes, le tout haché; quand ils ont bien trempé, les parer à la mie de pain, faire cuire sur le gril, les arroser avec le surplus de la marinade; servir à sec, avec rémoulade dans une saucière ou sur une sauce relevée, à volonté.

LAPEREAUX AUX MOUSSERONS. — Prendre un beau lapereau coupé en six parties, des mousserons, du beurre, persil, ciboules, pincée de farine; mouiller avec vin blanc, bouillon, sel, poivre; lier sur le feu.

LEVRAULT SAUTÉ. — Dépecer un levrault et avoir pour le sang et le foie les mêmes précautions que pour ceux d'un lièvre. On le fait sauter au beurre sur un feu vif; quand il commence à se coller au fond de la casserole, le singer d'un peu de farine et de fines herbes bien hachées; mouiller avec moitié vin blanc, moitié bouillon, un petit morceau de sucre, parfumer d'un peu de beurre frais en retirant du feu; si la sauce est un peu longue, la faire réduire.

LEVRAULT EN CAISSE. — Dépecer un ou deux levraults, ajouter beurre, lard, échalottes, champignons et persil hachés menus ; assaisonner avec muscade, poivre, un peu de sucre, quatre-épices, ail, laurier et thym ; mouiller au vin ou au vinaigre, ou bien à l'eau mêlée d'eau-de-vie ; mettre le tout ensemble dans une casserole sur un feu ardent, ajouter du feu dessus ; cuisson, trente minutes au plus ; découvrir la casserole, retirer à part le levrault, faire réduire la sauce à moitié et la laisser refroidir ; faire une caisse de papier blanc très fort, l'imbiber d'huile, faire dans cette caisse un fond de bardes de lard sur lesquelles on place symétriquement tous les morceaux de levrault ; verser tout ce qui reste de sauce et d'ingrédiens sur le tout, recouvrir de bardes ; maintenir, s'il le faut, la caisse avec de la ficelle ; la placer sur un gril n'ayant en dessous que des cendres chaudes ; quand le levrault est bien réchauffé, on retire les bardes du dessus et on verse doucement une autre sauce par dessus celle du levrault ; cette sauce est au choix des consommateurs ; souvent elle est piquante, ce qui achève de relever le levrault.

ESCALOPES DE LEVRAULT. — Dépouiller, enlever tous les filets et en retirer les membranes ; couper, si besoin est, ces filets de levrault, les parer, les mettre ensuite avec un peu de beurre dans un sautoir et feu vif ; saler, poivrer, faire bouillir et passer au tamis ; ajouter petits oignons passés au beurre et champignons ; faire réduire ; au moment de dresser, ajouter le sang passé au tamis, tourner en même temps pour bien mêler le tout; dresser les escalopes sur un plat chaud, entremêler au levrault des croutons frits au beurre; verser la sauce sur le tout.

CUISSES DE LEVRAULT. — Enlever les cuisses près du râble, enlever l'os du gros bout; piquer au lard fin; faire cuire avec carottes, oignons, bouquet garni, sel, poivre; mouiller au bouillon, recouvrir les cuisses d'un papier beurré; quand elles sont cuites, les dresser, les glacer avec de la glace de viande dissoute dans un peu de consommé; servir sur une sauce poivradre ou autre, mais toujours piquante.

CUISSES PANÉES. — Les faire presque cuire, n'importe de quelle façon, les paner ensuite, les enfermer dans une papillote de papier huilée ou beurrée, les exposer à un feu très doux; les servir, comme les cuisses de lièvres, en papillotes.

BIGARRADE DE LEVRAULT. — Enlever les filets d'un levrault, les parer, en rouler quelques-unes dans la mie de pain; on en cisèle quelques autres, on y intercale des blancs de volaille; on fait frire les filets de levrault, on passe au beurre ceux de volaille, puis on fait frire les premiers; dresser en rond en entremêlant le tout; glacer les filets et verser dans leur milieu une purée de champignons et de truffes hachés.

FILETS FRITS. — Enlever les filets, mettre

dans un mortier toutes les autres chairs d'un levrault avec mie de pain trempée dans du lait, ajouter beurre et tétine; prendre les filets, que l'on partage sans les séparer entièrement, les aplatir, les remplir avec de la farce, puis les rouler en rapprochant les bords, les passer à plusieurs fois en les imbibant de blanc d'œuf; les jeter dans la friture; les recouvrir d'une sauce piquante pour les servir.

FILETS GLACÉS. — Enlever les filets, les faire mariner; les mettre cuire avec de la glace et du bouillon; recouvrir les viandes d'un papier *beurré*, ne les retourner qu'une fois et servir sur une sauce tomate ou autre.

FILETS PIQUÉS. — Les enlever, les faire mariner comme le chevreuil; les égoutter ensuite, les essaurer dans une serviette, les placer dans un sautoir beurré à l'avance; les dresser avec des croutons intermédiaires; ajouter sauce tomate ou poivrade.

FILETS CHICORÉE. — Enlever les filets, ne pas les faire mariner, mais les passer do ouite au plat à sauter; les servir ainsi sur une chicorée au beurre.

FILETS A LA PROVENÇALE. — Les lever, les parer, les larder d'anchois et de lard, mouiller une casserole d'huile d'olive et y faire cuire les filets avec pointe d'ail et échalottes hachées, sel, poivre. Quand on en est à la cuisson, retirer les filets et préparer une sauce, en ajoutant un peu de sauce espagnole au fond de la casserole et un peu de consommé; servir après avoir dégraissé.

FILETS EN SERPENTS. — Faire un fond de casserole avec des bardes de lard que l'on recouvre d'une marinade, placer les filets dessus en les laissant aussi longtemps que possible, et recouvrir d'un papier beurré; on aura eu soin de tordre les filets ensemble et de les faire cuire ainsi tournés; quand ils sont cuits, on les glace et on les sert arrosés de *fumet* ou d'essence de gibier.

LEVRAULT IMPROVISÉ. — Passer au beurre tout ce qui reste d'un levrault dont on aura ôté les filets; ajouter sel, poivre, champignons, bouquet garni, farine; passer le tout à un feu d'âtre ou de charbon, mais très vif; mouiller au vin rouge ou blanc, une goutte d'eau-de-vie; faire partir chaudement, retirer au bout de vingt minutes.

ÉCHINE DE LEVRAULT. — Enlever tous les morceaux accessoires, ne conserver que le râble, faire revenir au beurre avec sel, poivre, bouquet garni, ail, échalottes; à moitié cuit, retirer du feu, laisser refroidir, aplatir avec le couperet, paner et achever de cuire sur le gril; faire une sauce moutarde à la tartare.

Du Lapin.

Le LAPIN ne joue qu'un rôle secondaire dans la cuisine de luxe; mais son importance est grande dans la cuisine bourgeoise : car non seulement on le trouve sous la main toute l'année parce qu'il est toujours bon, tandis que le lièvre n'est bon que pendant une saison, mais, en outre, on ne peut pas élever ce dernier, tandis que l'autre est l'habitant pacifique des basses-cours et même des plus humbles chaumières. Un animal aussi facile à élever, se procréant avec si peu de gêne, s'élevant avec si peu de soins et de précautions, devait pouvoir tenter le génie culinaire. C'est ce qui a eu lieu ; aussi trouvons-nous trente manières au moins d'assaisonner le lapin.

Il y a deux classes de lapins : ceux de *garenne* et les *lapins domestiques*. Il n'y a pas de similitude à établir entre eux pour le goût ; le lapin des montagnes et des forêts où poussent le thym, le serpolet, la sauge, le romarin, le baume et en un mot des plantes aromatiques, est supérieur au lapin de basse-cour. Néanmoins il y a manière de rendre ce dernier fort passable : c'est, si on l'élève, de le tenir dans une grande propreté, sur une litière très souvent renouvelée, autant que possible à l'abri de l'humidité, d'éviter de lui donner du chou à manger, mais de le nourrir de croutes de pain, de fannes de racines, de carottes, de son et d'aromates si l'on est à même de s'en procurer de sauvages ou de cultivés ; c'est principalement quand ils atteignent l'âge où on doit les manger qu'il est important de redoubler de surveillance et de soins pour les nourrir et les approprier.

C'est encore, comme moyen extrême, quand

on doit manger un lapin domestique, de ne jamais le mettre au feu qu'après l'avoir fait mariner, tout vidé, mais non dépecé, au moins vingt-quatre heures avec des tranches de gros oignons, du thym vert, de l'ail, persil, ciboules, gros sel, poivre et petit filet d'eau-de-vie ou de vinaigre, muscade, clous de girofle; enfin, comme signes distinctifs, un lapereau de plaine doit avoir au-dessus du joint, aux pattes de devant, une petite croissance osseuse grosse comme une lentille, cela prouve qu'il est jeune; quant à savoir s'il est sauvage ou privé, cela se reconnaît par l'inspection des pattes et de leurs ongles; si le lapin a le poil d'entre les doigts fort court et de couleur d'ocre, c'est que le lapin est sauvage; s'il a au contraire le poil des pattes extrêmement court et usé, les ongles de derrière surtout, forts, mais usés, c'est un indice certain, le lapin est de garenne; d'ailleurs cette dernière sorte n'atteint jamais la grosseur des lapins privés, ces derniers se nourrissant beaucoup plus, mangeant quelquefois, nous en avons vus, jusqu'à de la viande cuite, et n'ayant d'ailleurs aucune gêne, aucune fatigue. Une dernière recommandation reste à faire aux cuisinières, c'est de vider les lapins domestiques aussitôt tués et de les mariner immédiatement de la manière que nous avons indiquée tout-à-l'heure. Il n'en est pas de même pour le *garenne*, que l'on peut conserver plusieurs jours sans le vider.

Enfin quelques chefs établissent une différence dans la manière d'accommoder le *lapin* arrivé à sa grosseur et le *lapereau* ; nous n'admettons pas de règle exceptionnelle à ce sujet, attendu qu'il tombe sous le sens de faire moins cuire un animal jeune et à demi formé qu'un autre animal qui a atteint toute sa croissance.

LAPIN A LA BOURGUIGNONE. — Qu'il ait quatre mois, c'est l'âge d'une complète croissance ; le dépouiller et vider, le dépecer et jeter les morceaux dans une casserole avec beurre, poivre, sel, thym, laurier, ail, muscade et romarin ; faire revenir à feu vif ; mouiller au vin rouge en doublant le feu, laisser réduire, ajouter champignons, jaunes d'œufs, persil, suc d'un citron ; bien remuer et servir.

GIBELOTTE. — Prendre un lapin, fendre la peau en travers sur l'intérieur des pattes de derrière, couper un peu la queue. Après l'avoir vidé et partagé, mettre dans une casserole du beurre, 250 grammes de petit lard, faire prendre couleur et retirer du feu ; ajouter au fond une cuillerée de farine, y passer les morceaux de lapin. Quelques chefs font un petit roux bien blond avant d'y jeter les morceaux de lapin. — Assaisonner : sel, poivre, un peu de quatre-épices, un petit morceau de sucre, bouquet garni de persil, ciboules, ail, thym, laurier ; quand c'est presque cuit, ajouter champignons, culs d'artichauts, petits oignons passés au beurre. Dégraisser pour servir et faire réduire la sauce s'il y a lieu. — Quelques personnes ajoutent à cette gibelotte des tronçons d'anguille et des croutons.

MATELOTTE DE LAPIN. — Faire un roux, y jeter le lapin et l'y faire revenir, mouiller avec moitié vin, moitié bouillon ; ajouter petit lard, bouquet garni ; faire sauter à part dans le beurre petits oignons et champignons ; mouiller avec la sauce de ce lapin, servir chaud ; on peut y ajouter des anchois, de la carpe, du brochet, de la tanche et des écrevisses.

CIVET DE LAPIN. — Comme le civet de lièvre (voir ci-dessus).

LAPIN A L'ANGLAISE. — Laisser le lapin entier, lui conserver les pattes et les oreilles que l'on échaude pour en faire tomber le poil ; remplir le lapin d'une farce composée de mie de pain trempée dans du lait, un peu de persil et de sauge, le tout haché, poivre, petit lard haché fin et moelle de bœuf, sel ; recoudre le ventre du lapin ; faire cuire dans une casserole foncée de bardes de lard, mouiller au vin blanc, servir le lapin sur une purée de lentilles ou d'oignons.

LAPIN ROTI. — Le piquer de petit lard tout le long du râble et des cuisses, ou bien, sans le piquer, l'envelopper de bardes ; en général, on ne fait rôtir que le *lapereau*.

LAPIN EN HATELETS. — Le faire rôtir, le partager ensuite par morceaux assez gros pour être passés par un hatelet de bois ; on entrelace ces tronçons avec des truffes, des champignons, des tranches minces de lard ; parer ensuite le tout avec beurre et jaunes d'œufs ;

on peut leur donner la même forme pour les faire griller sur un feu doux.

LAPIN EN CAISSE. — Le dépecer, le faire revenir au beurre; poser ensuite les morceaux dans des caisses de papier avec une farce à quenelles à laquelle on ajoute des fines herbes, le foie du lapereau, deux jaunes d'œufs pour donner de la consistance; remplir ainsi toutes les cavités de chaque caisse, recouvrir le tout de bardes de lard et d'un papier beurré; cuire sous le four de campagne ou dans le four d'un fourneau moderne; égoutter la graisse avant de servir, ce qui se fait dans les caisses mêmes avec une sauce italienne.

CUISSES DE LAPIN A LA PURÉE. — Piquer des cuisses avec du lard, les faire cuire entre des bardes de lard, avec racines et bouquet garni, mouiller au consommé, égoutter les cuisses dès qu'elles seront cuites, les glacer et les servir sur une purée à volonté.

CUISSES FRITES. — Faire un ragoût au blanc avec des cuisses, n'y joindre qu'un bouquet garni; quand elles sont cuites, réduire la sauce, la lier avec des jaunes d'œufs, faire refroidir le tout, parer ensuite les cuisses enveloppées de leur sauce, les passer au blanc d'œufs, parer ensuite et faire frire, servir avec persil frit.

CUISSES EN PAPILLOTES. — Les désosser et faire revenir dans le beurre, les retirer avant cuisson complète; joindre au fond de casserole des champignons, échalottes, persil haché;

faire revenir, singer de farine, délayer avec du bouillon, laisser réduire pour servir sur les cuisses que l'on aura préalablement fait cuire dans un papier beurré.

CUISSES A LA SAINT-GARA. — Désosser des cuisses de lapin, les piquer en alternant un rang jambon, un rang lard gras, ajouter des truffes coupées par tranches ; passer le tout dans le beurre; faire cuire ensuite dans une braisière avec un peu de glace ; dresser en mettant sous chaque cuisse un croûton frit ; au milieu une sauce au madère ou une purée à volonté.

LAPIN CONFIT. — Désosser le lapin, le piquer de lard fin et alternativement de jambon cru, les lardons roulés dans des épices. Ceci fait, rouler le lapin sur lui-même en commençant par le train de derrière, serrer et ficeler, le faire revenir avec de l'huile, thym, laurier, basilic, mais sans ébullition ; il est cuit quand il ne rend plus rien ; le retirer, l'égoutter, le laisser refroidir, le couper par petits morceaux que l'on puisse faire entrer dans de petits bocaux que l'on remplit ensuite d'huile et que l'on recouvre d'un parchemin mouillé à l'avance. Pour le servir, le couper par rouelles, le mettre sur une assiette avec persil et huile ; cela se sert comme *hors d'œuvre*.

LAPIN CHICORÉE. — Enlever toutes les chairs d'un lapin roti, faire cuire de la chicorée à l'essence de gibier ; quand elle est cuite, ajouter les filets du lapin, les faire chauffer sans bouillir; on peut remplacer la chicorée par une sauce tomate.

LAPIN EN CROQUETTES. — Faire un hachis avec du lapin rôti, faire revenir dans du beurre, y amalgamer ensuite quelques jaunes d'œufs crus, mie de pain trempée dans le bouillon, faire des boules de moyenne grosseur, passer au blanc d'œuf, rouler dans la mie de pain, recommencer, mettre dans une friture très chaude, servir avec persil frit.

HACHIS-DE LAPIN. — Se fait avec du lapin rôti; retirer les membranes et les cartilages, faire revenir avec du beurre tous les os concassés, y ajouter des parures de veau, du lard maigre, sel, poivre; saupoudrer d'un peu de farine; bien remuer, mouiller avec du lait, faire bouillir une heure en remuant toujours, puis retirer du feu, passer au tamis, faire réduire à l'état de bouillie; ajouter alors le hachis, faire chauffer sans bouillir.

LAPIN EN ESCALOPES. — Prendre les filets, les couper par tranches, les faire revenir dans le beurre, achever de les faire cuire dans une sauce allemande ou dans un *fumet* de gibier; on couche ces filets sur des petits pois ou sur des concombres, avec croûtons autour.

LAPIN FRIT. — Mettre mariner le lapin dans du vin blanc, après l'avoir dépecé, ajouter jus de citron, thym, laurier, ail haché, sel, poivre; le retirer au bout de deux heures, l'égoutter, l'essuyer, le plonger dans de la farine délayée ou mieux une pâte à frire ; servir avec une sauce piquante.

GRILLADE DE LAPIN. — Le fendre sur toute sa longueur après l'avoir vidé ; l'aplatir avec le couperet, l'envelopper d'une feuille beurrée, après l'avoir assaisonné et l'avoir entouré de parures de veau, lard maigre et saupoudré d'une cuillerée de farine ; quand il est cuit, on retire le papier pour le servir sur une maître-d'hôtel ou du beurre d'anchois.

LAPIN MARENGO. — C'est surtout le lapereau que l'on choisit pour cela ; le dépecer, le mettre dans une casserole avec de l'huile, poivre, sel, thym, laurier, échalottes, muscade, cuire à bon feu ; retirer au bout de quinze minutes, supprimer la moitié de l'huile, et jeter dans ce qui reste, champignons, truffes, persil haché ; terminer en ajoutant un peu de tomates et jus de citron ; servir en buisson.

LAPIN MAGNONAISE. — Dépecer un lapin rôti et refroidi, sauter les morceaux dans une terrine avec sel, poivre, huile d'olive, vinaigre et ravigote hachée ; les dresser ensuite sur un plat, les couvrir d'une magnonaise ordinaire, décorer avec œufs durs, filets d'anchois, câpres et cornichons émincés.

LAPIN DES CHASSEURS. — Dépouiller, couper un lapin, le jeter dans du beurre très chaud, ajouter de suite, sel, poivre, muscade, ail, bouquet garni, échalottes hachées, entretenir un bon feu ; en vingt minutes bon à manger.

LAPIN EN QUENELLE. — Piler la chair

d'un lapin rôti, prendre même volume de
mie de pain imbibée de lait ou bouillon;
même quantité de beurre frais, broyer le tout
avec sel, poivre, quatre-épices; ajouter à cette
masse de jaunes d'œufs crus le tiers des blancs.
Jeter un peu de ce mélange dans l'eau bouillante pour voir si cela prend bien; rouler en
suite cette pâte par boules dans un peu de farine et faire cuire dans l'eau bouillante ou du
bouillon. Il est bon de faire cette pâte très
épaisse et de la piquer de truffes.

LAPIN GARNI. — Piquer de petit lard un
beau lapin, le faire rôtir afin de le manger sur
une sauce piquante; pour lui donner plus d'importance, on a fait mariner, dès la veille, un
certain nombre de filets de lapin enveloppés
chacun d'une barde avec un peu d'assaisonnement; on la fixe autour du lapin et à la même
broche à l'aide d'hotelets de bois; pour servir,
on couche le lapin sur un plat long, on le
flanque de filets et on décore l'entourage de
truffes, de cornichons, de laitues cuites au jus
et de champignons. La sauce se fait généralement au madère, à moins que ce ne soit une
sauce piquante dans laquelle on emploie le
fond de la lèche-frite.

LAPIN AUX FINES HERBES. — Dépecer le
lapin, le faire revenir au beurre avec champignons, persil, ail, thym, laurier, basilic, le tout
haché fin, mouiller moitié vin, moitié bouillon,
sel et gros poivre; ajouter le foie au moment
de servir et le mêler à la sauce.

LAPIN EN GIMBLETTES. — Lever les filets, les piquer de lard fin, les mettre sur le feu avec du beurre, bouquet garni, oignons, sel, poivre, carottes ; on fixe chaque morceau sur un tronçon de carotte à l'aide d'un bout de fil. Glacer quand c'est cuit, servir sur une sauce au madère ou au champagne.

MARINADE DE LAPEREAU. — N'employer que le râble et les membres d'un lapereau rôti, les faire mariner une heure avec vin blanc, pointe d'ail, thym, laurier, sel, poivre ; les tremper ensuite dans une pâte à frire ; la friture ne doit pas être trop chaude. Servir avec du persil frit.

du Gibier à plumes.

LE FAISAN.

Le plus délicat, le plus savoureux des volatils ; il est bon de le laisser un peu se faire ; il faut bien se garder de le laisser se gâter. Il est important de se rendre compte de l'âge approximatif du faisan ; quand il est jeune, il est de la plus facile digestion ; s'il est plus âgé, il demande, pour produire le même effet, d'être un peu mortifié. Du reste, on a fait jadis une bien grande affaire de l'éducation et des soins coûteux que réclamait leur élevage, il est bien reconnu aujourd'hui que cet oiseau, qui ap-

partient à la famille des gallinacées, c'est-à-
dire des poules et des perdrix, ne demande
que des soins vulgaires.

FAISAN ROTI.— Après l'avoir laissé se faire
pendant deux ou trois jours, suivant l'état de
l'atmosphère, le piquer de petit lard et le faire
rôtir devant un feu de bois neuf, chaud sans
flamber; arroser souvent.

FAISAN A L'ÉTOUFFADE. — Après l'avoir
vidé, le flamber et faire rentrer les cuisses en
dedans, le brider, le piquer avec des lardons
moyens roulés dans le sel, gros poivre et
quatre-épices; on ne larde que l'estomac et les
cuisses; recouvrir d'une barde et ficeler. Foncer une braisière de légumes divers, navets,
carottes, oignons coupés, bouquet garni, tranches de veau et le faisan par-dessus, le couvrir
de même, mouiller avec demi-bouteille de vin
de madère sec; quand il est cuit, ce que l'on
connaît en appuyant le doigt dessus; on le
retire et on le met sur un plat; réduire et clarifier le fond, et le verser ensuite dessus.

FAISAN AUX CHOUX. — Que ce soit du
chou potager ordinaire ou de la choucroute,
il faut que l'un ou l'autre soit préalablement
blanchi; ceci fait, il faut foncer une casserole
de bandes de lard, de bandes de veau, d'un
cervelas cru, de carottes, de gros oignons coupés, ajouter sel, poivre, placer le faisan sur ce
lit et faire cuire à petit feu; mouiller au bouillon; quand le faisan est presque cuit, l'en-

tourer des choux et faire bouillotter à petit feu; dresser avec les choux autour.

FAISAN ÉTOFFÉ. — Prendre deux bécasses, les désosser; conserver leur chair à part et garder aussi à part leurs os et leurs foies; avec leur chair faire une farce, après l'avoir hâchée avec de la moëlle de bœuf cuite à la vapeur, un peu de lard râpé, fines herbes, poivre et sel. On remplit le corps du faisan de cette farce, en prenant soin qu'elle ne puisse pas en sortir, ceci se fait à l'aide d'une croûte de pain qui doit dépasser le faisan de cinq à six centimètres de chaque côté quand le faisan est couché dans sa longueur, avec les entrailles et les foies de bécasses pliés et mélangés de truffes, un anchois, du lard râpé, et bon morceau de beurre; étendre cette pâte sur la grillade de pain placée sous eux. Arrivé à une cuisson complète, dresser sur un plat en l'entourant d'oranges amères.

FAISAN D'ENTRÉE. — Vider et flamber un faisan, le farcir avec son foie, après l'avoir débarrassé de son fiel, ajouter à ce foie du persil, de la ciboule, champignons et truffes; le tout hâché et manié de farine, de beurre, de sel et quatre-épices; mettre cette farce dans le faisan; faire cuire à la broche en n'employant que de bon bois.

SALMIS DE FAISAN. — Dépecer un faisan seulement rôti aux trois quarts; couper les ailes et les cuisses en deux, lever les chairs et les blancs qui tiennent à la carcasse; les cou-

per en filets, mettre en morceaux dans une
casserole avec un verre de vin blanc, échalottes hâchées, un peu de bouillon, poivré,
sel, muscade râpée; faire un peu réduire,
ajouter deux cuillerées d'huile et le foie du
faisan parfaitement écrasé; servir avec un entourage de croutons.

FAISAN A L'ANGOUMOISE. — Larder un
faisan avec des truffes, passer au beurre d'autres truffes et les assaisonner; au bout de quelques instants, les retirer du feu, les faire refroidir, y ajouter une vingtaine de beaux marrons rôtis, fourrer tout cela dans le corps du
faisan, que l'on enveloppe avec des émincés de
veau ou de mouton; ajouter sur le tout une
seconde enveloppe faite de deux bardes de lard;
ficeler et placer dans une terrine sur d'autres
bardes, et mouiller le tout avec du vin de Malaga ou tout autre vin d'Espagne; arrivé à point
de cuisson, retirer, déficeler, dégraisser la
cuisson, ajouter des truffes coupées par gros
morceau et lier la sauce avec quelques marrons
pilés et tamisés.

BALLOTINS DE FAISAN. — Enlever les filets sans déchirer la peau des cuisses; ôter les
os qui sont dans l'intérieur et refouler la peau
qui recouvre le pilon; assaisonner toutes les
chairs cuites à nu, et recouvrir comme il est
indiqué à la galantine, après avoir cousu la
peau des cuisses; mettre le tout dans une casserole avec vin et bouillon; assaisonner encore
avec thym, laurier, carottes, oignons; au bout

d'une heure, retirer du feu, sortir de la casserole pour aplatir ces morceaux et y implanter des truffes coupées en filets ; servir sur une purée de champignons.

BOUDIN DE FAISAN. — Désosser entièrement un faisan, joindre à ses chairs quantité égale de la pulpe de pommes de terre farineuses cuites sous la cendre et autant de beurre frais ; piler et broyer le tout ensemble en le liant avec des œufs ; à mesure que ce travail avance, assaisonner en même temps avec thym, sel, poivre, laurier pilés, quatre-épices ; puis, sur une table saupoudrée de farine, rouler la masse, partager de grosseur et de longueur des boudins ordinaires, paner et pocher chaque bout, faire cuire à la croûte par le blanc d'œuf ; mettre sur un gril exposé à un feu doux et servir avec une sauce faite à part avec les os et les débris ; aiguiser au citron, vinaigre ou verjus.

CROQUETTES DE FAISAN. — Se font de la même manière que celles décrites plus haut.

FILETS DE FAISANS ou FILETS BIGARRÉS. — Les parer, les piquer de truffes, les faire cuire dans une casserole foncée de bardes ; mouiller au vin blanc jusqu'à l'épaisseur des filets, et pas plus ; quand ils sont cuits, les retirer, faire réduire la sauce, la passer au tamis et la verser dessus, après les avoir mis pendant quelques instants sous le four de campagne, pour leur donner de la couleur, on peut y entremêler des truffes, les placer sur des croûtons.

FILETS DE FAISAN A L'ITALIENNE. — Prendre deux foies de faisans rôtis, les écraser; mettre ces deux foies dans une casserole avec truffes, échalottes hachées, un peu d'huile d'olive, verrée de Champagne, blond de veau, sel, gros poivre; faire cuire quinze minutes; y mettre chauffer ensuite, sans bouillir, des filets de faisans rôtis.

FILETS DE FAISAN A LA SAINTE-MENEHOULD. — Les assaisonner d'un ton relevé, tremper dans du beurre fondu, les paner, les mettre sur un feu doux; les servir sur une sauce relevée du goût que l'on voudra.

SAUTÉ DE FILETS DE FAISAN. — Enlever et parer les filets; les mettre dans un sautoir avec sel, poivre et beurre; faire un feu vif, que l'on modère ensuite; sauce à volonté, réduite et relevée par une essence de gibier.

SAUCISSES DE FAISAN. — Leur façon est la même que celles de perdreaux.

FAISAN POÊLÉ. — Comme le faisan à l'étouffade (voir ci-dessus). Pour servir, ajouter un peu de sauce espagnole.

GALANTINE DE FAISAN. — Fendre dans toute sa largeur, par le dos, un vieux coq-faisan bien plumé, bien flambé; le désosser entièrement, le recouvrir ensuite en le posant sur les chairs, et en long, par un mélange de tranches de gibier à poil avec lardons émincés, de truffes coupées par tranches, de filets de langue à l'écarlate et de pistaches, le tout assaisonné de sel, poivre, quatre-épices et aromates au choix ; arriver par couches successives à la grosseur naturelle de l'animal, et conserver autant que possible, en le recousant, la forme primitive de ce dernier.

L'envelopper ensuite d'une barde de lard et d'une toile fine fixée par les deux bouts, coucher le faisan dans une braisière garnie de lard, de tranches de jambon, d'un petit morceau de sucre, de débris de gibier ; mouiller avec bouillon et vin blanc, une cuillerée de rhum, clous de girofle, thym, ail, laurier ; en dessus d'autres bardes et une feuille de fort papier ; un morceau de jarret ou pied de veau font bon effet quand on veut que le jus se transforme en gelée ; trois heures de cuisson ; le sortir de la braisière, le laisser refroidir, quand il est froid retirer la toile et les bardes qui l'enveloppaient ; quant au jus, on le clarifie au blanc d'œuf, on le passe au tamis et on l'aiguise avec le vinaigre, le verjus ou l'acide citrique (essence de citron) ; pour servir on décore la galantine de tranches de citron, de carottes crues découpées, d'hatelets, de truffes, etc.

Perdrix et Perdreaux.

Les perdrix rouges sont plus grasses, plus délicates et d'un goût meilleur que les perdrix grises ; les rouges se rapprochent davantage du faisan. Les perdreaux sont les perdrix jeunes et sont plus délicats, plus juteux que les perdrix proprement dites. C'est par l'aile que l'on reconnaît la différence qui existe entre les perdrix et les perdreaux ; dans ces derniers la dernière grande plume est pointue ; elle est ronde chez les perdrix.

On fait rôtir le perdreau, on conserve la perdrix pour une cuisson plus longue, plus ramolissante, et pouvant mieux attendrir les muscles et les cartilages.

CHARTREUSE de PERDRIX. Le mot de *chartreuse* semble impliquer l'obligation de ne faire emploi que de racines et de légumes rustiques ; on n'en est plus là, en fait de cuisine, comme beaucoup d'autres choses ; il y a de l'hypocrisie, même pour la table. Pour établir convenablement et avec recherche une chartreuse de perdrix, il faut avoir un moule de forme ronde et proportionné au nombre de perdrix que l'on veut accomoder ; il faut donc tourner au couteau ou à l'emporte-pièce des carotes et des navets et les faire cuire dans du bouillon, puis les retirer et les faire égouter ; on fera cuire dans le même bouillon des haricots verts, si la saison le permet, des petits pois, haricots blancs nouveaux, des petits oignons, quelques champignons hachés ; on préparera les perdrix comme pour les mettre *aux choux* (voir plus bas), beurrer le moule, disposer symétriquement au fond les carottes et autres légumes, arranger la façade avec recherche, puis combler le centre avec des choux, y placer les perdrix ; garnir le tout avec un cordon de petites saucisses, des bandes de petit lard, et le surplus des choux et de la garniture ; avant de servir, mettre le moule ainsi rempli dans de l'eau bouillante, en bain marie ; puis égouter la graisse et renverser le tout sur un plat bien chaud.

PERDRIX aux CHOUX. Après avoir plumé, vidé et flambé deux ou trois perdrix grises, les faire revenir à la casserole avec du beurre, et si l'on veut, une pincée de farine ; mouiller en suite avec du bouillon et ajouter du lard par bandes ou coupé en dés ; un copieux cervelas, bouquet garni, sel, poivre, quatre-épices, girofle et laisser cuire le tout ; faire blanchir à part un chou de bonne qualité, le retirer de l'eau chaude après quelques bouillons, le presser, l'égoutter et le faire cuire dans une casserole, sur un feu doux, avec un peu de graisse de volaille et un morceau de petit salé ; ajouter assez d'eau ou de bouillon ; quand les choux et les perdrix sont presque cuits ; on égoutte les choux, on les fait bouilloter une demi-heure avec les perdrix, on dégraisse et on sert.

On peut simplifier cet accommodement, surtout quand les perdrix sont vieilles ; on les fait revenir vigoureusement dans le beurre avec un quartier de petit lard ; pendant ce temps on fait blanchir du chou à l'eau bouillante ; on les retire, on les égoutte, on les presse et on les arrange dans la casserole avec le lard au fond, une couche de choux, les perdrix, puis des choux, bouquet garni, sel, poivre, quatre-épices ; quand le tout est aux trois quarts cuit on peut ajouter au tour de la casserolle, en dessus des choux un cordon de petites saucisses rondes ; dégraisser et servir.

PERDRIX BRAISSÉES. Piquer de vieilles perdrix, les barder de lard et de bandes de veau émincées ; foncer une casserole comme nous l'avons indiqué pour tout ce qui se met en braisse ; placer les perdrix sur ce fond avec les carottes, oignons, bouquet garni et pannes de viande ou de gibier qu'on aura. Mouiller moitié bouillon ou essence de gibier, moitié vin blanc ; cuire à petit feu ; dresser, passer la cuisson pour la servir et la faire réduire s'il y a lieu.

PERDRIX A LA PURÉE. — Placer n'importe quelle purée sous des perdrix braisées.

PERDRIX EN SURPRISE. — La désosser par les reins, saupoudrer la chair avec sel et poivre, la recouvrir d'une farce faite avec des débris de perdreaux rôtis ou de gibier ; remplir cette même chair avec un salpicon composé de ris de veau, de truffes, champignons, crêtes et rognons de coq ; rendre à la perdrix sa forme primitive, la coudre et la brider, la passer ainsi préparée au beurre chaud pour la raidir, la laisser refroidir, puis en piquer la poitrine ; garnir une casserole de tranches de jambon, de lard râpé, oignons, carottes, bouquet garni, girofle, vin blanc, envelopper de bardes les perdrix et les mettre cuire sur ce fond pendant trente minutes ; quand elles sont cuites, les retirer, faire réduire la sauce, la passer au tamis, l'aiguiser avec un peu de citron.

PERDRIX A LA BONNE FEMME. — Vider, flamber et trousser des perdrix ordinaires, rentrer les pattes dans le corps ; les faire revenir avec de la graisse fine de rôti, puis les faire cuire à petit feu avec un peu de bouillon, du lard, des oignons, sel, poivre, carottes, bouquet garni ; servir avec la sauce après l'avoir dégraissée.

PERDRIX DE CAMPAGNE. — Vider et flamber de vieilles perdrix, les mettre cuire dans une marmite avec un verre de bouillon, une tranche de petit lard, des oignons coupés par rouelles, carottes, panais, sel, gros poivre, bouquet ; cuire à très petit feu et en laissant la marmite bien couverte ; cuisson de deux à trois heures, passer le fond, le dégraisser et servir.

PERDRIX ROTIE. — La trousser, mettre dans le corps une bonne pincée de sel avec gros comme une petite noix de beurre frais ; la recouvrir d'une feuille de vigne, et sur cette feuille une barde ciselée, trousser, faire rôtir devant un feu chaud d'abord, puis un peu flambant, servir sur une croûte grillée ; verser le jus sur la perdrix. — Si la perdrix menace d'être ferme, ou si on veut lui donner plus de délicatesse, on pique sa poitrine à lard blanc et fin. Un filet de citron, le jus d'une orange, donnent un goût fort agréable à la perdrix rôtie ; aussi doit-on servir du citron ou des oranges sur la table en même temps que ce genre de rôti ; chaque personne exprime sur son morceau ce qu'il lui plaît d'orange ou de citron.

PERDREAUX A LA BROCHE. — Les perdreaux étant plus jeunes et plus tendre, leur cuisson est plus rapide. — Pour les mettre en broche on les trousse; on les barde et on peut les envelopper de tranches de citron coupées dans la longueur du fruit; on les maintient par une barde, et l'on place sur cette dernière un papier épais et beurré; pour servir, retirer le papier et verser sur les perdreaux une sauce au madère.

PERDREAUX AU CHARBON. — Les partager, flamber et parer, les aplatir, les saupoudrer de sel, poivre, les imbiber de beurre fondu, puis les paner, les recouvrir de truffes hachées, les mettre sur le gril avec un feu doux, ou mieux les envelopper d'une barde, s'il est possible, et le tout dans une feuille de papier mouillé, et les couvrir de cendres chaudes, au milieu de l'âtre; quinze minutes suffisent pour la cuisson; on fait disparaître le papier; servir les perdreaux avec une sauce piquante.

PERDREAUX A L'ANGLAISE. — Les fendre depuis l'occiput jusqu'à l'autre bout et par le dos; les aplatir, les mettre dans une marinade à l'huile, faire griller à feu vif, servir sur une maître d'hôtel. On peut les empâter d'abord d'un mélange de beurre et de mie de pain.

PERDREAUX DÉSOSSÉS. — Les fendre par le dos, les désosser et les remplir d'une farce faite de mie de pain, échalottes et persil hachés, ciboules, persil, poivre, muscade. Mouiller au vin blanc et bouillon; faire réduire; terminer par un filet de citron. On peut aussi les couper en deux, les paner et les mettre sur le gril.

PERDREAUX A L'ESPAGNOLE. — Foncer une casserole de bardes de jambon, avec beurre, sel, poivre, filet de citron, y placer les perdreaux troussés et bridés, avec une pincée de sel et beurre dans le corps ; faire revenir sur un feu doux, mouiller avec bouillon et vin, ajouter thym, laurier, girofle, bouquet ; cuisson, trente minutes ; faire réduire la cuisson ; débrider, entourer de croûtons ou de garniture, à volonté.

FILET DE PERDREAUX SAUTÉS. — Enlever et parer les filets, les saupoudrer de sel, les mettre dans le sautoir avec un morceau de beurre, les servir en couronne avec des croûtons ; détacher la glace avec une sauce espagnole. On peut y ajouter des truffes.

HACHIS DE PERDREAUX. — Pour utiliser des perdreaux rôtis, enlever les chairs, retirer les membranes ; hacher très fin, faire revenir dans une casserole avec beurre, champignons, persil, ciboules, le tout haché ; singer d'un peu de farine, mouiller au bouillon et vin blanc ; quand tout ceci est cuit, on y jette le hachis qui n'a besoin que d'être réchauffé.

PERDREAUX POELÉS. — Les inciser pour en extraire les intestins, le foie et le gésier, faire une farce avec beurre, citron, sel, gros poivre, le foie haché ; les remplir de ce mélange, les ficeler, les mettre cuire dans une casserole foncée de lard, y ajouter une *poêle* (voir ce mot ci-dessus, à l'article des *Sauces et Ragoûts*) ; faire cuire trente minutes, retirer du feu et égoutter ; servir avec des écrevisses placées entre chaque.

PERDREAUX EN MAGNONAISE. — Faire rôtir des perdreaux, les dépecer, leur enlever leur peau ; faire une marinade avec de l'huile d'olive, du vinaigre, de la ravigote hachée, sel, poivre, forte cuillerée de gelée de viande ; mettre le vase qui contient ce mélange sur de la glace pilée, et laisser prendre ; ceci fait, placer les morceaux de perdreaux, ajouter cornichons, filets d'anchois, truffes, œufs durs, gelée.

PERDREAUX PAPILLOTES. — Les faire revenir dans le sautoir, les couper en deux ; ajouter beurre, échalottes, champignons, persil, saupoudrer de farine, mouiller au bouillon et au vin ; quand ce mélange est réduit à point, le verser sur les morceaux de perdreaux ; envelopper ceux-ci dans un papier huilé ; griller sur un feu doux.

PERDREAUX AUX TRUFFES. — Couper des truffes par dés, les passer au beurre avec sel et épices ; les mêler à de la volaille hachée et pilée, y ajouter du lard râpé ; remplir les perdreaux avec cette farce ; faire cuire en braise.

PERDREAUX TRUFFÉS. — Comme le faisan, avec la chair duquel le perdreaux a beaucoup de rapport.

PERDREAUX EN SALMIS CHAUD. — Dépecer des perdreaux rôtis en enlevant les ailes, les cuisses, l'estomac, le croupion ; mettre tous les petits débris dans un mortier pour les piler, puis dans une casserole avec du bouillon, échalottes, laurier, bouquet de persil, du beurre ; faire réduire, singer d'un peu de farine ; quand cette sauce est passée au tamis, faire chauffer les morceaux dedans sans bouillir, dresser sur des croûtons ; on peut y joindre des truffes. Il est bon d'écraser les foies et de les piler pour épuiser la sauce et lui donner du goût.

PERDREAUX A LA CRAPAUDINE.— Comme les pigeons. (Voir cet article.)

PERDREAUX A LA PRUSSIENNE. — Farcir des perdreaux avec leurs foies, du lard râpé, persil, ciboules, sel, gros poivre, un jaune d'œuf ; faire cuire à la broche après les avoir enveloppés de lard et de papier beurré ; mettre dans une casserole du beurre, mie de pain, échalottes hachées, sel, poivre, bouillon et vin ; faire bouillir un quart d'heure, filet de citron, verser sur les perdreaux.

PERDREAUX GRATINÉS. — Prendre des perdreaux rôtis, les dépecer, les mettre sur un plat de service avec morceau de beurre manié avec chapelure, persil, ciboules, échalottes hachées, deux jaunes d'œufs, sel, gros poivre, faire gratiner sur un feu doux, y ajouter ensuite les morceaux de perdreaux et mouiller avec bouillon, persil, blanchi haché, filet de vinaigre ou de citron.

SOUFFLÉ DE PURÉE DE PERDREAUX. — Faire une purée, comme pour celui indiqué ci-dessus ; avoir soin de la rendre très épaisse ; y ajouter quatre à cinq jaunes d'œufs, et leurs blancs battus en neige ; quand le tout est incorporé, le mettre dans une écuelle de table ou une

caisse ; placer sous le four de campagne, manger
aussitôt.

Canard sauvage.

Il n'y a guère que trois manières de le manger : en rôti, en salmis et farci.

CANARD SAUVAGE ROTI. — Il n'est pas d'usage de le piquer, mais il est indispensable de mettre dans son corps un morceau de beurre, sel, poivre ; le jus et la moitié d'un zeste de citron ; il faut l'arroser souvent et éviter de le faire trop cuire. En le retirant de la broche, il est également bon de le retourner, le croupion en l'air, de verser dans son corps une cuillerée d'huile d'olives, surtout si elle est à goût de fruit, de secouer le canard dans cette position pour que l'huile se mêle à son jus.

CANARD SAUVAGE EN SALMIS. — Se fait comme le salmis de perdreaux ; enlever d'abord les aiguillettes.

CANARD BOURRÉ ou FARCI. — Faire cuire des marrons et de petites saucisses, et loger ensuite tout cela dans le corps du canard, en n'oubliant pas le zeste de citron.

DE LA SARCELLE.

On la fait toujours rôtir ; elle est plus petite, mais bien plus délicate que le canard ; on la fait cuire de même.

DE LA BÉCASSE ET DE LA BÉCASSINE.

Il y a plusieurs sortes de bécasses, et toutes sont très bonnes ; on ne les vide pas dans la cuisine française.

BÉCASSES ROTIES. — Les couvrir d'une feuille de vigne avec une barde par dessus ; mettre des rôties dans la lèchefrite pour recevoir ce qui en tombe, servir ces rôties sous les bécasses que l'on aura eu soin d'arroser avec un peu de beurre fondu ; en retirant du feu saupoudrer d'un peu de sel fin.

BÉCASSES ROTIES A L'ANGLAISE. — On les vide par le dos ; vider le gésier et hacher avec une portion presque égale de lard, y ajouter sel, poivre, persil, échalottes, et se servir de ce mélange pour remplir l'intérieur des bécasses ; les barder et les arroser pendant la cuisson ; mettre des tranches de pain dans la lèchefrite, mouiller avec une sauce piquante.

SALMIS DE BÉCASSES. — Même procédé que pour le salmis de perdreaux ; seulement il est important de mettre dans la sauce tout ce qui se trouve dans l'intérieur du corps ; cela s'explique, puisqu'on ne vide pas la bécasse. Il est bon d'ajouter quelques champignons hachés.

BÉCASSES FARCIES. — Les fendre par derrière pour les vider ; hacher tout ce qu'elles contiennent avec moitié lard émincé, ajouter persil, échalottes, sel, gros poivre, un peu de champignons ; quelques morceaux de truffes, si on en a sous la main ; remplir les bécasses avec cette farce, les couvrir de bardes, les ficeler, les faire rôtir, et mettre dans la lèchefrite des rôties pour recevoir le jus sortant des bécasses.

SALMIS DE SAINT-BERNARD. — On aimait beaucoup la chasse au onzième siècle, et les seuls mets qu'en ce temps-là on accommodait bien, c'étaient les pièces de gibier ; il appartenait au sage par excellence de cette époque, à l'ami d'Abeilard et de Hugues de Payens, de donner son nom à un excellent plat : ce sont les bécasses dont nous parlons. Il faut avoir trois ou quatre bécassés rôties ; les couper sur une assiette, les mettre à part, et par portions prêtes à être servies ; on écrasera sur un plat leur foie et l'intérieur de leur corps. On exprimera un zeste de citron sur les bécasses, et l'on coupe le zeste de plusieurs citrons en petits morceaux très fins ; on place dans ce mélange toutes les portions dépecées avec sel, poivre, épices et muscades, deux cuillerées de moutarde et un verre de vin blanc ; placer le plat ainsi garni sur un réchaud à l'esprit de vin ; remuer le tout pour être bien imprégné d'assaisonnement, mais sans laisser bouillir ; arroser de quelques filets d'huile ; diminuer le feu et continuer à remuer les morceaux ; manger très chaud ; tout ceci peut se faire sur la table, comme beaucoup d'autres plats, grâce à l'admirable invention des fourneaux à l'esprit de vin. On peut faire de la sorte nombre de salmis de gibier à viande noire, comme on peut faire des sautés de blancs de volaille et nombre d'autres mets spontanés, et d'une exquise délicatesse.

SALMIS DE CHASSEUR. — Faire rôtir rondement des bécasses devant un feu de sarment ; les découper aussitôt, hacher menu le foie et tout l'intérieur ; ajouter sel, poivre, ciboules ou échalottes hachées ; mouiller avec vin, vinaigre ou eau-de-vie, suivant ce qu'on a sous la main ; y jeter des croûtons passés au beurre avant de servir, placer sur ces derniers les membres séparés, verser la sauce dessus.

SALMIS BOURGEOIS. — Plonger dans un roux les débris des bécasses après les avoir broyés dans un mortier ; ajouter vin blanc, vinaigre ou eau-de-vie, sel, poivre, thym, laurier ; faire réduire à moitié, passer et verser sur les membres séparés.

SALMIS DE PAYSAN. — Dépecer les bécasses rôties, hacher ce qui est dedans, le gésier excepté ; ajouter échalottes, persil, sel, poivre, un peu de beurre, vin blanc ; faire bouillir ; joindre une pincée de chapelure, y jeter ensuite les morceaux de bécasses, seulement pour les réchauffer, servir de suite.

BÉCASSES A LA SAUCE DE... BÉCASSES. — Flamber deux bécasses, les vider par le dos, prendre le dedans de l'une des deux, le hacher avec du lard râpé, persil, ciboules, échalottes hachées, sel, gros poivre, lier avec deux jaunes d'œufs, farcir cette bécasse, coudre et faire cuire à la broche. Prendre le dedans de la seconde bécasse, l'écraser, le mettre dans une casserole avec un verre de vin rouge, un peu de blond de veau, bouillon, sel, poivre, échalottes hachées ;

faire bouillir huit minutes, passer la sauce, ajouter un filet de citron, servir sur les bécasses.

DES CAILLES.

C'est un oiseau de passage, d'un mangé très recherché ; on préfère les cailles sauvages à celles de vigne.

CAILLES RÔTIES. — Les plumer, vider et flamber ; les envelopper de feuilles de vigne et barde de lard en dessus ; les faire rôtir en mettant des rôties de pain dans la lèchefrite. On ne doit leur donner qu'un feu doux, afin de les dégraisser.

CAILLES GRILLÉES. — Les vider, flamber et ouvrir par le dos ; les mettre dans une casserole avec huile, feuilles de laurier, gros poivre, sel ; les envelopper préalablement de bandes, les faire cuire à feu très doux ; quand elles sont presque cuites, les paner, les faire griller ; mettre dans la casserole un peu de blond de veau, bouillon, détacher le fond, dégraisser, passer et servir sous les cailles.

CAILLES AU JAMBON. — Faire une farce avec du lard râpé, persil, ciboules, champignons, le tout haché et le foie des cailles ; farcir les cailles après les avoir vidées, foncer une casserole avec autant de tranches de jambon qu'il y a de cailles. Placer les cailles dessus avec fines herbes, gros poivre et pas de sel, puisque le jambon porte son sel avec lui. Couvrir le tout d'une large barde et faire cuire sous la cendre chaude. Dresser en.

suite sur les tranches de jambon; détacher le fond de la casserole avec filet de vinaigre et blond de veau, passer au tamis et servir.

CAILLES AU LAURIER. — Flamber et vider, hacher les foies et les mêler avec persil, ciboule, morceau de beurre, sel, gros poivre; remettre le tout dans le corps et faire cuire à la broche, en enveloppant les cailles de papier beurré; faire infuser quelques feuilles de laurier dans de la sauce espagnole bouillante, afin de saucer les cailles; croûtons dans la lèchefrite.

Nota. — On peut accommoder les cailles de la même manière que les grives.

DES GRIVES.

On ne vide pas toujours les grives; elles sont bonnes surtout dans la saison des vendanges.

GRIVES ROTIES. — On les couvre de bardes, sous lesquelles on place une feuille de vigne; croûtons dans la lèchefrite.

GRIVES A' L'EAU-DE-VIE. — Trousser les pattes de plusieurs grives après les avoir vidées, les mettre dans une casserole avec du beurre, les passer au feu, singer d'un peu de farine, mouiller avec de l'eau-de-vie. Quand le tout est en ébullition, y mettre le feu, laisser brûler jusqu'à ce que cette eau-de-vie s'éteigne d'elle-même, mettre ensuite du bouillon, du blond de veau, un riz de veau blanchi, coupé par morceaux, des champignons, un bouquet; faire cuire ce ragoût, dégraisser; servir à courte sauce.

GRIVES A L'ANGLAISE. — Ne pas vider les grives ; les flamber et trousser, les faire rôtir, en les enveloppant de papier beurré ; quand elles sont presque cuites, les découvrir, mettre un morceau de lard au bout d'une broche, y mettre le feu et arroser les grives avec la graisse qui en découle. Les débrocher, les saupoudrer de sel et de mie de pain, puis les servir avec une sauce piquante.

GRIVES AU GRATIN. — Mettre des grives dans une casserole avec du beurre ; les faire revenir, cuire à moitié et égoutter. Faire ensuite avec les foies des grives et d'autres oiseaux un mélange, pilé dans un mortier ; y joindre un godiveau ou une farce bien assaisonnée de sel, poivre et muscade. Placer les grives dans un plat profond, les entourer de la farce, les recouvrir de bardes de lard et de papier beurré ; cendre chaude dessus et dessous. Oter ensuite le papier et les bardes, dégraisser et servir chaud.

GRIVES AU PAUVRE HOMME. — Flamber six grives, ne pas les vider, les mettre à la broche ; placer un morceau de lard au bout d'une brochette de fer, faire fondre sur les grives ; parer ensuite ces dernières, tout en les laissant cuire ; servir avec une sauce composée de beurre manié de farine, goutte de vinaigre, échalottes hachées, gros poivre, sel ; faire lier sur le feu.

DES PLUVIERS.

Il faut les choisir gras pour les faire rôtir ; on ne les vide pas. On peut les employer de la même manière que les bécasses. Les pluviers dorés sont les plus recherchés. On peut aussi les faire braiser ; en pareil cas, il faut les accommoder comme les cailles.

DES ORTOLANS.

On ne fricasse jamais les ortolans ; on se contente de les faire rôtir ; il leur faut un feu ardent, et dix minutes au plus de cuisson. Mettre des rôties dessous comme pour les mauviettes.

DES MERLES.

Les faire cuire comme les grives.

DES MAUVIETTES OU ALLOUETTES.

On ne les vide pas ; pour les faire rôtir, les envelopper d'une barde de lard, en faire des brochettes et les faire rôtir avec des croûtes dessous.

MAUVIETTES AU GRATIN. — Les fendre par le dos et les désosser, les remplir de farce cuite ; mettre sur le plat une couche de la même farce, mettre les mauviettes en rond, recouvrir le tout avec une tranche de mie de pain coupée seulement et non émiettée, ajouter des bardes, couvrir d'un papier beurré, mettre sous le four de campagne. Quand le tout est cuit, retirer le papier, la tranche de pain, les bardes, dégraisser, servir avec une sauce financière ou une sauce aux champignons.

MAUVIETTES A LA MINUTE. — Sauter les mauviettes avec du beurre et une pincée de sel, faire revenir dans le beurre, champignons, persil, échalottes, le tout haché; singer d'une pincée de farine, mouiller moitié vin blanc, moitié bouillon. Garnir de croûtons.

MAUVIETTES A LA CHIPOLATA. — Faire revenir dans une casserole des tranches de lard de poitrine, de petites saucisses, y joindre plusieurs mauviettes et quelques champignons; singer d'un peu de farine, mouiller au vin blanc, assaisonner, et, presqu'à la fin de la cuisson, ajouter quelques marrons grillés.

MAUVIETTES AU SALMIS. — Ne garder que le corps des mauviettes rôties, piler tout le reste et le faire bouillir avec vin et bouillon; puis passer le tout au tamis après l'avoir assaisonné; faire réchauffer, sans bouillir, le corps des mauviettes, ajouter des croûtons, verser la sauce sur le tout.

PATÉ DE MAUVIETTES. — Les vider et surtout en extraire le gésier, retirer les têtes, les cous, les pattes, piler le tout avec du lard gras, fines herbes, sel, poivre, épices; passer à l'étamine, remplir les corps de cette farce, et envelopper chacun d'eux d'une mince barde de lard, les placer ainsi dans une croûte ou dans une terrine, ajouter beurre, lard, thym, laurier pilé, basilic, faire cuire.

MAUVIETTES AUX FINES HERBES. — Hacher persil, champignons, échalottes, ciboules; vider et flamber des mauviettes, les faire sauter avec du beurre, y ajouter le hachis d'herbes et du bouillon: assaisonner avec sel, poivre, aromates; à la première ébullition, retirer du feu et servir.

MAUVIETTES EN CAISSE. — Les désosser par le dos, les remplir d'une farce cuite dans laquelle on fait entrer leurs foies hachés et des truffes. Faire pour chaque mauviette une caisse de papier huilé, y mettre de la farce, puis la mauviette recouverte d'une barde de lard. Cuire sous le four de campagne.

PATÉ CHAUD DE GIBIER. — Faire sauter dans le beurre une poignée de fines herbes, avec sel, poivre, mauviettes, grives, becfiques, guignards, caille et autres petites pièces troussées et flambées; faire ensuite avec de la farine une pâte extrêmement dure. L'aplatir, placer dessus le gibier sauté, ramener les bords, fermer le tout et le mettre dans un linge; on suspend ce paquet au milieu d'un chaudron plein d'eau bouillante; au bout d'une heure, retirer le paquet, entr'ouvrir la pâte pour y introduire un coulis ou une sauce espagnole.

du Poisson.

Les espèces sont extrêmement variées, tant en poissons d'eau douce qu'en poissons de mer. La manière d'accommoder le poisson est également très variée; nous allons donc indiquer tout d'abord les principaux systèmes; les voici à titre de principes généraux :

COURT-BOUILLON AU BLEU. — Joindre au

poisson, coupé par tronçons, des carottes, oignons par tranches, ail, persil, thym, basilic et sel ; mouiller avec moitié eau, moitié vin rouge. Le *court-bouillon* ordinaire se fait en remplaçant le vin rouge par du blanc.

COURT-BOUILLON BLANC. — Spécial pour les grands poissons de forme aplatie ; avec de l'eau, du sel, des aromates, le tout bouilli ensemble, passé, tiré à clair, et à laquelle on ajoute tiers ou moitié de lait. On y plonge ensuite la pièce, et on la fait cuire sur un feu très doux.

BOUILLON DE POISSON. — Mettre dans une casserole beurre, carottes, oignons, ail, navets et autres légumes et racines, le tout coupé très mince, y ajouter du poisson en débris, mouiller avec un peu d'eau ; quand tout est sur le point de glacer, mouiller avec de l'eau bouillante, ajouter sel et bouquet garni ; arrivé à cuisson, passer au tamis de soie, pour s'en servir dans le velouté, dans certaines sauces blanches.

AUTRE COURT-BOUILLON *pour les poissons d'eau douce.* — Couper par tranches quelques grosses carottes et de gros oignons ; mettre ces légumes sur le feu avec 250 grammes de beurre, poignée de persil, feuilles et branches, quelques feuilles de laurier, thym, basilic, queues de champignons, sel, poivre, clous de girofle ; faire cuire à petit feu pendant une heure, mouiller ensuite avec quelques bouteilles de vin blanc ; quand tout est cuit, passer au tamis.

EAU DE SEL. — Faire bouillir du sel marin ordinaire ; écumer pour retirer du feu quand cette eau est parfaitement saturée. Passer et tirer à clair, garder pour l'usage.

MARINADE CUITE. — Elle peut être *au gras* ou *au maigre*; elle est au gras quand, avec les mêmes aromates que pour le *court-bouillon*, on mouille avec du bouillon préparé avec de la viande, auquel on joint du vin blanc ou du vin d'Espagne. Au bout d'un quart-d'heure de cuisson, on doit la passer au tamis. Elle est au maigre quand au lieu de bouillon on n'y met que de l'eau. On peut remplacer le vin par du vinaigre ou du verjus.

BROCHET A LA BROCHE. — Ce sont les plus gros que l'on préfère pour cet emploi. Eplucher un brochet, le laisser mortifier; si on le veut en maigre, on le pique avec des anchois et des cornichons; si on le veut au gras, on le pique avec des lardons de lard maniés avec sel, poivre, épices pilées, persil, ciboules; envelopper d'un papier beurré et embrocher; arroser pendant la cuisson avec demi-bouteille de vin blanc et 250 grammes de beurre.

BROCHET AU PERSIL. — Mettre dans une casserole un brochet coupé par tronçons, une racine entière de persil, du persil haché, sel, poivre, quart de litre de vin blanc, autant de bouillon de poisson maigre; faire cuire et réduire; ôter la racine de persil.

BROCHETS EN DAUPHINS. — Les écailler, vider et faire mariner dans l'huile, fines herbes entières, sel, poivre, épices. Leur passer un hatelet de fer par les yeux et le milieu du corps pour les tortiller comme un dauphin ; faire cuire au four, l'arroser de sa marinade, servir avec une sauce aux câpres.

PAUPIETTES DE BROCHETS. — Prendre deux moyens brochets, ôter tête et queue, les fendre par le milieu, ôter les arêtes, ne laisser que la moitié de la chair ; hacher l'autre moitié et la mettre dans un mortier avec mie de pain desséchée et du lait, beurre, eau-de-vie, persil, ciboules, sel, poivre, jaunes d'œufs ; piler le tout et en garnir les morceaux, que l'on roule et que l'on soude à l'œuf ; faire cuire ces paupiettes dans un court-bouillon au vin blanc.

BROCHET AU BLEU. — Le faire cuire avec tranches de carottes et d'oignons, bouquet garni, clou de girofle, thym, basilic, sel et gros poivre ; mouiller moitié eau, moitié vin. Il est important de briser la tête. Cuisson à feu doux. Si on veut servir le brochet en guise de rôti, le laisser refroidir, le servir sur un lit de persil. En tout état de cause, ici ne pas ôter les écailles.

BROCHET AUX CAPRES. — Cuit comme ci-dessus. Enlever les écailles ; servir avec une sauce aux anchois ou aux câpres.

BROCHET A LA CHAMBORD. — L'écailler et le vider, enlever l'épiderme qui se trouve sous les écailles pour découvrir la chair et la piquer avec du lard gras et fin ; faire cuire dans une marinade au gras ; quand il est bouillant, le retirer de la cuisson et le mettre au four pour colorer les lardons ; le retirer et laisser égouter, le servir entouré de quenelles, riz-de-veau piqués, d'écrevisses, culs d'artichauts, croûtons et une garniture ; on peut même ajouter des pigeons à la Gautier, des tronçons d'anguilles piqués de truffes.

BROCHET AU COURT-BOUILLON. — Oter les ouïes ou branchies à l'aide d'un manche de cuillère ; vider le brochet par cet endroit, couper les nageoires et la queue, ficeler la tête, faire cuire dans un court-bouillon, servir sur un lit de persil.

FILETS DE BROCHET PIQUÉS. — Enlever des filets, les dépouiller, les piquer de lard fin ; faire cuire en marinade, glacer comme un fricandeau ; servir avec telle sauce qu'on voudra.

FILETS DE BROCHET SAUTÉS. — Les assaisonner avec persil, ciboule hachés ; saupoudrer de sel, de poivre, de muscade râpée ; faire tiédir du beurre à part, le verser sur les filets, les faire bouillir dans ce beurre pendant quelques minutes, les en retirer et les servir avec telle sauce qu'on voudra.

BROCHETONS A LA MAITRE-D'HOTEL. — Les mettre sur le gril dans un papier beurré ; les arranger comme les maquereaux.

DESSERTE DU BROCHET. — Tous les débris peuvent se servir en béchamelle, en coquilles, en croquettes, en tranches, avec des fines herbes, en papillottes, en croquettes jetées dans la friture, en salade, en magnonaise, avec une sauce au beurre, à la crème ou aux tomates.

TRUITE A LA GENEVOISE. — L'écailler,

vider et laver; la faire cuire au court-bouillon maigre, avec vin blanc ou rouge, tranches d'oignons, persil, clous de girofle, laurier, thym, sel. Servir sur un lit de persil; mettre à côté une sauce faite avec partie du court-bouillon, lié avec du beurre manié de farine; réduire à grand feu; on admet aussi la sauce aux câpres, aux anchois, et accommoder la truite, dans ce cas, comme le saumon.

TRUITE A LA BOURGEOISE. — Baigner la truite dans de l'eau salée pendant une heure et demie, puis la mettre dans une casserole mouillée avec du vin, persil, oignons, ail, laurier, thym, basilic, y ajouter beurre frais manié de fécule, mettre le tout sur un feu ardent, passer le jus qui en résulte, et servir au bout de vingt minutes, avec persil bouilli dans l'eau ordinaire.

TRUITE A LA CHAMBORD. — Comme ci-dessus pour le brochet.

TRUITE A LA GENOISE. — La faire cuire dans un court-bouillon dont on prend ensuite une partie à laquelle on mêle du beurre manié de fécule.

TRUITE A LA MARINIERE. — Dépouiller le poisson, le remplir, après l'avoir vidé, de persil haché et mêlé à du beurre; mettre dans une casserole avec du vin, assez pour qu'elle baigne, y joindre sel, poivre, thym, laurier, muscade, bouquet garni; vers la fin, mettre le feu au vin; ajouter une idée de sucre et du beurre frais, au moment de servir.

TRUITE A LA SAUCE BLANCHE. — La faire griller, la couvrir d'une sauce blanche.

TRUITE FRITE. — La remplir avec des quenelles faites avec d'autres sortes de poissons, champignons, truffes, morilles ; après l'avoir fait cuire dans un court-bouillon, la paner avec du blanc d'œuf ; quand elle est frite, la coucher sur une sauce tomate, ou bien aux cornichons, câpres ou filet de citron.

CARPE EN MATELOTE. — Une véritable matelotte se compose de plusieurs sortes de poissons, notamment du brochet, de l'anguille, du barbillon, de la tanche et de la lotte, que l'on coupe par tronçons après les avoir écaillés et vidés ; on doit passer préalablement de petits oignons au beurre, faire un roux, mouiller avec un peu de bouillon, y jeter l'ail, le bouquet fortement garni, des clous de girofle, sel, poivre, une pincée de quatre épices, un morceau de sucre, ajouter le vin nécessaire et laisser chauffer, quand le tout boue à grands flots, y jeter les tronçons de poissons, les plus durs à cuire d'abord, les écrevisses s'il y en a, et toutes vivantes, ajouter un petit verre d'eau-de-vie et mettre le feu dans la casserole ; au bout de quelques instants, couvrir la casserole, ce qui éteint le feu ; quelques minutes avant de retirer du feu, mettre cuire les ventres de carpes, les laitances ; retirer le poisson avec une écumoire, et le dresser, passer la sauce, la remettre sur le feu pour la réduire s'il y a lieu, et la lier avec des boulettes de beurre maniées de farine ; verser la sauce sur le poisson que l'on aura entouré de croûtons.

CARPE A L'ÉTUVÉE. — Même accommode-
ment ; seulement il n'y a pas d'autre poisson que
la carpe, et l'on augmente la dose de bouillon
gras. Il faut, comme pour la matelotte, cuire à
grand feu.

CARPE A LA MARINIÈRE. — Faire revenir
dans le beurre des oignons entiers ou coupés par
tranches, les singer d'un peu de farine, ajouter
du vin rouge, morceau de sucre, bouquet garni
et ail, faire partir au plus grand feu possible,
ajouter un bon verre d'eau-de-vie, y mettre le
feu, y jeter le poisson, doubler le feu, retirer,
servir de suite.

CARPE FRITE. — La fendre par le ventre,
donner un cou de couteau sur les arêtes transversales proches du dos pour bien aplatir la carpe,
la fariner, la mettre dans une friture chaude,
saupoudrer de sel et servir avec persil frit ; les
œufs, la lettance se farinent et se font frire en
quelques minutes et se servent sur la carpe.

CARPE A LA CHAMBORD. — La piquer de
petit lard, la mettre dans une poissonnière avec
une marinade grasse ou maigre, à volonté ; faire
bouillir. Au moment de servir, dresser la carpe
avec un entourage de quenelles de riz de veau
piqués d'écrevisses, de croûtons et de culs d'artichauts. Verser sur le tout une sauce réduite faite
avec la cuisson de la carpe.

CARPE A LA PROVENÇALE. — La couper
par tronçons et la faire cuire avec demi-verre de
bon vin, huile, épices, un brin de beurre, ail,
farine, persil, etc.

CARPE AU BLEU. — L'écailler, la vider, avoir toujours soin d'ôter l'amer, ficeler la tête, la mettre dans une poissonnière; faire bouillir à part un litre de vinaigre rouge que l'on versera dès qu'il bouillira sur la carpe, afin qu'elle baigne en entier dans le court-bouillon; on fera mijoter la carpe une heure environ; on la laissera refroidir dans l'assaisonnement. Placer la carpe sur une serviette, la couronner de persil. Servir avec une sauce à part.

CARPE FARCIE. — La prendre grosse et laitée; la faire cuire aux trois quarts dans le court-bouillon; en enlever toutes les chases et supprimer les arêtes du milieu, n'en laisser qu'aux deux bouts; faire une farce à quenelles avec tout ce que la carpe a pu fournir, en y ajoutant la chair d'une autre; mettre sur un plat long la tête et la queue que l'on aura conservés; faire un lit de farce et figurer avec le reste une carpe que l'on dorera à l'œuf pour la couvrir de mie de pain arrosée de beurre fondu; mettre le plat sur des cendres très chaudes, four de campagne dessus. Pour servir, mettre à l'entour un ragoût de laitances.

CARPE GRILLÉE. — La vider, l'écailler, l'inciser des deux côtés, la frotter d'huile, la mettre sur le gril, saupoudrer de sel et poivre; servir avec une sauce aux câpres ou aux anchois.

CARPE A LA TARTUFE. — Piquer une carpe avec des cornichons, des truffes et des filets d'anchois; faire cuire cette carpe dans une marinade maigre, puis la mettre au four et la servir avec

un ragoût de champignons ou de truffes, des quenelles maigres, des croûtons, écrevisses, filets de
poissons, etc.

CARPE A LA TARTARE. —Ecailler une carpe,
la vider par les ouïes, mettre dans le corps un
morceau de beurre manié de ciboules, persil,
échalottes, sel, gros poivre. La coudre et la faire
mariner avec de l'huile et une gousse d'ail; l'envelopper de deux feuilles de papier avec sa marinade; huiler ce papier, servir la carpe à sec
quand elle est bien grillée; servir dans une saucière une remoulade composée de persil, ciboules,
sel, gros poivre, câpres et anchois hachés, huile
et vinaigre.

On peut accommoder de même tous les poissons
qui se servent habituellement grillés.

CARPE MARINÉE.—Couper la carpe par tronçons ou par filets, les jeter dans une casserole
avec sel, poivre, épices, girofle, basilic, tranches
d'oignons, jus de citron ou vinaigre; remuer sur
un feu doux; faire cuir aux deux tiers; les sortir
pour égoutter; les saupoudrer de farine ou les
plonger dans une pâte pour les faire frire; la
servir avec persil frit. — L'*anguille*, le *brochet*,
la *lote*, la *truite* et nombre d'autres poissons peuvent s'accommoder de la sorte.

ANGUILLE A LA TARTARE. — La dépouiller
vivante; passer des carottes, tranches d'oignons
et bouquet garni dans du beurre; y joindre une
pincée de farine; mouiller au vin blanc; joindre
sel, poivre, muscade; faire bouillir trente minutes; passer la sauce, y mettre l'anguille coupée

par tronçons; quand ils seront cuits, les laisser refroidir, les paner à la mie de pain; tremper dans le blanc d'œuf, paner de nouveau, mettre sous le four de campagne. Verser une remoulade au milieu.

ANGUILLE PIQUÉE. — La piquer de lard fin, la rouler en cercle à l'aide d'une ficelle beurrée, la mettre dans le sautoir avec une marinade cuite, la placer sous le four de campagne; on peut la paner et la mettre au four, servir avec une sauce à volonté.

ANGUILLE A LA POULETTE. — Couper l'anguille, la faire dégorger, blanchir, puis égoutter; la passer au beurre, singer d'un peu de farine; mouiller moitié bouillon, moitié vin blanc, ajouter champignons et bouquet garni, écumer et dégraisser la sauce, la faire réduire, y joindre une liaison et filet de citron.

ANGUILLE AUX CROUTONS. — Prendre autant de mies de pain coupées en rôties que de tronçons d'anguilles et de la même grandeur, les passer à demi au beurre, faire mariner les tronçons d'une grosse anguille avec beurre, persil, échalottes, ciboules, le tout haché, sel, gros poivre; mettre chaque tronçon sur chaque tranche de pain, envelopper le tout de deux feuilles de papier avec toute la marinade, faire cuire à la broche; quand tout est cuit, mettre les tronçons sur les croutons; servir avec une sauce épaisse et piquante.

ANGUILLE A LA SAINTE-MÉNEHOULD.— Préparer l'anguille comme celles ci-dessus, la mettre dans une tourtière, en l'imprégnant de blancs d'œufs battus, la paner, la passer au beurre fondu pour être panée une seconde fois; la mettre ensuite sous un four de campagne. Quand elle est cuite, la retirer, verser dans son milieu une sauce, soit à l'Italienne, soit à la ravigote.

ANGUILLE DORÉE. — Faire cuire une belle anguille dans une marinade, après l'avoir coupée par tronçons; la laisser refroidir, l'égoutter, la jeter dans des œufs battus et assaisonnés, la paner, recommencer au besoin, puis la jeter dans une friture bien chaude, la dresser ensuite et la masquer au plus vite d'une sauce chaude de haut goût un peu aiguisée.

BARBEAU ET BARBILLON. — Excellent étant fait ou employé dans une matelotte; ces poissons s'accommodent en tous points comme la carpe. (Voir ci-dessus).

BRÊME. — C'est un poisson très aplati, pesant de 500 à 3,000 grammes; excellent dans la Seine; on ne l'emploie que cuit sur le gril à un feu un peu vif; on le sert avec une sauce blanche aux câpres ou sur une purée d'oseille.

PERCHES A L'ÉTUVÉE. — Les faire cuire dans un court-bouillon, préparer un petit roux avec beurre et farine, le mouiller avec du bouillon le moins salé possible, ajouter racines et oignons par tranches, sel, poivre, persil, ciboules, thym, laurier, petits oignons blanchis, basilic; faire cuire à petit feu. Quand la cuisson est accomplie, retirer les perches pour leur ôter leurs écailles ; dresser sur un plat, passer la sauce, la faire réduire, placer un rang d'oignons tout autour ; croûtons frits.

PERCHES DANS LEUR PROPRE SAUCE. — Les vider, les laver, les mettre dans une casserole avec du beurre manié de farine, eau, tranches d'oignons et racines, sel, gros poivre, persil, ciboules, thym, laurier, basilic ; faire cuire à feu très doux ; quand tout est cuit, retirer pour ôter les écailles, dresser sur un plat, passer la sauce au tamis, la faire réduire si besoin est ; servir sur les perches.

PERCHES SUR LA SERVIETTE. — On peut servir des perches cuites au court-bouillon, avec leurs écailles, sur une serviette, en les accompagnant d'une sauce blanche aux câpres, si le poisson est chaud ; avec une sauce à l'huile et aux câpres s'il est froid.

PERCHES EN RAGOUT. — Les faire cuire, les éplucher, servir avec un ragoût ou un coulis d'écrevisses.

PERCHES FRITES. — Les éplucher et les vider, puis les ciseler de chaque côté, les fariner, les faire frire jusqu'à belle couleur, les servir sur une serviette.

DE LA TANCHE.

Il faut, pour l'écailler, la tremper dans l'eau

presque bouillante. La tanche demande à être
dégorgée et lavée à plusieurs eaux.

TANCHE GRILLÉE, très bonne. — Se sert
avec une sauce aux câpres et aux anchois.

TANCHE, MATELOTTE AU BLANC. — Quand
la tanche est bien nettoyée, qu'on est parvenu à
lui ôter le goût de la vase dans laquelle elle se
plaît à séjourner, on met du beurre dans une casserole, de petits oignons blanchis à l'avance,
champignons, bouquet garni, gousse d'ail, girofle ; passer le tout sur le feu, ajouter une pincée
de farine, mouiller au vin blanc, faire bouillir à
petit feu, y jeter ensuite les tronçons; quand tout
est cuit, ajouter une liaison avec des câpres, faire
lier au feu, garnir de croûtons.

DE LA LAMPROIE.

Elle se prépare comme l'anguille et la carpe.
On lui donne souvent les mêmes assaisonnements qu'à l'anguille de mer.

DE LA LOTTE.

Ce poisson ne peut se ratisser qu'après avoir
été plongé dans l'eau bouillante ; le foie de la
lotte est très recherché à cause de sa délicatesse,
aussi le fait-on souvent cuire à part. Les œufs ne
se mangent pas; ils sont très purgatifs. Il faut
généralement peu de cuisson à la lotte.

LOTTE A LA BOURGEOISE. — Mettre dans
une casserole : beurre, champignons, persil, ci-

boules, échalottes, le tout haché, thym, laurier; basilic pulvérisé, sel, gros poivre. Mettre dedans des lottes limonées et vidées, mettre les foies à part, les faire mijoter avec des fines herbes. Quand les lottes sont cuites, dresser dans le plat, mettre dans la casserole de leur cuisson un peu de sauce d'étuvée de carpes passée au tamis; faire bouillir, verser sur les lottes. Si l'on n'a pas de sauce d'étuvée, mettre trois jaunes d'œufs délayés avec un peu de bouillon; au moment de servir, ajouter un filet de verjus.

LOTTES A L'ÉTUVE. — Faire un petit roux avec beurre et farine; si l'on a pas de coulis maigre, mouiller avec du vin blanc, ajouter des petits oignons blanchis à l'avance, bouquet garni; quand tout va bien, quand les oignons sont presque cuits, on jette les lottes dans cette cuisson avec des laitances de carpes blanchies; quand tout est prêt, on coupe dans du pain allongé des filets de pain de la longueur des lottes; on passe ce pain au beurre, on dresse le tout sur un plat. On délaie dans la sauce un anchois haché, on y ajoute des câpres.

LOTTES EN FRICASSÉE DE POULET. — Passer dans une casserole des champignons, un riz de veau blanchi et coupé, bouquet, beurre, pincée de farine. Quand tout est cuit, ajouter une liaison et un anchois haché, jus de citron.

DES GRENOUILLES.

On n'en mange que les cuisses, on jette tout le restant du corps.

**GRENOUILLES EN FRICASSÉE DE POU-
LET.** — Dépouiller les cuisses, les faire blanchir
à l'eau bouillante, les jeter dans l'eau froide,
faire égoutter, accommoder en fricassée de poulet.

GRENOUILLES FRITES. — En blanchir les
cuisses, les faire mariner une heure ; les tourner
dans une pâte à frire, les jeter dans une friture.

GRENOUILLES DE DAMES. — Cette manière
de les accomoder est d'une extrême recherche ;
il ne faut prendre que leurs pattes de derrière,
les dépouiller, les faire dégorger dans l'eau fraîche, les faire tremper ensuite dans des blancs
d'œufs ou les saupoudrer avec de belle farine ;
on les jette ensuite dans une friture bien chaude ;
les servir très chaudes, accompagnées d'un citron.

DES ÉCREVISSES.

On donne la préférence à celles de la Seine et
du Rhin.

ÉCREVISSES, *pour buisson et pour l'usage
journalier.* — Laver les écrevisses, et, pour les
faire cuire, les jeter dans un chaudron contenant
de l'eau, du vinaigre, forte dose de gros sel, poivre, thym, laurier, gros oignons par tranches,
carottes, ail, muscade. On les met en vie dans
cette cuisson avant que celle-ci ne soit tout à fait
en ébullition. Dans les matelotes, comme dans
nombre d'autres fricassées dont les écrevisses
forment l'ornement, il est bon de mettre l'écrevisse vivante ; de la sorte elle communique son
goût au ragoût dans lequel elle est cuite. Quelques personnes, pour éviter l'amertume, leur re-

tirent le boyau qui se prolonge sous la queue et qui y forme une petite raie noire, mais cette opération fait mourir immédiatement l'animal.

Quelques personnes se contentent de faire cuire les écrevisses dans du vin blanc.

BISQUE D'ÉCREVISSES. — Laver des écrevisses, les piler crues dans un mortier de marbre; mettre le tout dans une casserole sur un feu très vif, en ajoutant beurre, sel, muscade et mie de pain frais; après trente minutes de cuisson, passer au tamis, ajouter du bouillon pour rendre le mélange liquide; remettre la casserole sur le feu et verser ensuite sur des croûtons.

BISQUE COLORÉE. — Faire cuire des écrevisses dans une casserole comme si on devait en faire un buisson; les laisser refroidir, en retirer les chairs pour les piler à part avec du riz crevé dans du bouillon très assaisonné; remettre ce mélange sur le feu; piler toutes les coquilles dans un autre mortier en humectant avec du bouillon. Ce dernier prend la couleur rouge de l'écrevisse et sert à colorer le premier.

COULIS D'ÉCREVISSES. — Faire cuire les écrevisses à l'eau seulement, les éplucher et mettre les coquilles à part pour les piler avec une douzaine d'amandes et les chairs de quelques écrevisses; prendre ensuite 750 grammes de rouelle de veau et une tranche de jambon cru, les couper par tranches avec un gros oignon, carottes et panais. Quant tout a la consistance d'un jus de veau, ajouter une pincée de farine et du lard fondu auquel on fait faire quelques tours, mouiller au bouillon, mettre sel, poivre, girofle, ciboules, champignons, truffes, croûtes de pain, faire mitonner; ôter le veau, délayer avec le jus ce qui est dans le mortier, passer le tout à l'étamine.

On rend délicieux tous les potages à l'aide d'un peu de coulis d'écrevisses.

BEURRE D'ÉCREVISSES. — Nous avons indiqué, dans l'article des *Sauces*, *Ragoûts* et *Garnitures*, la manière de le préparer.

ÉCREVISSES CONSERVÉES. — Voir à la fin du volume, à l'article des CONSERVES.

ÉCREVISSES AUX FINES HERBES. — Oter les petites pattes à des écrevisses en vie, les mettre dans une casserole avec persil, ciboules, échalottes hachées, sel, poivre, un verre de vin de Champagne, beurre manié de farine, demi-verre d'huile d'olives; faire cuire à petit feu; quand tout est cuit, ajouter du coulis pour allonger la sauce; dégraisser, ajouter filet de citron.

ÉCREVISSES GRILLÉES. — Oter les petites pattes à de belles écrevisses vivantes, beurre manié de farine, sel, poivre, persil, ciboules, échalottes hachées; passer au feu durant quinze minutes, y mettre ensuite trois jaunes d'œufs que l'on fait lier; paner avec de la mie de pain, faire griller les écrevisses, les arroser d'un peu d'huile pendant leur cuisson. Servir avec jus de citron.

ÉCREVISSES A LA HOLLANDAISE. — Oter les petites pattes de grosses écrevisses, mettre sur le feu avec beurre manié de farine, bouquet garni, ail, chopine de bière, sel, poivre; quand tout est cuit, y mettre une pincée de persil blanchi et haché.

ÉCREVISSES GRATINÉES. — Découvrir de leurs pellicules un certain nombre de queues d'écrevisses cuites au court-bouillon; puis, avec deux foies gras, persil, ciboules, échalottes, champignous, le tout haché menu et assaisonné de sel, poivre, fines herbes; manié de lard râpé, mie de pain et deux jaunes d'œufs; ranger au fond d'un plat les écrevisses avec la queue entre les pattes, les recouvrir du surplus de la farce; quand c'est cuit, dégraisser et jeter sur le tout une sauce blanche aiguisée de citron.

GOUJONS FRITS. — Les vider, gratter et essuyer plutôt que laver, les rouler dans la farine; faire prendre couleur, servir avec persil frit.

GOUJONS A LA CHAMPEAUX. — Les préparer comme ci-dessus, prendre fines herbes, une pointe d'ail, beurre, sel, poivre, muscade, mie de pain; pétrir le tout ensemble, en remplir par les branchies chaque goujon; garnir le fond d'un plat vernissé de la même farce après y avoir fait fondre un peu de beurre, ajouter quelques gouttes d'huile d'olive pour arroser; mettre sous le four de campagne.

Les ABLÈTES, les GARDONS, les poissons blancs, en un mot la petite friture de rivière, se fait frire comme les goujons; mais on les fait rarement cuire à la provençale, comme nous venons de l'indiquer. Ces petits poissons n'ont ni assez de goût ni assez de chair pour résister à la cuisson du plat.

Poissons de mer.

Nous avons indiqué précédemment, à l'article des *Poissons d'eau douce*, les différents courts-bouillons qui sont consacrés par l'usage pour les diverses sortes de poissons; nous nous bornerons donc à rappeler qu'en général il faut remplir la poissonnière de bon vin, en y ajoutant du laurier, du lard, du thym, de l'ail, des oignons, du poivre, du sel, des clous de girofle. Il est bon que la poissonnière soit sur un feu clair, afin que la flamme monte par dessus et mette le feu au liquide qu'elle contient; on laissera le feu s'éteindre de soi-même; on laissera aussi le court-bouillon se réduire aux deux tiers; à cette réduction, retirer le poisson. Dans les cuisines secondaires, dans les restaurants à bas prix, rien de tout cela n'a lieu, et ce qu'on a nommé à juste titre les empoisonneurs publics font un trafic contre lequel on ne sévit pas encore assez; c'est ainsi que pour faire cuire des poissons avancés et malsains, on se contente d'une eau saturée de sel, avec force persil, poivre, oignons et laurier, sans compter une énorme dose de vinaigre; cela s'appelle cuire *au bleu*!... Chez d'autres restaurateurs de même acabit, on emploie les lies filtrées provenant de vins falsifiés; mais laissons ces ignobles cuisines, sur la gestion desquelles l'autorité a l'œil ouvert, et revenons à notre bonne, salubre et substancielle cuisine, qui, sans être dispendieuse, est favorable à la santé comme elle peut flatter le goût, et contribuer au bien-être de tous les jours.

SAUMON. — Il naît dans la mer et se plaît à remonter les fleuves ; sa chair est très nourrissante et surtout fort grasse ; il est donc important de lui faire rendre son huile, et l'on y parvient à l'aide d'une cuisson lente et progressive. Le saumon doit avoir la chair d'une belle couleur orangée.

SAUMON AU BLEU. —Le cuire au court-bouillon, comme il est dit ci-dessus ; servir avec une vinaigrette ou une sauce blanche aux câpres. Pour le préparer, si on le fait cuire entier, il faut le vider au-dessous de la tête, retirer les branchies et ne pas toucher aux écailles. Le mettre dans le court-bouillon pendant huit ou dix heures, suivant sa grosseur ; le servir sur un lit de persil reposant sur une serviette pliée. Quand on n'en fait cuire que des *darnes*, ou tranches, dont l'épaisseur dépasse rarement deux doigts, on doit diminuer de beaucoup la durée de cuisson, et, dans ce dernier cas, il est préférable de le faire cuire à feu doux, sur le gril. C'est abusivement que les femmes des marchés disent des *dalles de poisson*, il faut dire *darnes*.

SAUMON AUX CAPRES. — Faire mariner des *darnes* de saumon avec huile d'olives, persil, ciboules, sel, poivre, muscade et oignons coupés par tranches pendant une ou deux heures, suivant la grosseur ; faire griller en arrosant avec la marinade ; servir avec une sauce blanche liée de jaunes d'œufs, aiguisée d'un filet de vinaigre et mélangée de câpres.

SAUMON A LA FINLANDAISE. — Un de nos confrères affirme que, dans la Finlande, on coupe le saumon en petites tranches transversales que l'on met dans le sel ; quand il en est bien recouvert, on le laisse tremper dans une écuelle de bois avec un peu d'eau pendant deux à trois jours. Ce poisson cru devient, dit-on, un mets exquis.

SAUMON A LA GENEVOISE. — Faire cuire les *darnes* dans moitié vin rouge et moitié bouillon, avec échalottes, champignons, persil haché, sel, épices, muscade. A cuisson, le retirer ; ajouter au fond de cuisson un morceau de beurre manié de farine, passer au tamis, réduire et verser sur le saumon.

SAUMON FARCI AU SALPICON. — Écailler et vider un saumon ; c'est toujours par les ouïes ou branchies qu'on le vide ; le bien laver en dedans ; le *salpicon* que l'on fera pour mettre dans le corps du saumon se composera d'une bonne quantité de lard râpé, d'un ou deux ris de veau blanchis, champignons, foies gras, le tout coupé en petits dés ; sel, poivre, ciboules, échalottes, rocamboles hachées, quatre jaunes d'œufs crus ; manier le tout ensemble et l'introduire par les branchies dans le saumon ; larder le saumon de lard fin ; foncer une casserole de tranches de veau, jambon et bardes de lard, racines, gros oignons en tranches, bouquet garni, ciboules, ail, thym, laurier, basilic ; faire suer le tout sur le feu ; quand c'est prêt à attacher, mouiller avec moitié vin rouge, moitié bouillon ; mettre cette cuisson dans une poissonnière et y plonger le saumon ; la cuisson doit être assez copieuse pour qu'il y baigne ; faire grand feu.

SAUMON A LA RÉMOULADE CHAUDE OU FROIDE. — Faire cuire des darnes de saumon dans un court-bouillon, les égoutter et écailler, les dresser avec une rémoulade dessous.

SAUMON EN BRAISOLLES. — Couper en filets un morceau de saumon frais, le faire mariner avec huile, beurre fondu, persil, ciboules, écha-lottes, champignons, sel, gros poivre ; faire chauffer ces filets à la marinade pendant quinze minutes ; les arranger ensuite dans une casserole ; cuire à feu vif, retourner ; dresser ensuite dans le plat à servir ; mettre dans la casserole un peu de coulis maigre et demi-verre de vin blanc ; dé-graisser, passer au tamis, servir sur les brai-solles.

OBSERVATION. — Possédant une chair solide et presque dépourvue d'arêtes, le Saumon peut être employé de bien des manières, et ses dé-bris, cuits au court-bouillon ou grillés, sont uti-lement employés ; c'est avec ces utiles dessertes que l'on peut faire des garnitures, des bordures, des entourages, que l'on peut garnir des coquilles gratinées, des croquettes pour pâtés chauds ou froids, des hors-d'œuvre, garnir des vols-au-vent ; certains traiteurs garnissent les vols-au-vent de saumon, qui reviennent toujours cher, avec des fragments de *rougets*, et déguisent l'insipidité de ce dernier par une sauce relevée outre mesure ;

c'est là une des fraudes qu'il appartient aux artistes culinaires de faire connaître et de stygmatiser. — On fait aussi d'excellentes magnonaises avec les dessertes de saumon.

DE L'ESTURGEON.

C'est un énorme poisson dont la chair ressemble beaucoup à celle du veau. La laitance est ce qu'il y a de plus recherché dans ce poisson ; quant à ses œufs, on y ajoute de l'oignon haché, sel, poivre, et on les soumet à la chaleur du soleil pour les faire fermenter, afin d'en obtenir le *caviar*, dont on fait grand usage sur le littoral des mers du Nord.

ESTURGEON A LA BOURGEOISE. —En faire mariner une tranche avec jus de citron, sel, poivre, huile ; cuire aux trois quarts sur le gril ; la mettre ensuite dans un plat avec beurre, bouillon, persil, ciboules hachées ; faire bouillir pendant quinze minutes, ajouter citron ou filet de vinaigre ; au moment de servir, saupoudrer d'un peu de chapelure.

ESTURGEON EN FRICANDEAU. — Lui donner la forme de côtelettes de veau, le piquer, le faire cuire comme l'esturgeon braisé avec une sauce tomate.

ESTURGEON BRAISÉ. —Le piquer et le mettre dans une braisière avec du lard, des oignons, carottes, panais coupés par tranches, sel, poivre, épices, vin blanc ; cuire à grand feu ; accompagner d'une sauce piquante faite avec le fond de cuisson.

ESTURGEON AU BLEU. — Comme le saumon ; voir ci-dessus.

ESTURGEON EN PAPILLOTES. — Faire revenir les morceaux d'esturgeon, en forme de côtelettes, dans le sautoir, les finir comme les côtelettes de veau en papillotes. (*Voir ci-dessus cet article.*)

ESTURGEON ROTI. — Faire mariner pendant vingt-quatre heures une épaisse tranche et la piquer, la mettre en broche et l'arroser avec la marinade ; servir avec une sauce piquante. Il est important de retirer la peau et de garnir les bouts avec des bardes de lard.

ESTURGEON GRILLÉ. — Le faire mariner, paner ensuite à la mie de pain, faire griller en arrosant avec le restant de la marinade ; servir avec une sauce relevée à volonté.

ESTURGEON EN BRAISE. — Le piquer, le mettre dans une braisière, l'assaisonner comme un morceau de veau ; mouiller au vin blanc ; seulement, faire une sauce piquante avec le fond de cuisson que l'on fait réduire à point.

ESTURGEON A LA SAINTE-MENEHOULD. — Comme l'anguille. (*Voir plus haut.*)

DU TURBOT, DU TURBOTIN ET DE LA BARBUE.

Ces trois sortes de poisson ayant un goût analogue, nous les réunissons, puisqu'on peut les accommoder de la même manière.

Plus le turbot est blanc et épais, plus il est estimé. On ôte les branchies, l'intestin, on pratique une ouverture à cet effet près de la tête; le laver à plusieurs eaux, couper la queue et les barbes, le frotter d'un citron coupé et le mettre cuire dans l'eau de sel, à laquelle on ajoute du lait; à sa cuisson, le faire égoutter, le servir sur un plateau recouvert d'une serviette, avec lit de persil; l'accompagner d'une sauce blanche aux câpres..

TURBOT A L'HUILE. — Même cuisson; mais, quand le turbot est à moitié cuit, ajouter persil, thym, laurier, oignons; quand la cuisson est complète, retirer du feu, égoutter, laisser refroidir; servir avec sauce composée d'huile, vinaigre, moutarde, fines herbes, etc.

TURBOT AUX CAPRES. — Même cuisson que ci-deseus; servir chaud, le masquer par une sauce composée de beurre fondu, sel, poivre, quatre-épices, câpres.

TURBOT EN SALADE. — Le faire cuire comme ci-dessus, le laisser refroidir et le couper par tranches; le dresser et le garnir de cœurs de laïtues, d'anchois, d'œufs durs, de cornichons, câbres, estragon. Y ajouter une magonaise et des olives tournées, ou délayer dans une casserole de l'huile, vinaigre, sel, poivre, ravigote hachée.

TURBOT A LA CRÊME. — Après l'avoir fait cuire, l'ouvrir et lui ôter toutes ses arêtes, l'égoutter; faire une sauce à la crême bien liée à laquelle on joindra du persil blanchi; lier le turbot et le mettre sur un plat ou mieux dans un vol-au-vent ou une croûte de pâté; dans ce cas, on le panne, on y ajoute du parmesan râpé. Colorer à la pelle rouge.

TURBOT EN MATELOTE. — Ce sont principalement les petits turbots que l'on accommode ainsi ; on les nettoie, les pare et les remplit d'une maître d'hôtel crue ; on coupe ensuite des oignons par tranches, on en couvre le plat sur lequel on doit le faire cuire en y ajoutant thym, sel, poivre, laurier, muscade, persil haché. Mouiller avec du vin, mettre une petite dose de sucre ; faire du feu dessus et dessous, le découvrir souvent pour l'arroser avec sa sauce. Presque au moment de servir, ajouter des croûtons frits au beurre.

Comme entourage des turbots, turbotines et BARBUES, on emploie tour à tour les câpres, anchois, cornichons, raifort râpé, et quand le poisson est froid, on peut le faire réchauffer sur un feu doux, et lui faire une sauce recherchée à volonté.

TURBOT EN SALADE (comme le saumon).

DEBRIS DU TURBOT. — On tire un grand parti de ces débris, attendu que ce poisson prend facilement tous les assaisonnements, on produit donc :

LE TURBOT BECHAMELLE. — En mettant les morceaux de turbot dans une béchamelle et en le servant avec des croûtons ou dans un vol-au-vent.

LE TURBOT A L'ANGLAISE. — En saupoudrant de sel et de poivre les filets restants, on plonge ces derniers dans des œufs battus, afin de les paner et de les jeter dans la friture ou pour les faire griller sur un feu doux, en servant avec une sauce claire, aiguisée de citron.

TURBOT EN COQUILLES. — En le hachant fin et le mettant avec des champignons, des truffes, afin de remplir des coquilles que l'on placera sous le four de campagne..

TURBOT EN CROQUETTES.—En le coupant par morceaux et le mettant dans une casserole, en y ajoutant une sauce quelconque; quand les morceaux en sont imprégnés, les laisser refroidir, en faire des boules ou des rouleaux, que l'on trempe dans l'œuf, que l'on pane et que l'on fait frire.

Nous rappellerons que les *Turbotins* ou petits Turbots, et que les *Barbues* s'accommodent de la même manière.

DU THON. — Frais, il se prépare comme le saumon ; conservé, il se mange à l'huile.

DES VIVES.—Les plus grosses, les plus fermes sont les meilleures ; les écailler, les vider après, en avoir ôté les piquants, les fendre sur les côtés, les mettre dans l'huile, les assaisonner et les mettre mariner, puis les placer sur le gril, en les arrosant avec de la marinade; on les mange à toutes sauces.

DE LA RAIE. — Celle qui est bouclée est la meilleure ; la faire cuire dans de l'eau saturée de sel, vinaigre, tranches d'oignons, persil en branche ; quinze à vingt minutes d'ébullition ; la laisser reposer dans sa cuisson, bien couverte, pendant quelques minutes ; la retirer ensuite, pour enlever la peau avec un couteau, l'égoutter. La servir avec une sauce blanche aux câpres, une sauce au beurre noir ou une sauce hollandaise.

Le foie ne demande que trois à quatre minutes de cuisson.

RAIE AU BEURRE NOIR. — La faire cuire comme il vient d'être dit, verser dessus du beurre noir et du persil frit.

RAIE FRITE. — Faire mariner la raie, après l'avoir coupée par morceaux, dans du vinaigre mêlé de sel et persil ; tremper la raie dans une pâte à frire ; servir avec du persil frit et une sauce poivrade.

RAIE A LA ROCHELLAISE. — Faire cuire un beau quartier de raie, eau, sel et vinaigre ; l'éplucher ensuite, la dresser ; mettre du beurre dans une casserole et le faire roussir, y mêler persil, ciboules et échalottes, le tout haché, sel, poivre, verre de vin rouge, filet de vinaigre ; faire bouillir ; verser cette sauce sur la raie et la faire un peu mijoter ; au moment de servir, saupoudrer d'un peu de chapelure.

RAIE A LA SAUCE A LA RAIE. — Laver une moitié de raie, en ôter la peau et la couper par bandes que l'on fera mariner avec vinaigre, sel, épices ; les essuyer, les fariner et les faire frire ; servir dessus une sauce à la raie que l'on fait en mettant cuire le foie dans de l'eau ; on l'écrase ensuite, et on le met dans une casserole avec du beurre manié de farine, persil, échalottes, ciboules, rocamboles, câpres, anchois, le tout haché ; sel, poivre, bouillon maigre, filet de vinaigre ; faire lier au feu, bouillir une minute, servir.

RAIE SAINTE-MENEHOULD.—Faire bouillir quantité suffisante de lait ; ajouter sel, poivre, beurre pétri de fécule, oignons, racine de persil, thym, laurier, ail ; quand cette cuisson bout, on y jette la raie coupée par morceaux, jusqu'à ce qu'elle soit cuite ; quand elle est retirée, l'imbiber de beurre fondu, la rouler dans la mie de pain pour la mettre sur le gril, et la servir avec une sauce moutarde.

RAITONS ou PETITES RAIES. — On les dépouille des deux côtés, on les fait mariner et frire après. Servir avec du persil frit.

DE LA MORUE. — La morue fraîche est bien supérieure à la morue salée ; mais jusqu'à nouvel ordre on emploiera beaucoup plus de la seconde que de la première ; il faut donc faire dessaler la morue pendant vingt-quatre heures au moins dans de l'eau fraîche que l'on remplace constamment. On la fait bouillir ensuite pendant quinze à vingt minutes, la retirer du feu, la couvrir et la laisser pendant quinze minutes tremper dans sa cuisson. Si la morue est fraîche, on prend chacun des filets, on les cisèle, on ramène la queue vers la tête, et on les fait cuire dans l'eau bouillante, fortement assaisonnée ; quand elle est cuite, la servir avec une garniture de persil et de pommes de terre cuites à l'étouffée et passées au beurre ; masquer le tout d'une sauce au beurre ou d'une maître d'hôtel chaude.

**MORUE AU BEURRE NOIR. — Comme la raie au beurre noir.

**MORUE A LA BOURGUIGNOTTE. — Dessaler et faire cuire de la morue à l'eau seulement, l'égoutter et la dresser; verser dessus une sauce pour laquelle on aura fait revenir dans du beurre une certaine quantité d'oignons hachés et sur lesquels on versera ensuite un roux fait à part, avec sel, poivre, aromates, jus de citron; ajouter cette sauce à la morue un peu avant de la servir, et l'entourer de pommes de terre frites et de croûtons.

**MORUE MAITRE D'HOTEL.—Quand la morue est cuite et égouttée, la mettre dans un plat avec beurre frais, fines herbes, sel, poivre, jus de citron; la bien retourner.

**MORUE AU FROMAGE. — Quand la morue aura été cuite dans une béchamelle, ajouter du parmesan râpé et du gruyère émincé; émietter du pain par-dessus, mettre sous le four de campagne.

**MORUE AU GRATIN. — L'assaisonner, la saupoudrer de mie-de-pain, l'arroser de beurre fondu, mettre sous le four de campagne.

**MORUE FRITE.—La hacher très fin, la mettre dans une béchamelle, en faire des boulettes que l'on pane et que l'on dore à l'œuf, que l'on pane encore et que l'on jette dans la friture.

**MORUE EN CROQUETTES. — La couper par morceaux après sa cuisson; mettre dans une casserole beurre, sel, poivre, thym, laurier; quand tout ceci est revenu, y jeter les boulettes de morue après les avoir imbibées d'œuf et les avoir assaisonnées; les jeter dans une friture chaude et les retirer presque aussitôt.

MORUE A LA BOURGEOISE. — Quand elle est cuite, l'égoutter, la dresser sur un plat avec beurre, persil, ciboules, échalottes hachées, verjus; mettre le plat sur un réchaud; la manger au fur et à mesure qu'on la retourne.

MORUE MARINÉE.—Faire cuire de la morue; dès qu'elle bout, la retirer et la mettre avec du verjus, épices, thym, laurier, basilic, ail, persil, ciboules, le tout entier. Retirer ensuite les filets de la marinade; les essuyer, les tremper dans le blanc d'œuf pour les fariner, faire frire, garnir de persil.

MORUE A LA HOLLANDAISE. — Mettre un plat sur le feu avec du beurre, y faire revenir des vitelottes cuites à l'eau et coupées en deux dans leur longueur; les saupoudrer de sel et de poivre; quand elles prennent couleur, y joindre une crête de morue, laisser légèrement gratiner; injecter un filet de citron ou de vinaigre.

MORUE A LA STEINKERQ. — La faire cuire, la couper en tranches minces au fond d'une tourtière foncée de beurre, assaisonnée de sel, poivre, câpres, ciboules, anchois hachés; former ainsi des couches superposées jusqu'au haut du vase, recouvrir avec de la chapelure, faire cuire à petit feu, faire prendre couleur sous le four de campagne.

CABILLAUD ou MORUE FRAICHE. — Le vider, le laver, le faire cuire à l'eau de sel après l'avoir saupoudré de sel et laissé dans cet état pendant deux heures; faire cuire ensuite comme le turbot.

DE L'ALOSE. — Ce poisson remonte les fleuves, comme le saumon, à de certaines époques. C'est un poisson fade par lui-même, et qui a besoin d'être relevé. On ne le sert guère que grillé, après l'avoir fait mariner préalablement avec de l'huile, sel, poivre, persil, ciboules, muscade; verser dessus, quand elle est chaude, une sauce blanche aux câpres ou une purée d'oseille; froide, on la mange à l'huile. — Quelques personnes la font cuire au bleu, avec une sauce verte, dans une saucière.

DE L'ANGUILLE DE MER. — Retirer la peau et faire mariner la chair si on veut la faire griller; autrement, la faire cuire dans un court-bouillon comme la morue, et la servir avec une sauce aux câpres.

DU MAQUEREAU. — En Angleterre, on le fait cuire à l'eau de sel comme presque tous les poissons; en France, il est rare qu'on en fasse autre chose que de le faire griller. Quand il est vide, il est bon de lui fendre le dos, d'y lancer sel et poivre, et de faire mariner le poisson, en le frottant tout au moins d'huile; l'envelopper d'un papier huilé ou beurré pour le faire bien cuire. On le sert généralement à la *maître-d'hôtel* ou au *beurre noir*.

Froid, on le mange bien *à l'huile.*

MAQUEREAU A LA POÊLE. — Couper le bout du bec et le bout de la queue, faire chauffer

dans une casserole un peu d'huile, persil, ciboules, sel, poivre ; faire revenir le tout sur le feu ;
faire suer des tranches de veau dans cette même
casserole, mouiller avec un verre de vin de Champagne et du bouillon ; quand tout cela est presque cuit, y mettre cuire le maquereau ; dès que
celui-ci est cuit, le dresser sur le plat ; mettre
dans la cuisson un peu de blond de veau, faire
un peu bouillir, dégraisser, dresser, servir.

MAQUEREAUX FRITS. — Prendre les filets
de quelques maquereaux que l'on coupera par
carrés, les faire mariner avec sel, épices, citron;
les essuyer ensuite, les tremper dans une pâte
composée de farine, vin blanc, huile, sel, faire
frire, servir avec persil frit.

DES HARENGS. — Il y en a de trois sortes :
les harengs frais, les salés ou pecs, les harengs
saures.

HARENGS A LA MAITRE-D'HOTEL. — Harengs frais, cuits sur le gril, après avoir été vidés, grattés et ciselés de chaque côté, quand ils
sont un peu gros ; les placer sur une maître-
d'hôtel avec un filet de citron ou de vinaigre.

HARENGS FRAIS A LA SAUCE BLANCHE.
— Même cuisson.

HARENGS FRAIS, *sauce moutarde.* — Même
cuisson. Mettre de la moutarde dans la sauce, au
lieu d'une liaison.

LAITENCES DE HARENGS. — Elles servent
à faire quelques plats de fantaisie ou des garnitures.

8.

HARENGS FRITS. — Les ciseler, les fariner et les faire frire, servir avec du persil.

HARENGS PECS. — Gros harengs fraîchement salés, que l'on sert crus pour hors d'œuvre.

Les harengs pecs, lavés et dessalés dans du vin blanc, se servent comme les anchois ; en ce cas, les couper par filets.

HARENGS FRAIS A L'ÉTUVÉE. — Les gratter, les vider, couper la tête et la queue, les faire cuire avec vin blanc, beurre, persil, ciboules, sel et gros poivre ; pour servir, garnir de croûtons.

HARENGS SAURÉS AU NATUREL. — Les ouvrir par le dos dans toute leur longueur, ôter la tête en entier, les vider, les mettre un instant sur le gril, les retirer, les arroser d'huile.

HARENGS SAURÉS BEURRÉS. — Les mettre dessaler dans l'eau, puis les mettre tremper dans du lait pendant deux heures, les retirer, les imbiber fortement de beurre fondu mélangé de deux jaunes d'œufs, poivre et muscade ; les paner, les faire griller à feux doux. Servir avec un citron.

HARENGS SAURÉS A LA BRUXELLOISE. — Faire des caisses en papier blanc, fort, beurré dessus et dedans, y coucher huit ou dix harengs saures coupés en deux filets après en avoir ôté la tête, la queue et la peau ; mettre du beurre manié de fines herbes entre chaque filet, champignons, persil, ciboules, échalottes, gousse d'ail, le tout haché fin, poivre, huile d'olive ; saupoudrer de chapelure, faire griller à feu très doux ; exprimer dessus le jus d'un citron, servir dans les caisses.

DES ANCHOIS. — Les mettre dessaler dans l'eau, les laver, les ouvrir, retirer les arètes et la queue, les couper par filets très étroits.

ANCHOIS FRITS. — Délayer de la farine avec du vin blanc, cuillerée d'huile d'olives; y tremper les anchois après les avoir fait dessaler; les faire frire.

DES SARDINES. — Quand on peut les avoir fraîches, on les lave, on les vide et on les fait cuire au beurre; salées, on les fait cuire avec de l'huile dans une poêle ou sur le gril; on leur fait volontiers une sauce composée de farine, filet de vinaigre, moutarde, sel, poivre, un peu d'eau; faire lier la sauce, les servir sur les sardines.

DES SOLES. — SOLES FRITES. — Enlevez la peau du dessus, celle qui est grise, en commençant par le côté de la queue, faites une incision jusqu'à l'arête dessus et dessous, dans toute la longueur du poisson, farinez, faites frire à feu chaud, servir avec persil frit et un citron sur la table. Saupoudrer de sel fin en sortant de la friture.

SOLES AU GRATIN. — Mettre dans un plat entre deux lits de beurre, avec persil, champignons hachés, vin blanc, quatre épices, un peu de glace ou de jus. Une idée de chapelure.

FILETS DE SOLES A LA HORLY. — Faire mariner les filets dans du jus de citron, sel et poivre, saupoudrer de farine et faire frire; faire cuire à part les carcasses avec bouillon et vin blanc; faire réduire cette sauce et servir sur les filets.

SOLES AU PETIT GRATIN. — Mettre du

beurre manié de farine dans un plat, avec persil, champignons, sel, poivre; placer le poisson sur ce fond, lui en remettre autant par-dessus; verre de vin blanc, une idée de sucre, un peu de mie de pain; faire cuire avec feu dessus et dessous.

SOLES AU FOUR. — Les fendre par le dos, le long de l'arête, en détacher la chair, la farcir avec un morceau de beurre manié de mie de pain, persil, ciboules, échalottes, sel, poivre, deux jaunes d'œufs, dresser sur le plat et mettre celui-ci au four.

SOLE EN MATELOTTE NORMANDE. — Préparer un court-bouillon composé de vin blanc, oignons, carottes, panais, sel, poivre, girofle, bouquet garni, pincée de farine, y faire cuire aux trois quarts les soles dépouillées du côté gris, mettre le ventre en dessus; retirer, dresser dans un vaste plat long beurré à l'avance, avec de la mie de pain, un peu de court-bouillon, une cuillerée de velouté, une idée de sucre; joindre des moules, des huîtres, des écrevisses, que l'on a préalablement fait cuire avec les soles dans leur même court-bouillon, puis des truffes, des champignons.

On met les filets de soles en *turban* en les roulant de manière à former de petits godets que l'on remplit d'une sauce.

On dresse avec une *magnonaise* (voir ce mot).

On les accommode à la *hollandaise*, en les faisant cuire à l'eau de sel; les dresser avec un cercle de pommes de terre et du beurre très frais.

On les prépare à la *chevalière*, quand, dépouillée de leur peau, les filets, piqués dans leur milieu, sont garnis de quenelles faites d'un hachis de poisson.

SOLES A LA BROCHE. — Enlever la tête et la queue, mariner les soles dans l'huile avec oignons et persil; passer dans toute la longueur de l'arête un hatelet dont les extrémités se fixeront sur une broche; faire rôtir en arrosant d'huile. Quand les soles sont presque cuites, faire fondre à part sur un feu doux du beurre auquel on ajoutera jaune d'œuf et sel; couvrir le poisson de cette *anglaise*, puis avec de la mie de pain; dorer avec du beurre; servir avec une sauce italienne.

FILETS A LA PROVENÇALE. — Se servent entourés d'oignons frits dans de l'huile d'olive; quant aux filets, ils ont dû cuire dans du vin blanc, avec ail, sel, poivre, persil haché, muscade.

SOLES SUR LE PLAT. — Faire fondre un peu de beurre dans un plat de cuivre; assaisonner avec sel, poivre, persil haché, échalottes, muscade, y placer les soles, saupoudrer de fines herbes, mouiller au vin blanc, couche de chapelure, arroser do beurre fondu, mettre sous le four de campagne.

Les LIMANDES s'accommodent comme les SOLES.

Les CARRELETS, de même.

Les PLIES, de même.

DES EPERLANS. — L'éperlan est surnommé la *bécasse de mer*, parce qu'on ne le vide pas pour le faire frire.

EPERLANS AU GRATIN, comme les Soles.

MERLANS AU GRATIN. — Les mettre dans un plat de cuivre entre deux lits de beurre, persil, ciboules hachées; vin blanc, un peu de glace de viande ou jus, champignons; faire cuire à l'étouffée.

MERLANS A LA CHAMPEAUX. — Manier du beurre avec persil haché, poivre, sel, muscade rapée, en faire des rouleaux que l'on introduit dans le corps de chaque merlan. Dans un plat à sauter, jeter de petites boulettes de beurre, en établissant par dessus une couche composée de champignons hachés, de truffes hachées, d'un peu de persil, d'un brin de laurier et d'un brin de thym haché, sel, poivre, quatre épices, un petit morceau de sucre, placer les merlans sur ce lit, les saupoudrer avec le même hachis, ajouter entre les merlans quelques truffes coupées par tranches, jeter sur le tout un petit verre de vieille eau-de-vie ou de rhum, première qualité, avoir un fourneau bien embrasé, y placer le plat de merlan, du feu dessus, partout un feu ardent; au bout de cinq ou six minutes, retirer du feu, mais laisser le plat bien fermé pour que l'infusion ait lieu, retirer le feu de dessus au bout de cinq minutes et servir dans le plat de cuisson; si la sauce produite par le jus du poisson et des champignons était un peu courte, ce qui est rare, on pourrait ajouter un peu de beurre frais et un peu de consommé, sans remettre sur le feu; il va sans dire qu'on n'emploie pas de chapelure pour les merlans à la Champeaux; il en est de même pour ceux à *la Diable*.

MERLANS A LA DIABLE. — Même cuisson, mais pas de truffes ; mettre du vin blanc et seulement quelques gouttes d'eau-de-vie pour pouvoir y mettre le feu, quand l'ébullition est arrivée.

MERLANS A LA RAVIGOTTE. — Les faire cuire comme ceux sur le plat ; faire cuire à moitié des jaunes d'œufs dans le beurre ; prendre estragon, civette, cerfeuil, le tout infusé dans le vinaigre et placer tout cela dans une sauce au beurre ; on en garnit le fond du plat et on en masque les merlans.

MERLANS frits. — Les gratter, vider et essuyer ; laisser le foie dans l'intérieur, inciser les côtés, mettre dans une friture chaude.

MERLANS GRILLÉS. — Les fendre sur les côtés, les saupoudrer de sel, les tremper dans de l'huile d'olive, quand on veut les mettre au feu, faire griller à feu vif, servir avec du beurre aux câpres ou aux tomates, avec tranches de cornichons.

MERLANS AUX FINES HERBES ; grattés, nettoyés. — Les mettre dans un plat profond avec du beurre, sel, poivre, muscade, persil haché, vin blanc ; quand ils sont cuits, les retirer, lier la sauce avec du beurre frais manié de farine, jus de citron.

QUENELLES DE MERLANS. — Avec de la chair de merlans, aiguisée d'une certaine quantité d'anchois, procéder comme pour les quenelles de volaille, c'est-à-dire qu'il faut hacher menu deux cent cinquante grammes environ de merlans ou de tels autres poissons qu'on aura choisi,

puis passer cette chair hachée au tamis à quenelles. Y ajouter de la mie de pain cuite dans du
bouillon et broyer le tout ensemble dans un mortier avec beurre, sel et poivre. Quand le mélange
est fait y amalgamer trois jaunes d'œufs, sans les
blancs ; on y incorpore ensuite les blancs, mais
battus à part et en *neige*. Tout ceci fait, on fera
chauffer du bouillon ; quand il a bouilli, on pose
les quenelles dedans en prenant une pleine cuillère à bouche de la farce préparée, puis en unis-
sant avec un couteau trempé dans l'eau chaude.
Placer la cuillère sur l'eau tiède et renverser sur
un papier blanc ; lorsqu'il est rempli, faire bouillir le bouillon, y placer avec beaucoup de légè-
reté le papier chargé ; les quenelles détachées, les
enlever, retirer la casserole ; dix minutes après,
on doit sortir les quenelles. Les proportions générales sont celles-ci : partie égale de pain et de
viande, un peu plus de beurre. Rien ne demande
plus d'attention que cette friande superfluité ;
c'est ainsi que la mie de pain doit être pilée à
part, et le merlan, le poisson ou la volaille doivent être pilés également à part, on pile ensuite
le tout ensemble ; il est bon d'essayer du mélange,
par une petite quantité ; si les quenelles sont trop
légères, il faut y ajouter de la mie de pain ; si
elles sont trop fermes, on y joint un surplus de
beurre.

ROUGETS. — C'est un assez triste met ; on les
cuit volontiers au court-bouillon, composé de
vin blanc, oignons coupés, persil, laurier, girofle, sel, poivre. Sauce aux câpres ou aux anchois.
On ne met le poisson en cuisson que lorsque le

court-bouillon entre en ébullition.

GRONDINS. — Même cuisson que les rougets. On peut faire aussi une sauce avec une partie du court-bouillon, en y ajoutant du beurre manié de farine, câpres ou filet de citron.

MOULES. — Elles demandent à être nettoyées avec soin, bien grattées; il n'en faut manger qu'avec modération, parce qu'elles sont quelquefois d'une nature inflammatoire, ou ont été prises sur la quille des vaisseaux où elles se sont attachées, et où elles se sont saturées de la dissolution des feuilles de cuivre qui forment le doublage des bâtiments; il n'y a pas à s'étonner que cette dissolution qui est mortelle pour les hommes, ne fasse aucun mal aux moules, quand nous voyons que l'emploi de l'arsenic est si favorable aux moutons, tandis qu'il est si pernicieux pour notre espèce; il y a là l'un des mille secrets de la nature, secrets dont la science nous donnera un jour la solution comme de tout ce qui se rattache au grand œuvre qui est cette nature elle-même, et qui, par conséquent, intelligence et matière, forment le grand tout qui est Dieu !

Quant aux *crabes* dont on s'est tant effrayé pendant des siècles, et que les moules aspirent si fréquemment, c'est de l'ignorance profonde que d'en avoir peur; la crabe que l'on mange en concurrence avec le homard et la langouste n'est pas plus dangereuse quand elle est petite que quand elle est grande.

MOULES A LA POULETTE. — Après avoir gratté et lavé les moules, les mettre à sec dans une casserole sur un feu vif, les sauter; à mesure qu'elles s'ouvrent leur ôter la coquille de dessus; passer au tamis l'eau qu'elles ont rendue; les remettre dans une casserole avec beurre, persil haché, poivre et muscade; les passer sur le feu, y joindre un peu de beurre manié de farine, les mouiller avec moitié bouillon, moitié eau des moules; au moment de servir, ajouter une liaison et un jus de citron.

MOULES A LA HOLLANDAISE. — Après avoir fait ouvrir les moules, passer leur eau et la mettre dans une casserole avec bouillon, beurre, huile d'olive, persil haché, faire réduire. Quand on est pour servir, jeter les moules dans cette cuisson, sauter et servir.

MOULES AUX FINES HERBES. — Faire ouvrir des moules, passer leur eau, à laquelle on ajoutera coulis, vin blanc, persil, ciboules, truffes, ail, le tout haché, un peu d'huile, faire cuire cette sauce et réduire; sur le point de servir, mettre les moules chauffer dans cette cuisson, aiguiser avec du citron.

MOULES A LA MINUTE. — Les faire ouvrir au feu; tirer leur eau à clair, ajouter beurre, persil haché, sel, poivre, citron.

DES HUITRES. — Il y en a de plusieurs sortes : *l'huître ordinaire, le pied de cheval, l'huître verte, l'huître d'Ostende, l'huître de Marennes, etc. Le pied de cheval* et *l'huître ordinaire* sont celles que l'on fait cuire de préférence.

HUITRES AUX FINES HERBES. — Ouvrir des huitres, les mettre avec leur eau dans une casserole, les mettre sur le feu jusqu'à la presque ébullition ; les faire égoutter, passer la sauce, en prendre le plus clair, le mettre avec beurre, poivre, persil, basilic, un peu de blond de veau. Réduire cette sauce, y mettre les huitres pour les réchauffer ; mettre les huitres dans leurs premières coquilles, jeter dessus un peu de chapelure ; faire prendre couleur au feu, la pelle rouge dessus.

HUITRES DANS LEUR SAUCE. — Prendre des huitres, mettre leur eau dans un tamis, avec plat dessous ; mettre cette eau dans une casserole, avec un peu de blond de veau, demi-verre de vin blanc, persil, ciboules si l'on veut, et échalottes hachées, gros poivre, beurre très frais ; faire cuire, puis réduire la sauce ; y jeter ensuite les huitres pour les faire un peu chauffer sans bouillir ; afin de donner quelque consistance à ce ragoût, y jeter des croûtons passés au beurre, faire sauter le tout et servir à courte sauce.

HUITRES FRITES. — Manier du beurre avec pincée de farine ; mettre sur le feu avec un peu d'eau, filet de vinaigre, sel, poivre, persil, ail, girofles, échalottes, thym, laurier, basilic ; faire tiédir cette marinade, puis y mettre les huitres pour mariner pendant deux heures sans bouillir ; les retirer et égoutter ensuite, les tremper dans une pâte à frire contenant un peu de vin blanc ; faire frire et servir avec garniture de persil.

HUITRES AU GRATIN. — Les détacher de leur coquille, les faire cuire pendant cinq minutes dans leur eau, les faire égoutter ensuite, puis les mettre dans une sauce piquante ; faire revenir dans du beurre, un peu de persil haché, champignons et échalottes, y joindre une pincée de farine, mouiller au bouillon et au vin blanc, faire réduire ; nettoyer les plus grandes coquilles, placer dans chacune cinq à six huitres, y ajouter de la sauce, couvrir de chapelure, arroser de beurre fondu, placer ces coquilles sur un gril avec un feu doux, faire prendre couleur au four de campagne.

HUITRES A LA POULETTE. — Comme les moules.

HUITRES SUR LE GRIL. — Comme celles au gratin, mais mettre moins de chapelure, faire seulement un peu bouillir dans la coquille, sur le gril, sans avoir recours au four de campagne.

des Œufs.

Les œufs frais sont les seuls qui soient salubres et d'une facile digestion ; on reconnaît que des œufs sont frais quand ils sont lourds, quand ils ont au jour un reflet rosé, quand, en les agitant, ils ne fouettent pas dans leur intérieur, enfin quand, en les mirant, on n'aperçoit que très peu ou surtout pas de petits points clairs ; enfin quand on n'y remarque pas un point noir, signe incontestable d'un commencement de putréfaction ; si ensuite, en ouvrant un œuf, le jaune se mêle aussitôt au blanc, c'est qu'il est très avancé ; s'il exhale une odeur nauséabonde et sulfureuse, si le jaune adhère à la coquille par un point noirâtre, l'œuf est perdu sans retour ; aussi, quand on doute de la qualité des œufs, il est prudent de les ouvrir un à un sur un plat, et de les réunir ainsi, au fur et à mesure, dans un autre plat; de la sorte, s'il s'en trouve un mauvais, on peut le jeter à part et ne pas se trouver forcé de jeter tous ceux déjà ouverts, et que compromettrait un seul œuf gâté.

Il faut encore se défier des œufs conservés dans l'eau : ils paraissent frais, parce qu'ils sont bien pleins, attendu que l'eau s'y est infiltrée à travers la coquille; mais ils ont perdu leur saveur.

OEUFS A LA COQUE, A L'ANGLAISE. — Les plonger dans l'eau bouillante, retirer le vase du feu, le couvrir, retirer au bout de trois minutes; les Anglais ne mangent généralement que le jaune et jettent le blanc; pour cela faire, ils inclinent l'œuf très peu cuit, retiennent le jaune avec une petite cuillère, jettent ainsi le blanc et le remplacent par un morceau de beurre fin.

OEUFS A LA FRANÇAISE. — Avoir de l'eau bouillante, la retirer du feu, y plonger des œufs, remettre sur le feu, laisser bouillir, montre en main, deux à trois minutes si les œufs sont très gros; retirer de suite du feu et de l'eau, servir sur une serviette.

OEUFS BROUILLÉS. — Faire fondre du beurre frais, y jeter des œufs battus avec sel, poivre, muscade; remuer avec quelques brins d'osier ou deux fourchettes, ajouter si l'on veut un peu de crème pour rendre les œufs plus délicats ou un peu de jus de gigot pour les nourrir.

On peut, quand on a un restant de sauce blanche, comme dans le temps des asperges, l'utiliser, en y ajoutant du beurre et un peu de muscade, pour faire d'excellents œufs brouillés.

OEUFS AUX POINTES D'ASPERGES. — Faire comme ci-dessus, y ajouter tout ce qu'il y a de bon à manger dans des asperges de la veille.

OEUFS BROUILLÉS AUX CONFITURES. — Employer le beurre le plus fin, les œufs les plus frais, n'y ajouter qu'une idée de sel et de sucre en poudre avant qu'ils ne soient tout à fait pris, y ajouter de la marmelade de prunes ou d'abricots.

OEUFS BROUILLÉS AU JAMBON. — Y ajouter de petits dés de jambon passés préalablement au beurre; on les fait de même aux truffes, aux champignons, aux morilles, au rognon et aux ris de veau.

OEUFS AUX CONCOMBRES. — Comme les *œufs à la tripe;* seulement on se sert de concombres au lieu d'oignons.

OEUFS A LA TRIPE. — Passer des oignons au beurre, après les avoir coupés seulement par tranches et non par dés; les mouiller avec de la crême, assaisonner les oignons, les couvrir pour qu'ils cuisent vite et bien; y ajouter ensuite des œufs durs et coupés par tranches, les sauter; servir chaud sans bouillir.

OEUFS A LA TARTUFE. — Couper du lard par tranches très minces, les faire revenir dans le beurre; quand il est cuit, le dresser au fond d'un plat, y placer des boulettes de beurre, casser des œufs dessus, sel, poivre, muscade; cuire à petit feu, colorer à la pelle rouge.

OEUFS AU MIROIR. — Mettre du beurre dans un plat qui aille au feu, faire fondre, casser des œufs, ajouter sel, poivre et deux cuillerées de lait; faire cuire à petit feu, colorer à la pelle rouge.

OEUFS POCHÉS AU JUS. — Mettre de l'eau aux trois quarts d'une casserole, avec sel et filet de vinaigre; placer cette casserole au bord du fourneau; prendre des œufs très frais, les casser chacun avec précaution pour ne pas endommager le jaune, verser doucement chaque œuf dans l'eau; les laisser prendre, puis les retirer avec une cuillère percée et les mettre à l'eau froide; un moment avant de servir, les faire réchauffer; pour entremets, on les pose sur un plat en les saupoudrant d'un peu de mignonette ou de poivre; jus dessous.

OEUFS POCHÉS A LA CRÈME. — Au lieu d'eau, on emploie du lait sucré; quand les œufs en sont retirés, on mêle à ce lait quelques pincées de farine, du sucre, quelques jaunes délayés, de l'eau de fleurs d'oranger, une idée d'huile fine; on remet le tout sur le feu pour prendre consistance, puis on verse cette crème sur les œufs pochés, et l'on sert tout bouillant.

OEUFS POCHÉS A LA CHAPELURE. — Faire dessécher sur le feu une poignée de mie de pain et un quart de litre de lait; quand le tout est froid, le mettre dans un mortier avec persil, ciboules, échalotes hachées, sel, poivre, beurre; piler le tout, le lier avec quatre jaunes d'œufs; mettre cette farce dans le fond du plat de service, placer sur cette farce sept œufs entiers avec leurs coquilles, afin de donner la forme; mettre le plat ainsi disposé sur un petit fourneau; quand la farce est cuite, en retirer les œufs qui y ont imprimé leur forme, mettre dans ces trous autant d'autres œufs frais pochés; petite sauce légère dessus, filet de citron; saupoudrer de chapelure au moment de servir.

OEUFS FRITS. — Casser des œufs au-dessus d'une friture chaude, laisser tomber les œufs dedans, s'empresser de les rassembler, afin que l'œuf entier, jaune et blanc, forment une masse aussi ronde que possible; retirer et essaurer sur un linge, saupoudrer d'un peu de sel fin.

OMELETTES FRITES. — Faire trois omelettes très minces de trois œufs chacune; assaisonner de persil, gros poivre, ciboules, sel; rouler ensuite chaque omelette bien serrée, couper chaque omelette en deux; tremper chaque morceau dans un œuf battu et pané à la mie de pain, faire frire et garnir de persil.

OEUFS A LA BONNE FEMME. — Faire tiédir dans un petit plat, sur feu doux, un morceau de beurre, puis passer dans ce beurre une certaine quantité de croûtons pour les placer sur des œufs; recouvrir du four de campagne, faire arriver presque au gratin, et verser sur les œufs telle sauce qu'on voudra.

OEUFS A L'ÉTUVÉE. — Faire cuire pendant quinze minutes de petits oignons blancs dans de l'eau, faire un roux, beurre et farine, y passer les oignons; mouiller avec vin et bouillon, y jeter des œufs de carpe et faire cuire; quand la cuisson est faite, y mettre des câpres fines, un anchois haché, sel, gros poivre; dresser sur un plat, placer autour huit œufs frits dans l'huile, verser la sauce dessus, le ragoût autour, garnir de croûtons.

ŒUFS AU BEURRE NOIR. — Faire chauffer vigoureusement du beurre, y casser des œufs séparément, et les saupoudrer de sel, poivre et muscade; dès qu'ils sont mollets, les retirer, puis les arroser d'un peu de vinaigre ou de citron.

ŒUFS AU BOUILLON. — Casser six œufs, n'en garder que deux avec les blancs; les mêler avec suffisante quantité de bouillon, passer le tout au tamis et le verser dans des pots imprégnés de beurre frais pour les faire prendre à un feu très doux, comme on fait prendre les petits pots de crème. C'est à peu de chose près de la même manière que l'on fait les ŒUFS EN TIMBALES: on fait fondre un peu de beurre pour beurrer en dedans six timbales de pâtissier; prendre six œufs, blancs et jaunes, les délayer avec quelques cuillerées de jus ou de coulis, sel, poivre, les passer à l'étamine et remplir les timbales aux trois quarts seulement, les faire prendre au bain-marie; quand c'est cuit, retourner sur un plat et servir sur une sauce au jus.

ŒUFS A LA REINE. — Mettre sur le feu un demi-litre de crème, un peu de lait, sucre et citron râpé, faire réduire à un tiers; piler dans un mortier des blancs de volaille rôtie avec quelques amandes douces et deux ou trois amères, délayer avec huit jaunes d'œufs et un peu de crème, passer le tout à l'étamine, faire cuire au bain-marie dans le vase destiné à être servi; quand les œufs sont pris, les servir chauds ou froids.

OEUFS A LA DUCHESSE. — Mettre fondre gros comme un œuf de moëlle de bœuf, la passer au tamis, la piler avec six œufs frais, durcis, tout entiers, quatre macarons, fleur d'oranger pralinée, sucre, citron vert râpé; mouiller avec deux jaunes crus; former ensuite des boulettes de ce mélange, les rouler dans une pâte, les faire frire légèrement, les glacer de sucre, et faire prendre couleur à la pelle rouge.

OEUFS A LA NEIGE. — Faire bouillir un demi-litre de lait, fleurs d'oranger, deux cuillerées, 70 grammes de sucre, y jeter des blancs bien fouettés, les retourner avec une écumoire pour qu'ils cuisent régulièrement, les retirer, lier ensuite les jaunes délayés avec le lait, remettre les blancs dessus; laisser refroidir pour servir.

OEUFS AU FROMAGE. — Mettre dans un plat trois ou quatre cuillerées de crème réduite, y casser une dizaine d'œufs, les jaunes restant bien entiers; saupoudrer de parmesan râpé, d'un peu de mignonnette; faire cuire au four jusqu'à ce que les œufs soient mollets.

OEUFS AUX FINES HERBES. — Mettre dans une casserole ciboules, persil, rocamboles, échalottes, le tout haché; sel, poivre, muscade, vin blanc un demi-verre, beurre manié de farine; faire cuire dix minutes, dresser ensuite sur un plat huit œufs pochés, verser la sauce dessus, saupoudrer d'un peu de chapelure, servir très chaud.

OEUFS AU PETIT LARD. — Faire cuire sur le gril à petit feu des bardes très minces de petit lard, les couper ensuite en petits dés, faire frire huit œufs dans du saindoux l'un après l'autre, laisser le jaune mollet; mettre frire un nombre égal de mies de pain taillées; faire chauffer un peu de blond de veau avec un peu de verjus, grain de sel, poivre; dresser les œufs sur les croutons, verser les dés de lard par-dessus, arroser avec la sauce.

OEUFS FARCIS. — Quand des œufs seront durs, les couper en long par la moitié; enlever les jaunes que l'on pilera avec de la mie de pain bouillie dans de la crème; joindre partie égale de beurre, deux jaunes crus, sel, poivre; remplir les blancs avec cette farce, les refermer; couvrir le tout avec de la mie de pain arrosée de beurre fondu; mettre le reste de la farce dans un plat, poser les œufs dessus, placer sous le four de campagne.

OEUFS A LA PROVENÇALE.—Faire bouillir de l'huile d'olive; y jeter des œufs à mesure qu'on les casse; pendant qu'ils cuisent et qu'avec l'écumoire on les met autant que possible en boules, on les saupoudre de sel et de poivre; les retourner, et quand ils sont rissolés, les retirer et égoutter, les dresser sur croûtons frits aussi à l'huile et les servir avec une sauce espagnole aiguisée de citron.

OEUFS EN CROQUETTES. — Faire une sauce épaisse avec de la crême réduite, en y joignant ciboules et persil bien hachés, verser cette sauce sur des œufs durs dont les jaunes et les blancs seront partagés ; on les prend par cuillerées pour les rouler dans la mie de pain, en les enduisant de blancs d'œufs battus par deux fois ; les jeter ensuite dans la friture, avec ou sans sauce, à volonté.

OEUFS A LA SAINT-LAURENT. — Faire de petites caisses de papier blanc assez grandes pour contenir chacune un œuf ; y faire fondre du beurre, y ajouter une pincée de persil et de ciboule, sel, poivre ; y casser un œuf, saupoudrer de chapelure et mettre à un feu doux.

OMELETTE A LA BOURGEOISE. — Casser des œufs dans un vase, sel, poivre, une petite goutte d'eau fraîche, bien battre le tout, et y ajouter si l'on veut une pincée de persil, de cerfeuil ou de ciboulette, le tout haché très fin ; faire fondre du beurre dans la poële, le chauffer convenablement, y verser ses œufs, soulever doucement pour surveiller la cuisson, tourner dans la poële, servir en roulant l'omelette sur un plat.

OMELETTE AUX OIGNONS. — Couper en très petits dés un oignon, le faire revenir jusqu'à couleur dorée dans le beurre, y jeter une petite pincée de farine, remuer et y précipiter rapidement les œufs battus à l'avance. Les omelettes au *rognon de veau*, aux *pointes d'asperges*, au *fromage de gruyère*, se font en mêlant ces substances aux œufs battus. Pour les omelettes au *lard*, aux *truffes*, aux *champignons*, aux *morilles*, il faut les préparer à l'avance; ainsi le lard se fait revenir dans le beurre ou la graisse; les champignons, les truffes se préparent comme pour les servir en ragoûts.

OMELETTE DES CHASSEURS. — Elle se fait avec du *sang de lièvre* que l'on délaie avec les œufs; cuisson rapide, peu sèche, et servir chaud.

OMELETTE AU SUCRE. — Battre séparément les blancs, mêler aux jaunes quelque peu de zeste de citron; joindre ensuite les blancs aux jaunes, ajouter crême et sel, mettre l'omelette dans la poèle avec du beurre fin, la saupoudrer de sucre, la rouler sur une assiette, la saupoudrer de nouveau et passer la pelle rouge dessus. On peut, avant de la rouler, y ajouter une couche de gelée de groseilles ou de marmelade d'abricots.

OMELETTE AU RHUM. — Même travail; arroser l'omelette de rhum quand elle est dressée, y mettre le feu au moment de la servir.

OMELETTE GLACÉE AU RIZ. — Prendre une cuillerée de farine de riz, la délayer avec quatre jaunes; battre les blancs en neige à part; ajouter aux jaunes un verre de crême, autant de lait, eau de fleurs d'oranger, deux macarons écrasés, citron vert râpé, 60 grammes de sucre en poudre; même quantité de beurre; faire cuire et réduire aux deux tiers en remuant toujours; retirer du feu, ajouter huit jaunes, fouetter leurs blancs avec les quatre blancs qui étaient restés, et réunir le tout, beurrer une casserole, la foncer partout de papier beurré; y verser l'omelette, faire cuire au four, avec feu dessus et dessous; quand l'omelette est prise, retirer le papier, glacer au sucre et à la pelle rouge.

OMELETTE SOUFFLÉE. — Délayer six jaunes avec 125 grammes de sucre râpé et une cuillerée de fleurs d'oranger; fouetter les blancs à part, puis les mêler aux jaunes; mettre du beurre fin dans une poêle, y verser l'omelette; quand elle commence à jaunir, la retirer, la mettre dans un plat chaud, sur des cendres et avec un four de campagne; manger de suite.

OMELETTE AU THON. — Prendre deux laitances de carpe, les bien laver, les mettre blanchir cinq minutes dans de l'eau bouillante et un peu de sel; ajouter un morceau de thon nouveau et une échalotte hachée fin; hacher ensuite le thon et les laitances en les amalgamant bien; jeter le tout dans une casserole avec du beurre, et sauter ce mélange jusqu'à complète fusion du beurre. Manier un second morceau de beurre avec persil et ciboules; étendre ce mélange dans un plat allongé et l'arroser de jus de citron, et mettre ce plat sur la cendre chaude. Battre ensuite douze œufs avec le sauté de thon et de laitances; amalgamer le tout, faire l'omelette dans la poêle, la laisser un peu mollette et la dresser sur le plat qui contient le beurre manié de fines herbes; manger très chaud.

OMELETTE EN PANADE POUR LES CON-

VALESCENTS. — Faire tremper durant quinze minutes dans un verre de crème un morceau de mie de pain broyée à la main, passée à la passoire; y mêler une pincée de persil haché fin; sel, muscade, une idée de poivre; quand la mie de pain a pompé toute la crème, y casser des œufs et faire l'omelette à la poêle avec du beurre très frais.

Des Légumes.

Rien de plus uniforme et de moins savoureux que les légumes travaillés à la manière des cuisiniers étrangers, tels que les Anglais, les Allemands, les Espagnols et les Italiens. Dans le midi, on craint encore de faire emploi des légumes frais, tels que petits pois, haricots verts, haricots blancs nouveaux, petites fèves vertes, etc. Dans le nord, on ne sait que les jeter dans l'eau bouillante, pour les manier ensuite d'un peu de beurre, presque sans assaisonnement. Aux seuls cuisiniers français appartient l'art de tirer un parti immense des légumes, de les nourrir de jus, de bouillon, de coulis, d'allier le beurre frais au suc des viandes, et de produire ainsi des mets savoureux, très sains et très variés.

Il ne faut pas oublier, comme règle générale, que les légumes verts se font généralement cuire à l'eau bouillante, tandis que les légumes secs se mettent tremper à l'avance dans de l'eau froide ou dégourdie et se mettent au feu dans de l'eau froide.

PETITS POIS. — Les meilleurs sont ceux dont la forme est un peu oblongue, ayant un petit appendice ou queue; ils doivent être d'un vert tendre, d'une teinte douce, et avoir un peu de transparence, ce qui indique qu'ils sont fraîchement cueillis, qu'ils surabondent de jus naturel, qu'ils sont venus dans un terroir favorable, qu'ils sont tendre à la cuisson, et par conséquent d'une facile digestion.

PETITS POIS A LA BOURGEOISE.—Mettre 100 grammes de beurre frais dans une terrine avec de l'eau très fraîche et même un morceau de glace, si on en a; jeter dans cette eau un litre à un litre et demi de petits pois; les remuer et les laisser se rafraîchir; manier ensuite dans cette eau les pois avec le beurre jusqu'à ce qu'ils soient bien amalgamés; mettre au fond d'une casserole un bouquet de grosseur moyenne composé seulement de persil et d'une ciboule; mettre les pois pétris de beurre par-dessus, y mêler trois ou quatre petits oignons blancs, une pincée de sel, gros comme une aveline de sucre, pas d'eau, couvrir la casserole et la placer sur un feu doux. En peu de temps, les pois cuits à l'étouffée, rendant leur jus, et celui-ci se mêlant par degrés au beurre dont chaque pois aura été enveloppé, auront un goût délicieux; quand ils seront sur le point d'être cuits, y jeter quelques boulettes de beurre manié de farine, on pourra, en les retirant du feu, y jeter une liaison d'œufs délayés dans un peu de crème.

PETITS POIS AU SUCRE. — Le système qui

consiste à manier les pois avec du beurre dans l'eau très froide, est applicable à toutes les manières d'assaisonner les petits pois. Quand les pois sont vraiment frais et de bonne qualité, ils fournissent par eux-mêmes assez de jus pour qu'on n'ait pas besoin de les mouiller; d'ailleurs, si on les accommode au gras, avec du lard, un canard, des pigeons ou du veau, on les mouillera avec du bouillon; on emploie de la crème s'ils sont au sucre et de l'eau s'ils sont simplement d'entremets.

Les petits pois au sucre se manient donc comme il est dit. On met un petit bouquet au fond, pas d'oignons; on augmente assez la dose du sucre pour qu'on le sente; quand ils sont cuits, on ajoute une liaison d'œufs et de crème double; inutile de dire qu'il faut peu de sel et que la liaison se met en dehors du contact du feu.

PETITS POIS AU LARD. — Faire revenir le lard sur un feu doux, après l'avoir coupé par petits dés; le mouiller un peu avec de l'eau, avoir ses pois pétris dans peu de beurre, les placer sur les morceaux de lard avec un bouquet, et, si l'on veut, quelques oignons blancs, couvrir, faire cuire à petit feu; ajouter si l'on veut, quand les pois sont sur le point d'être cuits, quelques boulettes de beurre; faire tourner pour lier, dégraisser s'il y a lieu, dresser et avoir soin d'ôter toujours le bouquet; se défier pour mettre du sel, attendu que le lard en donne généralement assez.

PETITS POIS AUX CANARDS, AUX PIGEONS, AU VEAU. — Faire revenir chacun de ces articles

dans du beurre, et, quand ils ont pris un peu de
couleur, les retirer du feu et mettre les pois dans
le fond de beurre qui a servi à faire revenir, s'il
n'a pas noirci, autrement on le changerait. Avoir
ses pois pétris dans peu de beurre et les employer
comme il a été dit; le pigeon étant ordinairement
très tendre serait trop cuit s'il restait dans les
pois jusqu'à leur entière cuisson. On le met donc
à part quand il a été revenu, et on ne le remet
dans les pois que lorsque ceux-ci sont à moitié
de leur cuisson. Le canard et surtout la poitrine
de veau ne demandent pas cette précaution : quand
ils sont revenus, on les laisse dans la casserole ;
on place les pois, les oignons et le bouquet par-
dessus ; on mouille au bouillon, s'il y a lieu, et
on fait cuire, toujours à l'étouffée.

PETITS POIS A L'ANGLAISE. — On se contente de les jeter dans l'eau bouillante, saturée
d'un peu de sel, puis on les égoutte dans une passoire pour les manier ensuite avec du beurre
très frais, manié de persil. Les Anglais remplacent le persil par une poignée de menthe poivrée
verte, hachée ; c'est détestable.

Nombre de personnes ajoutent aux petits pois
des feuilles de romaine ou de laitue : c'est très
bon et très sain.

PURÉE DE PETITS POIS. — Mettre deux litres de pois dans de l'eau bouillante avec bouquet de persil et ciboules, du sel et 125 grammes
de beurre. Quand les pois sont cuits, passer la
purée ; y incorporer un peu de beurre, sans voir
le feu, avant de servir cette purée.

PURÉE DE POIS SECS. — Les mettre tremper dans l'eau tiède pendant quelques heures, puis les mettre au feu avec lard, carottes, girofle, oignons, bouquet garni; quand les pois sont cuits, les passer en les mouillant avec leur bouillon; remettre cette purée sur le feu dans une casserole et la faire cuire.

DES FÈVES. — Peu de personnes mettent les petites fèves dans l'eau bouillante pour y jeter un bouillon, et c'est un tort; les légumes verts ont généralement un feu qui nuit à l'estomac, et qu'il est facile d'anihiler par cette précaution. On accommode les fèves aussi bien au gras qu'au maigre; il suffit pour cela, dès qu'elles ont bouilli deux ou trois minutes dans l'eau et qu'ensuite elles ont été égouttées, de les mettre dans une casserole avec de la graisse de rôti, volaille ou viande de boucherie, ou bien avec un morceau de beurre, bouquet composé de sariette, persil, ciboules, un peu de sel, gros comme une aveline de sucre; les couvrir, faire cuire à l'étouffée, les sauter presque au moment de servir avec quelques boulettes de beurre manié de farine, ou tout à fait en dehors du feu avec une liaison.

FÈVES A LA MAITRE-D'HOTEL. — Comme les haricots verts.

Nota. — Quand les fèves sont toutes petites, on leur ôte leur *robe;* on la leur enlève également quand elles sont grosses.

HARICOTS VERTS. — Les meilleurs sont les gris. Enlever les deux extrémités et le filament, les faire cuire à l'eau bouillante avec un peu de sel dans un chaudron de cuivre rouge non étamé, faire un feu vif ; dès qu'ils sont presque cuits, les retirer du feu, les couvrir, les laisser finir de cuire et reprendre leur verdeur ; retirer ensuite, faire égoutter à la passoire.

HARICOTS VERTS A LA BOURGEOISE. — Faire fondre du beurre ou de bonne graisse de rôti, y jeter les haricots, les faire sauter, y ajouter une pincée de persil haché presque au moment de retirer du feu, y jeter après une liaison quelques boulettes de beurre manié de farine ; filet de vinaigre ou de citron.

HARICOTS VERTS A L'ANGLAISE. — Faire fondre du beurre, y jeter les haricots avec sel et poivre, plus une pincée de persil haché, beurre manié de farine, filet de citron.

HARICOTS VERTS A L'OIGNON. — Faire revenir des oignons coupés fins dans la graisse ou le beurre, saupoudrer de farine, mouiller au bouillon, sauter en faisant prendre la sauce.

HARICOTS VERTS A LA MAITRE-D'HOTEL. — Faire cuire et égoutter, ajouter du beurre, persil, sel, poivre, un peu de citron ou de verjus ; servir chaud.

HARICOTS BLANCS NOUVEAUX, *maitre-d'hôtel.* — Les faire cuire comme les haricots verts, les mettre avec du beurre manié de fines herbes, les sauter hors du feu, ajouter verjus, vinaigre ou citron. — Pour les faire au jus, les accommoder à la graisse de mouton, y verser le jus d'un gigot.

Les **HARICOTS BLANCS ORDINAIRES** se font de même.

HARICOTS ROUGES. —Les faire cuire comme ci-dessus ; faire ensuite roussir quelques oignons dans du beurre, y jeter une pincée de farine et remuer, puis y jeter les haricots ; mouiller au vin rouge, y jeter un peu de sucre.

DES LENTILLES. — Les faire cuire comme les haricots blancs.

PURÉE. — Se fait comme celle des pois secs. La mouiller graduellement au bouillon, y incorporer un jus; celui du canard rôti est le plus estimé pour cet emploi.

LENTILLES, *maître-d'hôtel*. — Comme les haricots blancs.

LENTILLES A L'ESPAGNOLE. — Faire réduire de bonne sauce espagnole, y ajouter ensuite du beurre, du persil haché et blanchi, filet de citron. Lier les lentilles, à leur fin de cuisson, avec ces ingrédients.

DES ARTICHAUTS. — Pour tourner et bien nettoyer des artichauts, parer le dessous avec un couteau et parer symétriquement les feuilles avec des ciseaux; les bien laver à l'eau froide, les retourner pour égoutter, les feuilles par en bas. Les placer dans un chaudron, les feuilles en bas, avec de l'eau et une forte poignée de sel. Quand ils sont cuits, les égoutter, en ouvrir le milieu pour en retirer le foin à l'aide du manche d'une fourchette. On les sert tout chauds avec une sauce blanche placée dans une saucière (*Voir aux Sauces*). Froids, on les mange à l'huile.

ARTICHAUTS BARIGOULE. — Les faire cuire comme ci-dessus, mais les retirer et égoutter dès que le *foin* cède ; retirer ce foin, plonger les artichauts ainsi vidés dans une friture chaude pour saisir et colorer le bout des feuilles, remplir la cavité laissée par le foin d'une farce composée de parures de lard, de champignons, persil, échalottes, beurre, huile, persil, muscade, le tout passé précédemment au feu ; placer les artichauts ainsi remplis dans une casserole foncée de lard ; mouiller avec moitié bouillon, moitié vin blanc ; feu doux dessus et dessous.

Les ARTICHAUTS sont *à l'espagnole* quand on les prépare comme ci-dessus, et qu'on les sert sur une sauce espagnole ; ils sont *aux fines herbes* quand on prépare un roux léger, mouillé de bouillon, avec addition de fines herbes hachées menu, et que l'on verse cette sauce dessus. Ils sont *à l'italienne* quand on les coupe en quatre, qu'on ôte le foin, qu'on les frotte de citron, et qu'on les fait cuire avec eau, beurre, sel, citron ou verjus, qu'ensuite on les retire et qu'on les sert avec une sauce italienne. Ils sont *à la provençale* quand, étant blanchis et vidés, on les fait cuire avec de l'huile et du sel fin, feu dessus et dessous. Ils sont *à la hollandaise* quand, après les avoir vidés, on les coupe en quatre, qu'on les fait cuire à l'eau bouillante, un peu de sel et de beurre, et qu'après les avoir égouttés on les sert sur une sauce hollandaise. Enfin, ils sont *à la lyonnaise* quand, après les avoir coupés en huit et en avoir retiré le foin, on garnit le fond d'une casserole de beurre, sel et poivre ; quand ils sont presque cuits, activer le feu dessus et dessous.

ARTICHAUTS FRITS. — Eplucher et couper par tranches égales des artichauts, ôter le foin, les mettre dans l'eau fraîche, les faire égoutter, les tremper dans la pâte à frire, leur laisser prendre une belle couleur.

ARTICHAUTS FARCIS.—Les préparer comme pour *la barigoule*, les remplir de viande de veau hachée, petit lard, persil, ciboules, quatre épices ; servir sur une sauce maître d'hôtel, battue avec huile et jus de citron.

ARTICHAUTS AU FOUR. — Les préparer comme ci-dessus, les mettre dans une casserole avec huile, rocamboles, fines herbes, basilic en poudre, sel, gros poivre, un peu de bouillon ; faire cuire à petit feu jusqu'à ce qu'ils commencent à gratiner ; les mettre alors sur un plat avec l'huile qui a servi à les faire cuire sous un four de campagne, laisser prendre un peu, servir avec filet de citron.

ARTICHAUTS GLACÉS. — Couper les artichauts en quatre, ôter le foin, mettre du beurre dans une casserole, y placer les artichauts avec sel fin, mettre feu dessus et dessous, quand ils ont pris couleur les dresser, les feuilles par en bas, verser le beurre sur le tout.

Les CULS D'ARTICHAUTS s'emploient de plusieurs manières, qui toutes ont du rapport avec les cuissons qui viennent d'être indiquées. Ainsi, les *culs d'artichauts à la gelée* se préparent comme les barigoules, et on les recouvre d'une gelée de veau. Ceux *au persinet* sont cuits, après être blanchis, dans une casserole, avec beurre, bouquet garni, clous de girofle, ensuite pincée de farine, bouillon, sel, gros poivre, forte pincée de persil blanchi et haché, jus de citron. Ceux *aux oignons* sont tournés, blanchis un quart d'heure, délivrés de leur foin, puis cuits avec lard, bouillon, épices, on passe au feu des oignons coupés en dés, on les fait bien cuire au beurre, on y mêle ensuite un anchois haché et deux jaunes d'œufs délayés dans le bouillon ; on fait lier, et on verse cette sauce sur les culs d'artichauts. Un *canapé de culs d'artichauts* se fait en les frottant de citron pour les faire blanchir ; quand ils sont égouttés, on les garnit de jaunes d'œufs cuits dans des fines herbes hachées, filets d'anchois, câpres, cornichons, filets de carottes. Mettre finir de cuire sur un plat dont le fond est foncé de beurre, fines herbes, huile et vinaigre.

CONCOMBRES. — Enlever la peau, les fendre en quatre pour en retirer les graines, les jeter dans l'eau bouillante avec un peu de sel, faire cuire et égoutter. — Pour les faire *à la maître d'hôtel*, mettre sel, poivre, y sauter les concombres. — Pour les mettre *à la poulette*, les placer dans une casserole avec du beurre manié de farine, mouiller avec crème ou bouillon, lier avec une liaison et un filet de vinaigre.

CONCOMBRES FARCIS. — Les éplucher, les vider par un bout, les remplir d'une farce cuite de viande ou de cuisson, et reboucher le trou avec un bout de navet, foncer une casserole de bardes, poser les concombres dessus, mouiller avec un fond de cuisson, cuire à petit feu, avant de servir faire égoutter, réduire la sauce, la passer et la verser dessus. — On les prépare de même pour les panner, on les couvre d'une sauce à la crème, on les passe ensuite et on les met sous un four de campagne.

AUBERGINES. — Les partager par le milieu, enlever les graines, ne pas en écorcher la peau, faire seulement des incisions dans les chairs ; les saupoudrer de sel, poivre, muscade, les mettre sur le gril avec un peu d'huile ; on peut les farcir comme les concombres ; pour cela faire, on fait une farce composée de lard râpé, de beurre frais, d'ail, d'échalottes et persil ; on fait revenir le tout dans une casserole, avec huile, sel, poivre, on y ajoute de la farce à quenelles ; on en remplit les aubergines et on les fait cuire sous le four de campagne.

DES ASPERGES.

Les choisir d'un beau violet et d'une venue vigoureuse, les ratisser doucement, les mettre tremper dans l'eau fraîche, les bien laver, les nouer par petits paquets, faire bouillir de l'eau avec un peu de sel gris, y plonger les asperges pendant quinze minutes, les retirer, égoutter et servir sur une serviette pliée en huit, avec une sauce blanche ou une sauce hollandaise dans une saucière. — Si les asperges sont destinées à être mangées à l'huile, et froides par conséquent, on les plongera dans l'eau fraîche pour les raffermir en les sortant de l'eau bouillante.

ASPERGES AUX PETITS POIS. — C'est une

espèce à part que l'on emploie pour cet usage.
Les couper par morceaux longs de deux centimètres, les faire blanchir, les égoutter, les sauter
ensuite au beurre, avec un peu de sel, c'est *à la
hollandaise*; y ajouter pour un moment un bouquet de persil, et une liaison en les retirant du
feu, c'est les accommoder *à la française*.

DES CARDONS ET DES CARDES POIRÉES

On les prépare de la même manière : les uns
et les autres demandent beaucoup de soin ; séparer d'abord toutes les feuilles du cardon, les couper sur une longueur de 15 à 16 centimètres de
longueur, ne prendre que les feuilles bien blanches et bien pleines, parer et tourner le trognon,
faire blanchir, et enlever les pellicules et fila-
ments. On peut les manger ensuite *à l'huile et au
vinaigre*, ou bien les faire mijoter dans de bon
bouillon, ou les placer dans la lèchefrite sous un
gigot ; enfin l'on peut en faire des purées que
l'on sert avec des croûtons. — Pour les mettre
à la béchamelle, achever leur cuisson dans du
consommé qu'on laisse réduire en glace ; ajouter
ensuite de la béchamelle, des jaunes d'œufs et du
beurre, passer cette sauce et la verser sur les
cardons. — Pour les mettre en *croustades*, en
faire une purée, couper d'épais croûtons, les
passer au beurre ; en retirer la mie d'un côté,
afin qu'ils soient creux, remplir ce vide avec la
purée et du beurre. — On les met *à l'espagnole*
en employant de la sauce espagnole pour achever
de les cuire.

Pour les mettre *au fromage*, faire une sauce bien liée, y ajouter parmesan et gruyère râpés, y mettre les cardons, saupoudrer de fromage et de mie de pain, faire gratiner, placer une nouvelle couche de cardons, continuer ; placer sous le four de campagne ; servir très chaud. —Pour les faire *au jus*, délayer une cuillerée de farine ; sel, poivre, muscade et bouquet ; passer les cardons au beurre, puis les mettre dans la sauce préparée, ajouter du jus de rôti ; servir avec la sauce. — Ils sont *au velouté* quand, après avoir été blanchis, on les met cuire avec du velouté ou du consommé et un peu de poivre. — Même procédé pour les faire cuire *à la moëlle de bœuf;* quand la moëlle est fondue et passée, assaisonner, y faire revenir les cardons, ajouter du velouté.

DU CÉLERI. — *Céleri au jus.* — Oter les feuilles vertes, tourner le pied, laisser les feuilles qui y tiennent longues de 15 centimètres, blanchir à l'eau avec du sel dans un vase non étamé, afin de conserver fraîche la couleur verdâtre. Les égoutter, les mettre dans une casserole avec du beurre, pincée de farine, mouiller au bouillon ; poivre, muscade ; au moment de servir, ajouter du jus. — *Céleri à l'Espagnole.* Comme les *Cardons* (voir ci-dessus). — *Céleri au velouté.* (Voir ci-dessus). — *Céleri aux petits pois.* Le corriger le plus possible, comme les asperges ; le blanchir, égoutter, revenir dans le beurre, saupoudrer de farine, mouiller au bouillon ; en retirant du feu, ajouter une liaison ; servir avec des croûtons.

TOMATES. — Ne servent qu'à faire un assaisonnement. (Voir à l'art. des *Sauces.*)

ÉPINARDS. — Les éplucher, les faire blanchir dans l'eau avec du sel gris ; quand ils sont cuits, les passer, les hacher. — *Épinards au jus.* Les faire revenir dans une casserole avec de la graisse de rôti, saupoudrer d'une cuillerée de farine, ajouter sel, poivre, un brin de sucre, un peu de muscade ou de quatre épices, remuer ferme ; quand les épinards commencent à crier, mouiller au bouillon ou au jus ; quand ils sont cuits, ce qui demande un bon quart-d'heure, ajouter un peu de beurre frais ; remuer sans voir le feu. — *Épinards à la crème.* Même procédé, en remplaçant la graisse par du beurre frais ; augmenter la quantité de sucre, supprimer le poivre, dresser avec des croûtons. — *Épinards à l'anglaise.* Les passer au beurre, avec sel, poivre, muscade, ne pas mettre de farine ; sauter avec un peu de beurre avant de servir.

CHICORÉE. — La faire blanchir comme les épinards ; l'accommoder de même ; la faire cuire beaucoup plus longtemps.

LAITUE. — Ne se fait généralement qu'au jus ; la nettoyer en la laissant entière, la ficeler, la blanchir comme la épinards. Pour les faire au maigre, mettre du beurre dans une casserole, y délayer un peu de farine ; quand le tout est très chaud, ajouter la laitue, muscade, sel, filet de vinaigre ; bouillir dix à douze minutes. — Au jus, ajouter du jus et remplacer le beurre par de la graisse de rôti.

OSEILLE. — Éplucher et hacher grossièrement, oseille, poirée, belle-dame, cerfeuil, laitue; mettre sur un feu doux, cuire à l'étouffée;
quand ces herbes sont fondues, employer au
gras ou au maigre. — *Farce*. Faire fondre du
beurre dans une casserole, y mettre l'oseille,
faire revenir et singer d'une pincée de farine,
sel, poivre; mouiller avec un peu de lait, bouillotter une demi-heure; en retirant du feu,
ajouter un peu de beurre frais; dresser et placer dessus des œufs mollets coupés en deux.

OSEILLE AU GRAS. — Même travail; mouiller au bouillon, ajouter un jus.

CAROTTES *à la maître-d'hôtel.* — Tourner
les carottes au couteau ou à l'emporte-pièces;
les faire cuire dans l'eau ou dans le bouillon
avec sel et beurre; retirer et égoutter, puis les
sauter avec beurre et persil haché, sel et gros
poivre. — *A la flamande.* Couper les carottes
par tranches, les blanchir, puis revenir dans
le beurre; mouiller au bouillon, ajouter sel et
un peu de sucre, faire réduire à glace, remettre
du beurre, des fines herbes et un peu de sauce
tournée, ou une pincée de farine maniée de
beurre, faire bouillir, servir avec des croûtons.
— *Carottes au sucre.* Faire cuire les carottes
dans l'eau, les assaisonner, les faire dessécher
dans une casserole, les réduire ensuite en pulpe
épaisse, les finir de cuire avec de la fécule et
du lait, joindre de la fleur d'oranger pralinée,
joindre du sucre en poudre, y mêler des œufs
entiers et y joindre un tiers de jaune en plus;

battre les blancs de ces derniers avec du beurre frais et les ajouter au moment de placer la casserole sous un four de campagne ; quand tout est cuit, renverser sur un plat creux ; servir brûlant.

DES NAVETS. — *Glacés.* Les tourner en bouchons, les blanchir et égoutter, faire revenir dans le beurre avec sel et pincée de sucre, un peu de bouillon ; faire réduire, retirer quand la couleur est prise, dresser sur un plat, recouvrir de la glace détachée par un peu de bouillon. — *A la crème ou à la sauce blanche.* Les faire cuire à l'eau avec du sel et du beurre ; égoutter ; verser dessus sauce à la crème ou sauce blanche. — *A la moutarde.* Même cuisson, avec cuillerée de moutarde dans la sauce blanche.

DES OIGNONS. — *Oignons glacés.* Pendre des oignons d'égale grosseur, les éplucher par la tige, après avoir coupé la racine ; éviter de les écorcher ; beurrer le fond d'une casserole ; y mettre les oignons sur leur tête ; sel, poivre, bientôt après eau et sucre ; couvrir les oignons avec un papier ; quand tout sera réduit à moitié, calmer le feu ; mettre sur la cendre chaude ; quand la glace est formée, servir les oignons à titre d'entourage, au bouilli surtout. On peut ajouter dans la glace des oignons une cuillerée de farine ou de fécule ; mouiller au bouillon et tourner jusqu'à consistance ; verser dans un plat, poser les oignons dessus.

CHAMPIGNONS. — On les achète à Paris tout garantis ; en province, il faut s'y connaître beaucoup, pour ne pas en cueillir de vénéneux. En général, le bon champignon est rond, ferme, blanchâtre en dessus, vivement rosé en dessous. — En cas d'empoisonnement par les champignons, il faut pousser au vomissement par les moyens les plus rapides, boire ensuite de l'eau mêlée de sucre et de vinaigre, de l'eau-de-vie ou de l'éther étendu dans l'eau sucrée; il est bon d'y battre un jaune d'œuf. — Il est toujours prudent, quand on épluche des champignons, de les laisser tremper dans de l'eau mêlée d'un peu de vinaigre.

CHAMPIGNONS A LA BOURGEOISE. — Placer au fond d'une casserole nombre suffisant de tranches de petit lard, faire revenir doucément, puis y mettre des champignons coupés avec persil, échalottes hachées, gros poivre, pincée de farine; mouiller moitié vin blanc, moitié bouillon; cuire à petit feu, faire réduire; sauter et servir avec des croûtons; filet de vinaigre, si on veut. — *Champignons sur le gril.* Ce sont les plus gros; en retirer la tige; placer sur le gril le creux en dessus, le remplir de beurre, sel, poivre, fines herbes, au moment de servir. — *Croûte aux champignons.* Les couper, les mettre dans une casserole avec bouquet et beurre, passer au feu, ajouter du beurre manié de farine, mouiller au bouillon, joindre poivre et muscade, cuire lentement. Pour servir, ôter le bouquet, mettre une liaison; placer au fond du plat la croûte grillée d'un pain chapelé dépourvu de sa mie; verser sur cette croûte. — *Champignons en caisse.* Mettre dans des caisses de papier des champignons coupés avec beurre, persil, ciboules, échalottes hachées, sel, poivre; faire cuire sur le gril; servir dans la caisse. — *Champignons à la poulette.* Les faire blanchir, puis les plonger dans l'eau froide; les ressuyer, les mettre sur le feu avec du beurre, faire revenir; pincée de farine, bouquet garni, sel, poivre, bouillon; liaison et filet de vinaigre. — *Champignons au champagne.* Mettre sur le feu des champignons bien blancs avec beurre, persil, échalottes, pincée de farine; mouiller au champagne; petit feu soutenu; croûtons; servir chaud. — *Champignons à la bordelaise.* Prendre les plus grands, enlever leur pellicule, les laver, puis les mettre mariner dans l'huile; sel, poivre; les retirer, les fendre pour les griller des deux côtés et les servir avec l'huile de cuisson, persil haché, sel, gros poivre.

MORILLES. — On les mange fraîches, sur le gril, sur le plat, sous le four de campagne, avec fines herbes, sel, poivre; elles peuvent figurer dans nombre de ragoûts; les bien décrotter, laver et égoutter; les mettre dans une casserole avec beurre, sel, poivre, persil, tranche de jambon; une heure de cuisson; humecter au bouillon; à la cuisson, retirer, les lier avec des jaunes d'œufs; servir sur croûte rissolée. — *Morilles à l'italienne.* Les apprêter, les couper en deux; mettre sur le feu avec persil, estragon, civette, cerfeuil, pimprenelle, sel, demi-verre d'huile; leur faire jeter leur eau, ajouter pincée de farine, mouiller au bouillon; demi-verre de champagne, mijoter; en retirant, un jus de citron. — *Morilles farcies.* Prendre les plus grosses, et les blanches surtout ; ouvrir le bout de la tige, les fourrer d'une farce, faire cuire entre bardes de lard ; cette farce peut se composer de chapelure pilée avec de la volaille, écrevisses, sardines ou anchois. — *Morilles grillées.* Les mettre sur un feu très doux, leur faire jeter leur eau, y mettre ensuite ciboules et échalottes hachées, sel, poivre, beurre ; les embrocher ensuite dans des hatelets, paner de mie de pain, faire griller à pètit feu ; les arroser avec leur marinade ; servir sur une sauce légère.

LES MOUSSERONS s'accommodent comme les champignons.

TRUFFES. — Plus elles sont mûres, plus elles ont de parfum ; les vrais amateurs les préfèrent cuites sous la cendre. On les mange aussi au vin de champagne, en potages et dans nombré de mets. Les meilleures truffes sont du Périgord. Pour les nettoyer, on les met dans l'eau, on les brosse avec une petite brosse ronde. — *Truffes au bouillon.* Faire un fond de casserole avec bouillon, sel, pas mal de poivre, un peu de graisse fine, couvrir la casserole, faire cuire vingt minutes avec un feu vif ; retirer et égoutter les truffes, les servir très chaudes dans une serviette. — *Truffes au court-bouillon.* Même préparation, mais remplacer le bouillon par du vin blanc ; ajouter quelques oignons piqués de girofle. — *Truffes à l'Espagnole.* Les couper par lames, les faire suer dans du beurre, les mouiller avec du champagne et un peu de sauce espagnole réduite ; cuire à feu doux.—*Truffes à l'Italienne.* Pelurer les truffes très mince, les couper par tranches également minces, sauter au beurre, mouiller avec une sauce italienne et vin blanc. — *Truffes à la Périgourdine.* Les couper en petits dés, passer au beurre et ajouter sauce espagnole et un peu de vin.—*Truffes Piémontaises.* Les couper par tranches minces, faire revenir dans l'huile d'olive, un peu d'ail écrasé, ne mettre la casserole que sur des cendres chaudes, ajouter sel, poivre et filet de citron en les retirant du feu. — *Truffes sautées.* Les couper par tranches épaisses, faire fondre du beurre dans un sautoir, y placer les truffes avec sel et poivre ; feu vif ; retirer et faire égoutter les truffes, puis les jeter dans une sauce espagnole toute chaude. — *Truffes à la serviette.* Les faire cuire entières dans une casserole foncée de lard, avec thym, girofle, poivre, sel, les recouvrir de lard, mouiller au vin blanc et beurré frais ; au bout de vingt-cinq minutes, les retirer du feu et les laisser dans leur cuisson, puis les servir dans une serviette chaude.—*Truffes au Champagne.* Préparer une marinade cuite, avec du champagne, ajouter un fond de jus, y jeter ensuite des truffes entières, cuire trente minutes ; retirer, faire égoutter, servir sous une serviette. — *Truffes sous la cendre.* Couper de larges tranches de lard, en envelopper chaque truffe après avoir assaisonné, mettre ainsi chaque truffe préparée dans du papier gris ; tremper chaque papillotte dans l'eau froide et placer sous la cendre chaude ; une heure de cuisson ; servir avec l'enveloppe de lard. — *Truffes au vin*, cuites dans du vin généreux avec bouquet garni et épicées. — *Truffes au four*. Foncer de pâte brisée des gobelets à timbales ; mettre une truffe dans chaque gobelet, envelopper de bardes, recouvrir de pâte, mettre une heure au four, servir dans la pâte, sans sauce. — *Truffes à la Maréchale*. Assaisonner de belles truffes avec sel et gros poivre, les envelopper de papier, les mettre ainsi dans une petite marmite, cuire dans la cendre chaude ; n'ajouter aucune sauce ; cuisson, une heure.

DES CHOUX. — *Chou farci*. Le faire blanchir, le plonger ensuite dans l'eau froide, le presser dans les mains pour l'égoutter, enlever le trognon, ménager les feuilles en les écartant, remplir le chou d'une farce composée de lard, de chair à saucisses ou de débris de rôti hachés, couvrir l'ouverture, ficeler le chou, le faire cuire dans une casserole ; bardes dessus et dessous, bouquet garni, carottes, oignons, girofle, muscade ; mouiller au bouillon ; faire cuire à petit feu. — *Chou au lard*. Le couper par quartiers, faire blanchir, le mettre dans une casserole sur des bardes et autour d'un morceau de petit salé ; ajouter du bouillon, gros poivre, muscade, bouquet garni ; faire cuire à petit feu ; pour dresser, mettre le petit salé dessus ; réduire la cuisson, la lier avec beurre manié de farine ; servir bien chaud.

CHOU ROUGE A L'ALLEMANDE. — Le couper très mince, le mettre dans une casserole avec du bouillon, du sucre en poudre, sel, poivre, muscade; faire cuire lentement; quand il est cuit, ajouter un peu de vinaigre. — *A la flamande*. Le couper en quatre; le couper ensuite par tranches minces et blanchir à l'eau de sel, puis mettre dans une casserole avec thym, beurre, laurier, girofle, sel, poivre; doubler le feu, remuer constamment; diminuer le feu de dessous et en mettre dessus; cuisson, quatre heures; un peu de beurre en retirant du feu. — *A la hollandaise*. Couper le chou très fin, ajouter des tranches de pommes, beurre, sel, poivre, eau; cuisson, trois heures.

CHOUX DE BRUXELLES. — Les faire blanchir dans l'eau de sel, les faire sauter avec du beurre et filet de citron.

CHOUX-FLEURS *à la sauce blanche*. — Séparer le moins possible les choux-fleurs, afin de leur laisser de la mine; se défier des chenilles; plonger dans l'eau bouillante saturée de sel; quand ils sont cuits, les égoutter; s'ils doivent être mangés froids, les plonger dans l'eau fraîche, égoutter ensuite; les dresser en demi-boule dans une passoire et verser dessus une sauce blanche bien liée ou un jus de veau bien clarifié. — *Au fromage*. Égoutter les choux-fleurs; quand ils sont cuits, les dresser sur un plat beurré, les saupoudrer de gruyère mêlé de parmesan; verser par-dessus une sauce blanche, saupoudrer de pain une seconde fois; mettre sous le four de campagne. — *Choux-fleurs frits*. Les blanchir, les égoutter, tremper dans une pâte, jeter dans la friture.

CHOUCROUTE. — La laisser tremper dans

l'eau fraîche pendant deux heures, la presser entre les mains; changer l'eau, recommencer, puis l'égoutter; la placer dans une casserole avec large tranche de jambon, saucisses de Strasbourg fumées, quartier de petit lard, un fort cervelas cru; laurier, grains de gros poivre, genièvre en grains, graisse de rôti ou d'oie, bouillon; faire cuire à l'étouffée, avec feu doux, mais soutenu, pendant six heures; une petite demi-heure avant de retirer, ajouter un chapelet de petites saucisses; quelques minutes avant de servir, verser sur la choucroûte deux ou trois cuillerées de vinaigre, suivant la quantité; dégraisser et servir, les saucisses autour; le petit lard divisé par tranches. (Très bonne le lendemain, réchauffée.)

POTIRON. — L'éplucher, le couper par morceaux, le jeter dans l'eau bouillante, avec sel gris, le faire cuire, le passer en purée, le mettre dans une casserole avec beurre, crême, sucre, pincée de sel; on peut manier du beurre avec un peu de farine pour donner de la consistance; faire mijoter vingt minutes, ajouter une liaison. — *Soupe au potiron.* Ne pas ajouter de beurre manié de farine; mettre une plus grande dose de crême.

MACARONI *à l'italienne.* — Le faire cuire dans l'eau et le sel; quand il cède sous les doigts, l'égoutter, le mettre dans un plat chaud avec du beurre très frais, sel, muscade râpée, mignonnette, moitié parmesan râpé, moitié gruyère émincé avec un couteau; le sauter ainsi entre deux plats, sans voir le feu, laisser reposer couvert un moment, servir dans le même plat; il doit filer. — *A la française.* Faire cuire dans du bouillon, muscade, sel, poivre; quand il est égoutté, le mettre dans une casserole avec beurre, jus de veau, parmesan râpé, gruyère émincé; dresser. Si on le veut *au gratin*, dresser sur un plat, paner à la mie de pain, ajouter du fromage râpé, verser dessus du beurre fondu; mettre sous le four de campagne.

Quelques cuisiniers lient le macaroni égoutté avec quelques boulettes de beurre pétries de farine, et le sautent ainsi avant d'y ajouter le fromage et le beurre.

MACÉDOINE DE LÉGUMES. — Tourner carottes et navets, ou les enlever à l'emporte-pièce, les faire blanchir et égoutter; achever leur cuisson dans le bouillon, ajouter ensuite petits pois, haricots verts, fèves nouvelles, culs d'artichauts cuits, choux-fleurs, bouts d'asperges, faire cuire le tout, égoutter; mélanger le tout, faire sauter au beurre, ajouter une idée de sucre, et un peu de beurre manié de farine, ou seulement faire égoutter et verser dessus une béchamelle bouillante.

POMMES DE TERRE. — C'est un aliment grossier, agissant fortement sur l'économie corporelle, mais auquel on s'est habitué depuis une soixantaine d'années; on compte l'espèce dite, vitelotte, ou pomme de terre rouge et longue, surnommée pomme de terre de Hollande, comme étant la meilleure; c'est celle qui, à la cuisson, a le moins de fécule et conserve le mieux sa forme ; vient ensuite la pomme. de terre hâtive, longue, mais jaune, puis la pomme de terre ronde, qui est jaune et d'une pousse facile et très abondante. — *Pommes à la vapeur* : les laver, les mettre dans une *cocotte* de fonte ; mettre un peu d'eau au fond, avec un peu de sel, recouvrir les pommes d'un linge ; bien couvrir, cuire à petit feu. *Pommes à l'eau* : les laver pour ôter la terre, les mettre sur le feu dans de l'eau, avec poignée de sel gris et couvertes ; ce sont les *vitelottes* surtout que l'on blanchit ainsi, pour leur ôter leur acreté. *Pommes en croquettes* : les laver, les mettre toutes mouillées sous la cendre ; quand elles sont cuites, les éplucher, les piler au mortier, les broyer avec de la crême, passer au tamis ; ajouter beurre, persil haché, jaunes d'œufs, blancs battus en neige, sel, sucre et fleurs d'oranger ; les rouler dans la mie de pain, faire frire ; on peut employer les pommes jaunes cuites à la vapeur. — *Pommes frites* : les couper par tranches, les repasser dans un linge, ou les rouler dans de bonne farine, faire frire bien chaud, saupoudrer de sel fin pour servir. — *Pommes à la Lyonnaise* : éplucher des pommes de terre blanchies, les sauter dans une purée d'oignon. — *Pommes à la maître d'hôtel* : prendre des pommes blanchies et épluchées, les couper par tranches, les faire sauter un instant sur le feu avec beurre, persil, sel, poivre, un peu de bouillon, filet de citron. — *Pommes à la provençale*. Prendre du beurre, y ajouter moitié du poids de ce beurre d'huile d'olive, avec zeste de citron, persil, ciboules hachées, muscade; pincée de farine, sel, poivre ; agiter les pommes de terre sur un feu doux, les faire sauter, sans bouillir, dans ce mélange. — *Pommes en quenelles* : faire cuire les pommes de terre sous la cendre, éplucher, piler avec du beurre, ajouter persil, ciboule hachée, sel, poivre, muscade, jaunes d'œufs, donner de la consistance à cette pâte, la jeter ensuite par boulettes dans du bouillon, les paner ensuite avec le blanc d'œuf, et les faire frire. — *Pommes sautées au beurre* : on choisit pour cela des pommes de terre hâtives et longues, ou de petites pommes rondes, nouvelles ; on ne les blanchit pas, leur pellicule s'en va en les essuyant avec un torchon neuf, les passer au beurre chaud. — *Pommes au blanc* : couper des pommes de terre blanchies par tranches ; faire fondre dans une casserole du beurre manié de farine, ajouter crême, persil, une idée de sucre, sel, poivre, muscade, faire bouillir cette sauce, y sauter les pommes de terre. — *Purée de pommes* : piler des pommes de terre blanchies, les délayer au lait ou au bouillon, suivant qu'on les veuille au gras ou au maigre ; ajouter du beurre ou de la graisse de rôti, remuer pendant 30 minutes.

TOPINAMBOURS. — Racines ayant le goût du cul d'artichaut, les râcler, laver, couper, sauter au beurre, ou blanchir et couper par tranches, comme les pommes de terre, pour mettre en salade avec cerfeuil haché ; on peut les faire frire.

PATATE. — Même cuisson que la pomme de terre.

IGNAME. — Racine nourissante, encore peu en usage et qui mériterait d'y être, se fait blanchir et s'accommode comme la pomme de terre.

SALSIFIS. — Racines très saines, il faut les ratisser, les mettre à mesure qu'ils sont ratissés dans l'eau aiguisée de vinaigre; les plonger dans l'eau bouillante avec du sel; les faire cuire et égoutter; verser dessus une sauce blanche; les employer comme les navets avec un abattis de dinde, les rouler dans une pâté et les faire frire. — Leurs tiges verdoyantes ont très bon goût et se mettent en salade avec des œufs mollets et du cerfeuil.

Entremets sucrés.

CRÉME A LA FLEUR D'ORANGER. — Mettre 190 grammes de sucre dans un litre de lait bouillant, remuer et retirer du feu, ajouter huit jaunes d'œufs et deux blancs bien battus ensemble avec trois cuillerées de fleur d'oranger; faire prendre au bain-marie: — *Crême à la Vanille*: faire bouillir et réduire un litre de crême, y jeter 10 grammes de vanille et 250 grammes de sucre; retirer la vanille quand le goût est pris, ajouter les œufs, faire prendre au bain-marie dans de petits pots; pour donner plus de consistance on peut ajouter un peu de colle blanche ou gélatine: — *Crême au Café*, faire bouillir la crême et réduire, y mettre 60 grammes de bon café brulé, en grain, passer ensuite à l'étamine ou au tamis, ajouter deux blancs d'œufs battus avec six jaunes; il est de meilleur genre de remplir de petits pots de porcelaine que de faire prendre dans un plat, et surtout de glacer avec du sucre brûlé. — *Crème au Chocolat* : même procédé; comme règle générale, il faut passer toutes les crèmes au tamis ou à l'étamine avant de les faire prendre; nous rappelons aussi que l'emploi de la *gélatine* qui est devenu très ordinaire, surtout pour l'office, est d'un grand secours pour faire prendre bien et en peu de temps. Elle remplace avec avantage les doublures de gésier de volaille et les jarrets de veau dont se servaient jadis les cuisiniers pour le même emploi. — *Crème au thé* : même procédé, que pour celle au café.

— *Crème à la fraise*, à *l'abricot*, à *la pêche*, etc. Ces crèmes se font à froid; il s'agit de jeter 200 grammes de sucre en poudre dans un demi-litre de crème fraiche, une cuillerée à café de gomme arabique pulvérisée, et la valeur d'un verre de pulpe de fraises ou d'autres fruits tendres, passés au tamis; fouetter le tout et le monter en rocher, faire séjourner ce mélange dans une sabotière entourée de glace pilée, donner de la consistance à cette sorte de crème.

Crème fouettée. — Mettre dans un vase vernissé crème, sucre en poudre et fleur d'oranger, fouetter le tout; si on doit le dresser sur un plat, garnir le tout d'écorces de citron confites ou d'oranges vertes. Il sera bon d'ajouter au moment de fouetter une pincée de gomme adragant en poudre.

Crème fouettée aux liqueurs. — Ajouter la liqueur demandée avant de fouetter la crême.

Crême à la frangipane. — Délayer dans une casserole un demi-litre de crême, 125 grammes de sucre en poudre, trois œufs, jaunes et blancs, pincée de sel, deux cuillerées de farine fine, un peu de zeste de citron et de la fleur d'oranger pralinée pulvérisée; mettre sur le feu jusqu'à la coagulation; crême excellente pouvant servir à garnir des flans, des gâteaux, etc.

Crême glacée. — Délayer six jaunes avec quart de litre de lait et demi-litre de crême, deux cuillerées de farine, zeste de citron et pincée de fleurs d'oranger pralinée pulvérisée; 50 grammes de sucre pulvérisé, mettre au feu, tourner sans relâche; quand c'est pris, retirer; battre les blancs, les incorporer avec la crême préparée; dresser dans un plat, saupoudrer de sucre, mettre sous le four de campagne. On peut varier le goût par l'adjonction de quelques gouttes d'essence.

Crême italienne. — Piler 180 grammes de pistaches mondées, prendre deux cuillerées de fleur d'oranger, quatre jaunes, 90 grammes de zeste de citron et d'orange, 125 grammes de sucre en poudre; mêler le tout, délayer dans un litre de lait; faire bouillir doucement, remuer toujours; dresser dans des petits pots, finir de faire prendre au bain-marie. — *Crême aux macarons;* broyer six macarons dont deux amers, les délayer dans un litre de lait; cuillerée de fleur d'oranger, 60 grammes de sucre, quatre jaunes, faire bouillir, passer au tamis, faire prendre et laisser refroidir.

Crême de ménage. — Faire réduire au tiers un litre de lait, un demi-litre de crême, joindre 50 grammes de sucre. Laisser refroidir, y jeter ensuite un morceau de présure délayée dans un peu d'eau, mêler le tout, le passer; mettre ensuite sur la cendre chaude, avec feu dessus, faire refroidir au frais. — *Crême en neige*; dans un litre de crême, huit cuillerées de sucre en poudre, deux blancs frais, petite cuillerée d'eau de fleur d'oranger, fouetter fort; lever la crême à mesure qu'elle monte et la placer dans un cagereau, garni de linge, laisser égoutter, servir de suite après. On peut colorer cette crême. — *Crême au vin*; délayer huit jaunes dans du sucre pulvérisé; ajouter très lentement, tout en remuant, vin de Madère ou autre, la valeur d'une bouteille; faire prendre au bain-marie; remuer jusqu'à prise parfaite. — *Crême aux pistaches;* monder 125 grammes de pistaches fraîches, prendre un peu de zeste, ajouter un peu d'eau, piler le tout, passer cette purée, la mêler à la crême, comme il est dit ci-dessus.

DES BEIGNETS

Pâte à beignets. — Délayer de belle farine avec de l'eau, du sucre en poudre, bonne cuillerée d'huile fine, sel, deux cuillerées de fleur d'oranger, laisser cette pâte assez épaisse pour *couvrir* convenablement; on peut y ajouter un peu de bonne eau-de-vie.

Beignets de pommes : vider de belles pommes de Chatigny vrai ou de rainette du Canada, avec un vide-pommes, les pelurer, les couper par tranches et les faire tremper une heure dans l'eau-de-vie et le sucre; les faire égoutter ensuite, les retourner dans la pâte et les plonger dans la friture chaude; quand ils sonnent sur l'écumoire et qu'ils sont jaunes et gonflés, les retirer, les jeter sur un linge, les saupoudrer de sucre pour les servir. — *Beignets de riz* : Faire crever du riz avec lait et sucre, eau de fleur d'oranger, une pincée de canelle, un peu de beurre; ajouter ensuite une liaison; laisser refroidir le riz, former des boulettes, les passer à l'œuf et les faire frire. — *Beignets en surprise* : Creuser des pommes de reinettes du côté de la queue, mettre dans un mortier de marbre ce qu'on en a retiré, pour mariner deux heures dans de l'eau-de-vie, zeste de citron et canelle; remplir les pommes de frangipane ou de marmelade d'abricots, remettre le petit couvercle qui a été enlevé, l'assujétir avec de la farine délayée dans le blanc d'œuf; imbiber les pommes tout entières d'une pâte à frire, les mettre dans la poêle; saupoudrer de sucre pour servir. — *Beignets de pommes de terre* : Piler des pommes de terre blanchies et épluchées, ajouter lait et eau de fleur d'oranger, ajouter des jaunes, faire des boulettes, comme les *croquettes de riz.* — *Beignets d'o-*

ranges : Couper par tranchés des oranges mûres, les éplucher et blanchir, ôter les pépins, plonger dans un sirop léger, mettre à feu doux, pousser presque au caramel ; laisser refroidir, les envelopper d'une pâte et faire frire.

PETS DE NONNES. — Mettre dans une casserole 50 grammes de beurre, 125 grammes de sucre, un verre d'eau et du citron vert râpé ; faire bouillir ; singer de farine jusqu'à consistence de pâte épaisse ; elle est à point, quand elle se détache de la casserole ; y mêler alors trois œufs, blancs et jaunes ; remuer ferme ; verser le tout sur un plat et avec une cuillère, couper et prendre de petits morceaux qu'on laisse tomber dans la friture tiède, laisser frire doucement ; essaurer sur un linge.

CHARLOTTE DE POMMES. — Nettoyer des pommes, les couper et faire fondre dans une casserole avec 125 grammes de beurre pour douze pommes ; quand la marmelade est presque cuite, y ajouter 250 grammes de marmelade d'abricots ; couper des tranches de mie de pain anglais, les passer au beurre ; prendre et beurrer une casserole, la garnir avec ce pain-là, remplir le creux avec les pommes, les couvrir de pain ; faire finir de cuire ; retourner sur un plat. On peut remplacer le pain par des biscuits ; on peut entremêler des confitures.

CRÊPES. — Mêler trois cuillerées de fécule ou de farine, cinq jaunes et trois œufs entiers, sucre, 30 grammes de fleur d'oranger ; délayer avec du lait ; mettre un peu de beurre ou de saindoux dans une poêle, ajouter une cuillerée de pâte, l'étendre, la retourner, saupoudrer de sucre et servir.

SOUFFLÉ DE RIZ. — Faire une bouillie épaisse avec farine de riz, sucre et macarons pilés; parfumer avec vanille ou fleur d'oranger; joindre cinq jaunes et les blancs fouettés; mettre dans une tourtière sous le four de campagne; pour faire un *soufflé aux pommes de terre*, prendre de la *fécule* au lieu de *farine* de riz.

POMMES A LA DUCHESSE. — Faire crever du riz avec du beurre, de la crême, du sucre et du citron, y ajouter une liaison; pendant ce temps, faire une bonne marmelade de pommes; mettre du beurre au fond d'une tourtière, une couche de riz, une couche de pommes et une couche de gelée de groseilles; continuer ainsi, bien saupoudrer de sucre fin; mettre sous le four de campagne, servir bouillant.

GATEAU DE RIZ. — Faire cuire en mouillant par degrés demi-litre de crême, du riz, zeste de citron, sel et sucre; enlever ensuite le morceau d'écorce de citron; laisser refroidir; ajouter beurre frais, fleur d'oranger, œufs battus, en supprimant moitié des blancs; mêler le tout, enduire un moule de beurre et de mie de pain; faire cuire sous le four de campagne.

GATEAUX D'AMANDES. — Prendre farine fine, beurre, sucre (100 grammes de chaque), bien mêler avec trois œufs blancs et jaunes, et 100 grammes amandes douces et zeste de citron ; piler le tout, en faire une pâte, la mettre dans une casserolle enduite de beurre frais, cuire à petit feu, servir chaud.

GATEAU DE POMMES AU RIZ. — Préparer le riz comme ci-dessus, y battre des œufs entiers, mettre deux doigts de ce riz au fond d'une casserole beurrée, et épaisseur égale autour des parrois de la casserole, faire cuire comme il est dit.

GATEAU D'AMANDES D'UNE AUTRE SORTE. — Mettre tremper dans l'eau froide et émonder des amandes, les piler dans un mortier de marbre, ajouter le zeste de deux citrons, fleur d'oranger pralinée, un peu de sel, fécule de pommes de terre, du sucre, quelques œufs, quand tout est incorporé, beurrer un moule, le garnir de papier Joseph, faire cuire à un feu doux, servir chaud ou froid. — *Gâteau de carottes* ; faire cuire des carottes avec du sel, les passer au tamis, puis les dessécher dans une casserole, y ajouter ensuite sucre et fécule, six jaunes, trois blancs et du beurre ; quand le mélange est fait, mettre dans une casserole beurrée, faire cuire et retourner sur un plat. — *Gâteau au fromage* ; prendre moitié d'un fromage de Brie affiné, le piler avec son tiers pesant de farine, passer au tamis ce mélange, puis le manier avec du beurre frais, mélanger des œufs avec des râpures de Gruyère ; incorporer cela dans le premier mélange, laisser reposer une demi-heure, recommencer ainsi trois fois, l'abaisser au rouleau, donner enfin au gâteau huit à dix centimètres de hauteur, et mettre au four. — *Gâteau fourré*; avec des amandes pilées, du sucre et du zeste, faire une caisse que l'on consolide en y incorporant des œufs battus; remplir cette caisse de frangipane, de marmelade et de pommes cuites; recouvrir de la même pâte, cuire au four. — *Madeleine*; prendre une portion de farine, autant de sucre et moitié de beurre, faire légèrement chauffer cette pâte, y ajouter ensuite du zeste, des œufs et de l'eau de fleurs d'oranger; en remplir un ou plusieurs moules et faire cuire. — *Gâteau de mie de pain*; émietter de la mie d'un pain mollet, la jeter dans de la crème bouillante, la remuer et la faire bouillir, puis ajouter du beurre, un zeste, du sucre, des raisins de Corinthe; terminer comme le gâteau de riz. — *Gâteau de Pithiviers*: Monder des amandes à l'eau froide; ajouter sucre, beurre et zeste; broyer le tout avec des œufs, verser le tout dans un moule ou une tourtière faite avec de la pâte à tourte, mettre le tout dans une abaisse feuilletée, mettre au four; en retirant saupoudrer de sucre. — *Gâteau de plomb*: Prendre un quart de boisseau de farine, 60 grammes de sucre en poudre, 750 gr. de beurre, 12 œufs, 30 grammes de sel, manier le tout, y ajouter un peu de lait, laisser reposer 45 minutes, y ajouter 250 grammes de beurre, et passer le tout quatre fois au rouleau; faire une masse compacte et ronde, la rayer, la piquer, la mettre au four. — *Gâteau de pommes*: Peler des pommes, les couper par tranches, ôter les pépins, les faire cuire avec un peu de canelle, les passer au tamis, ajouter le sucre après, avec beurre et fécule ; y ajouter des œufs, mettre le tout dans un moule, mettre au four, dresser sur un plat, manger chaud ou froid.— *Gâteau de pommes de terre* : Cuire des pommes de terre à la vapeur, les éplucher et broyer dans un mortier, avec beurre et lait, sucre en poudre, faire bouillir le tout, verser dans un vase, laisser refroidir ; continuer comme pour le gâteau de riz. — *Gâteau de riz* : Faire crever 250 grammes de riz dans du lait avec du beurre ; quand il est cuit, verser dans un vase, laisser refroidir ; ajouter au riz huit jaunes et sucre en poudre ; y ajouter quatre blancs battus et deux cuillerées de fleurs d'oranger ; beurrer une casserole, la saupoudrer de mie de pain, verser le riz dans cette casserole. Entourer celle-ci de feu jusqu'au sur le couvercle ; quand le gâteau a pris couleur, retourner sur un plat. — *Gâteau au potiron* : faire fondre le potiron avec du lait, le passer ensuite au beurre avec partie de fécule de pommes de terre délayée avec lait et sucre, mettre au feu, bouillir doucement, finir comme le gâteau de riz. — *Gâteaux des belles* : Piler autant d'amandes douces mondées que de sucre, ajouter fleurs d'oranger pralinées et de blanc d'œufs ; mouler ce mélange, le poser sur un plafond, mettre à un four très doux.

Des Pommes.

POMMES AU BEURRE. — Vider des pommes au vide-pomme, les éplucher, les faire cuire dans de l'eau sucrée avec un peu de zeste, faire à part une marmelade avec un peu de beurre et de la marmelade d'abricots ; garnir avec celle-ci le fond d'un plat, placer dessus les pommes cuites, remplir les intervalles avec de la marmelade ; remplir les trous des pommes avec du beurre ; glacer le tout avec du sucre en poudre et la pelle rougie ; cerises confites autour. — *Pommes en chartreuse* : Pélurer des pommes, les maintenir blanches à l'aide du jus de citron versé dans l'eau où on les met séjourner ; couper les pommes par morceaux égaux, mettre les rognures à part ; faire cuire les morceaux taillés dans du sucre clarifié, en y joignant un jus de citron, faire à part une marmelade avec les rognures ; quand les morceaux sont à moitié cuits, les retirer du feu, les faire égoutter, dresser ensuite tous les petits morceaux autour d'un plat creux, remplir le milieu avec la marmelade, entremêlée de marmelade d'abricots ; on peut ajouter des tranches de citron ou de cédrat confit. *Marmelade de pommes* : éplucher de bonnes pommes, les couper par morceaux, les jeter à mesure dans de l'eau fraîche, aiguisée de citron ; retirer, faire égoutter, puis mettre les pommes sur un feu vif, avec presque leur poids de sucre, de la vanille ou de la canelle en poudre, un jus de citron ; faire cuire à feu vif. — *Pommes meringuées* : Battre des blancs d'œufs, frotter du sucre sur un citron, râcler ce sucre sur les blancs, battre le tout ensemble, et couvrir de ce facile mélange un plat de marmelade, glace au sucre, mettre sous le four de campagne. — *Pommes au* riz : crever du riz dans du lait et un peu de zeste, pelurer des pommes, les vider au vide-pommes, les faire un peu cuire dans de l'eau et du sirop de sucre, les faire égoutter ensuite, les verser dans un plat, les recouvrir avec le riz. — *Miroton de pommes* : Vider et pelurer des pommes, les couper par tranches que l'on fait mariner dans l'eau-de-vie saupoudrée de sucre, laisser infuser deux heures, les retirer, les égoutter, les poser ainsi, tranche par tranche, sur de la marmelade de pommes et d'abricots, remettre de la marmelade et faire ainsi plusieurs couches, faire prendre couleur au four ordinaire ou de campagne.

POMMES EN CROQUETTES. — Avoir de la marmelade aussi sèche que possible, y incorporer des blancs d'œufs et un peu de fécule ; mouler cette sorte de pâte, la découper ensuite ; passer chaque morceau à l'œuf et le jeter dans la friture jusqu'à belle couleur ; saupoudrer de sucre fin.

Des Gelées.

Les Gelées d'Entremets sont difficiles à digérer ; autrefois, pour leur donner de la consistance, on avait recours au pied de veau ou à la corne de cerf, maintenant on n'emploie que de la colle de poisson, dont on a grandement perfectionné la fabrication. Il faut la choisir bien blanche et bien diaphane ; on la bat avec un marteau ; ensuite elle se dissout aisément.

Pour cela faire, la mettre dans l'eau à un feu doux, écumer et passer au tamis; trois verres d'eau suffisent pour 30 grammes de colle; on fait réduire d'un tiers. La quantité voulue de colle est de 30 à 32 grammes pour huit pots ou pour une seule gelée d'une force approximative. — *Gelée d'Orange* : Prendre une orange et 32 grammes de sucre par chaque petit pot ; exprimer le jus des oranges sur un tamis de soie, laisser reposer, tirer à clair ; clarifier le sucre au blanc d'œuf, y mêler ensuite les zestes d'oranger et passer ; ajouter après cela le jus d'orange et la colle de poisson ; nettoyer des écorces d'oranges coupées par moitié, les remplir, les entourer de glace pilée. — *Gelée de Fruits* : Exprimer leur jus de la même manière, ajouter plus ou moins de sucre, suivant le plus ou moins de douceur des fruits ; avec les framboises, on ajoute un peu de groseilles. Il est indispensable de faire infuser préalablement la pêche pendant deux heures dans de l'eau bouillante, après avoir émincé ce fruit ; il va sans dire que cette infusion se fait hors du feu. C'est de cette infusion qu'on se sert pour faire la gelée. — *Gelée aux différents vins, aux liqueurs, etc.* : Pour huit pots de gelée, on en met cinq de liqueur, 32 grammes de colle et du sucre, suivant le goût et l'urgence. Il faut quatre pots de vin pour huit pots de gelée. Si on ne veut pas laisser toutes ces gelées dans des godets de verre, les mettre prendre dans des moules de fer-blanc, en les renversant ensuite sur un plat de porcelaine ; seulement, par précaution, ajouter un peu plus de colle.

Pâtisserie.

Les nouveaux fourneaux économiques, établis en fonte, ont tous un four dans lequel on peut faire de la pâtisserie; quand ces fourneaux, qui se chauffent au charbon de terre, sont d'une vaste dimension, la chaleur du four et même des deux fours qui s'y trouvent est plus régulière, plus douce, plus concentrée; mais comme il est rare que l'on ait, dans un ménage, un de ces spacieux fourneaux, il faut s'exercer à se servir des petits et en étudier les effets. Ce ne sera donc qu'avec circonspection que l'on mettra une pièce rôtir, ou cuire un pâté, une croûte à vol-au-vent, une brioche, une couronne dans le four; d'abord on éloignera, autant que possible, l'objet du foyer central; on aura recours, pour les rôtis, à un papier beurré; on tâchera d'attendre, pour la pâtisserie, que le feu ait perdu de sa première ardeur. Nous avons connu d'excellents pâtissiers qui, dans des moments de presse, n'hésitaient pas à faire cuire nombre d'articles dans les fours de leur fourneau, et y réussissaient parfaitement. Chez les personnes qui n'ont pas encore de fourneaux économiques, on peut faire emploi de fours de campagne et de couvercles à rebords, destinés à recevoir la cendre chaude et la braisette.

GARNITURE DES PATÉS. — Les morceaux du *bœuf* qui s'emploient pour les pâtés sont : le palais, la noix, le filet; du *veau*, c'est la longe, la noix et la rouelle ; du *mouton*, ce sont les cervelles, les langues, le carré ; du *porc*, c'est la hure, le filet et surtout le jambon.

Quel que soit le morceau de viande qu'on veuille employer, il faut le parer, le dégraisser, ôter les peaux, tendons, cartilages, le larder à moyenne grosseur, et mettre un lardon de jambon entre deux de lard ; assaisonner préalablement ces lardons en les roulant dans les épices et les fines herbes. On garnit le fond et les parrois d'une casserole avec bardes et tranchés de jambon. Bouquet garni, gros oignons, girofles, carottes, sel, poivre, consommé, vin de Madère ou un peu d'eau-de-vie ; couvrir d'un papier mouillé ; faire bouillir fort d'abord, puis modérer le feu et laisser mijoter jusqu'à presque cuisson ; retirer, faire égoutter et refroidir, déficeler et garnir le pâté, lutter son couvercle, enfourner. — On peut braiser de même *la volaille et le gibier.* Pour les pigeons et les perdrix, les fendre en deux en enlevant l'os du dos, vider, essuyer ; mettre dans un sautoir un peu de beurre et de lard râpé ; faire tiédir, ajouter quelques truffes et champignons, échalottes, persil haché, sel, poivre, muscade ; poser sur ce fond les pigeons ou perdreaux ; feu vif d'abord, retourner les oiseaux, faire cuire doucement.

Avis important. — Le bon bois est indispensable pour chauffer les fours ; les bois de cave ou pourris leur donnent un mauvais goût. La chaleur d'un four se divise en six degrés : *chaud, gai, modéré, doux, tiède, perdu.* —

Pour s'assurer s'il est assez chaud pour les grosses pièces, frotter la voûte avec un bout de bois; s'il en jaillit des étincelles, c'est que le four est au premier degré : *chaud.* En retirer la braise, nettoyer avec un écouvillon mouillé, puis fermer le four un quart d'heure; ensuite y loger pâtés, babas, échaudés. — Une heure après, deuxième degré, *four gai,* bon pour vol-au-vent, croustades, etc. — Deux heures après, chaleur douce, *four modéré,* bon pour pâtes gênoises, choux, gâteaux de Savoie. — Trois quarts d'heure après, *four tiéde,* bon pour meringues, soufflés. — Quelque temps après, *four perdu,* pour nougats, macarons, etc.

Le trop ou le trop peu de chaleur d'un four a de graves inconvénients. Pour *glacer* au four, il faut mettre à la bouche du four des morceaux de bois blanc séché à l'avance, fendus menus; quand la flamme brille, présenter sur l'*autel* (le devant du four) les pièces à glacer.

C'est un préjugé que de croire que la meilleure farine est la plus blanche, la meilleure est celle qui a une teinte d'un jaune clair, est sèche, pesante, et se pelotonne aisément dans la main.

DES PATES

PATE A DRESSER. — Faire sur une table un tas formé de deux kilos de farine, faire un creux dans le milieu, y mettre 48 grammes de sel, 750 grammes de beurre, douze jaunes d'œufs, une verrée d'eau chaude; mêler d'abord dans ce trou le beurre que l'eau chaude dissout, le sel qu'elle fait fondre et les jaunes, mêler ensuite la farine avec ce mélange, pétrir avec les poings, ajouter un peu d'eau ; deux tours suffisent à cette pâte, que l'on tient un peu plus molle pour les tourtes. — *Brisée* : Même travail, mais moitié moins de beurre et un œuf de plus ; quatre tours comme au feuilletage. — *Feuilletée* : Un kilo de farine, faire un trou, y jeter 16 grammes de sel, deux blancs d'œufs, deux verrées d'eau, 63 grammes de beurre ; assembler la pâte, puis la laisser reposer 30 minutes ; puis étendre la pâte, la couvrir d'un demi-kilo de beurre ; manier ferme, laisser reposer, replier les deux bords sur le beurre pour le bien envelopper, donner deux tours. — *Pâte croquante* : Piler 250 grammes d'amandes douces, ajouter un blanc d'œuf et une cuillerée d'eau de fleurs d'oranger, mettre sur un feu doux ; y incorporer, en remuant toujours, 375 grammes de sucre en poudre ; quand tout est bien incorporé, découper et façonner ensuite à l'emporte-pièces. — *Pâte à brioche* : Mettre un kilo de farine sur une table, en retirer le quart et le mettre à part ; faire un trou dans la farine qui reste, y mettre 16 grammes de levure de bière, délayer et écraser d'une main, en versant de l'autre un peu d'eau tiède ; former une pâte un peu ferme, la rouler sur elle-même, puis la mettre dans une sébille de bois, y faire deux incisions, recouvrir d'un linge ; quand elle est levée, étendre sur cette pâte la farine conservée, ajouter 16 grammes de sel, demi-kilo de beurre fin, six œufs ; incorporer fortement le tout avec la pâte fermentée, saupoudrer de farine, replier trois fois sur elle-même, laisser reposer huit ou dix heures, faire cuire. — *Pâte à baba* : Même façon que pour la brioche, sauf qu'on y ajoute 250 grammes de raisin en caisse, 65 grammes raisin de Corinthe, demi-verre de vin de Malaga et pincée de safran en poudre ; laisser la pâte un peu molle couler dans un moule, laisser reposer six heures, puis mettre au four. — *Pâte à choux* : Verser dans une casserole deux verres d'eau, 125 grammes de beurre, écorce d'un citron hachée, 125 grammes de sucre, pincée de sel, remuer ; quand cela boue, mettre la casserole au bord du fourneau, retirer l'écorce, ajouter par degrés de la farine tant que l'eau peut en prendre, remuer toujours et remettre sur le feu cinq minutes ; quand la pâte se détache de la casserole, elle est à point ; la mettre dans une terrine, y ajouter des œufs l'un après l'autre jusqu'à ce que la pâte s'attache aux doigts. — Beurrer et fariner des plafonds, y placer cette pâte par morceaux, gros comme des noix ; les dorer, y ajouter des amandes hachées et du sucre en poudre avant d'enfourner. — *Pâte à timbales* : Demi-kilo de farine, mettre de l'eau dans le trou et quatre cuillerées d'huile, 125 grammes de beurre ou sain-doux, deux jaunes, sel ; manier, ajouter un peu de farine, tenir ferme.

PAINS A LA DUCHESSE. — Se confectionnent avec la *pâte à choux* (voir ci-dessus) ; seulement on la laisse plus ferme, on leur donne une forme oblongue ; quand ils sont cuits, on les ouvre et on y met une cuillerée de confitures.

GATEAUX A LA CRÈME. — Même pâte à choux; seulement, au lieu d'eau, on y met de la crème.

FRANGIPANE NOUVELLE. — Mettre trois œufs dans une casserole avec ce qu'ils peuvent absorber de farine, mouiller ensuite au lait; faire cuire 15 minutes en remuant toujours; ajouter une pincée de sel, sucre, fleurs d'oranger pralinées, macarons écrasés.

ÉCHAUDÉS. — Inventés par le pâtissier Favart, père de l'auteur de ce nom. — Faire un trou dans un kilo de farine, y mettre 16 grammes de sel fondu dans un peu d'eau, 250 grammes de beurre et dix œufs, blancs et jaunes; ajouter des œufs si la pâte était dure; rassembler la pâte, pétrir avec les poings, retrousser, pétrir à quatre fois, placer la pâte sur une planche saupoudrée, la laisser deux heures; former ensuite les échaudés, les glisser dans l'eau prête à bouillir, remuer pour les exciter à monter, et les renfoncer avec l'écumoire; quand ils sont fermes sous le doigt, les retirer, les jeter dans l'eau fraîche, les y laisser deux heures, les retirer, les égoutter une heure, les mettre au four sur des plafonds.

TOURTES, FLANS, TARTELETTES. — Faire une pâte brisée (voir ci-dessus), la placer sur une tourtière, élever une barde de feuilletage autour; placer au milieu de la frangipane, des fruits préparés pour marmelades ou compotes. Les *flans* se font avec de la pâte à dresser.

TALMOUSES. — Délayer de belle farine avec de la crême, y mettre beurre frais, fromage de Brie ou de Neuchâtel, œufs, sucre râpé ; pétrir le tout, en former des godets triangulaires, les dorer au jaune d'œuf, mettre au four modéré ; quand ils sont cuits, saupoudrer de sucre fin, manger chaud ; se fait très bien sous le four de campagne.

GATEAU D'AMANDES. — Monder et piler 225 grammes d'amandes douces et trois ou quatre amères, le tout avec un blanc d'œuf ; quand cette pâte est faite, y joindre 32 grammes farine ou fécule, 48 grammes sucre, fleurs d'oranger pralinée, une pincée ; quatre œufs entiers ; étendre la pâte sur un papier beurré ; mettre à feu doux.

DES PATÉS, TOURTES D'ENTRÉE, ETC.

PATÉ FROID. — Les viandes destinées à figurer dans les pâtés demandent un travail préparatoire ; toutes celles de boucherie, la volaille, le gros gibier, se désossent ; on ne laisse entiers que les canards, pigeons, perdrix, grives, mauviettes ; le jambon doit être cuit d'avance ; les autres viandes doivent être préalament passées au beurre ; toutes, le jambon et les petits oiseaux exceptés, doivent être piquées de lardons assaisonnés. Avec les rognures, les fragments, les abattages, on fait une farce que l'on soutient par du veau et de la volaille. Le travail préparatoire est également indispensable pour le poisson quand on fait des pâtés au poisson. Inutile de dire que l'assaisonnement est en rapport avec ce dernier. On prend donc de la pâte à dresser, on lui donne une forme, on l'assujétit dans un moule, on place sa forme sur un fort papier; ceci fait, on place un lit de farce au fond, les viandes par-dessus; on remplit de farce tous les creux; recouvrir le tout de bardes de lard; faire un couvercle de pâte, le souder tout autour, lui faire un trou au milieu, y fourrer une carte arrondie, mettre au four chaud sans être brûlant, laisser de trois à trois heures et demie, suivant la grosseur; retirer et ôter la carte; boucher avec un peu de pâte; quelquefois on laisse refroidir sans boucher le trou du couvercle; quand le pâté est froid, on y verse la gelée de viande dissoute au feu par ce trou, que l'on bouche cette fois; la gelée, en se refroidissant, se congèle dans le pâté.

PATÉ CHAUD. — Se confectionne avec la pâte brisée, que l'on remplit de farine pour la faire cuire; on ôte ensuite la farine, on y met un ragoût de morue à la béchamelle, de godiveaux, de ris de veau aux champignons, de fricassée de poulet à la crême avec rognons de coq, crêtes, écrevisses et truffes coupées par tranches. On peut très bien faire cuire cette croûte sous le four de campagne. — *Pâté en terrine.* Remplir de viandes préparées une terrine de faïence dont le couvercle est troué; les mettre au four en luttant le couvercle avec de la pâte. — *Pâté en timbale.* Garnir une casserole de pâte à timbale d'une épaisseur d'un centimètre, y verser un ragoût de volaille ou de gibier, recouvrir d'un morceau de pâte soudé aux bords, mettre la casserole sur des cendres chaudes avec un couvercle chargé de feu; quand la pâte a pris couleur, retourner sur un plat, ouvrir le dessus, verser dedans la sauce. — *Petits pâtés.* Prendre de la pâte de feuilletage à cinq tours, faire une abaisse d'un demi-centimètre d'épaisseur, couper par rondelles à l'aide d'un moule; sur chacune de ces rondelles; mettre gros comme une noix de godiveau ou des quenelles de poisson, de volaille, recouvrir avec autant d'autres rondelles, dorer à l'œuf, cuire au four de campagne ou autre. — *Petits pâtés au jus.* Abaisser de la pâte brisée de l'épaisseur d'un décime, en garnir des moules, mettre une boulette de papier blanc au milieu; faire cuire; quand ces godets sont cuits, retirer le papier, verser dedans du godiveau coupé, des champignons hachés, sauce, etc.; mettre un petit couvercle fait en pâte à feuilleter. Ces couvercles sont cuits à part.

RAMEQUINS. — Se font avec la pâte *à choux* (voir ci-dessus), mais sans sucre; quand cette pâte est mouillée avec des œufs, y mettre du fromage de gruyère coupé par morceaux ou du parmesan râpé; quand ceci est bien incorporé dans la pâte, faire cuire comme les choux.

VOL-AU-VENT. — Faire une abaisse de pâte brisée et une seconde de feuilletage à six tours, afin de recouvrir la première; les souder ensemble avec le rouleau, en ayant soin de les mouiller ; enfoncer un moule au milieu de la couche de feuilletage ; retirer ce moule et mettre au four ; quand cette croûte est cuite, enlever l'espèce de mie qui se trouve au milieu, remplir le vide par un ragoût quelconque, par un macaroni à l'italienne, y compris des tranches de truffes.

GATEAUX FEUILLETÉS. —Prendre du feuilletage à six tours, l'étendre sur l'épaisseur d'un décime, donner une forme de fantaisie, rouler, par exemple, et dorer à l'œuf ; faire cuire, remplir ensuite le creux avec des confitures, ou bien donner une forme oblongue, faire cuire, verser ensuite dessus de la *conserve* ou sucre épaissi, chargé de café au lait, de chocolat ou de vanille.

PATISSERIE LÉGÈRE.

BISCUIT DE SAVOIE. — Fouetter douze blancs d'œufs en neige, battre les jaunes à part, avec 625 grammes de sucre en poudre, y mêler 375 grammes de fécule ou de farine, et la râpure de l'écorce d'un citron entier ; battre cette pâte avec le balai d'osier, graisser un moule au beurre fondu, et verser la pâte dedans. Deux heures de cuisson à une chaleur douce. — *Biscuits aux avelines* ou *aux amandes.* Monder 125 grammes d'avelines et 125 grammes d'amandes amères ; faire refroidir, puis piler, en ajoutant un peu de blanc battu ; fouetter à part trois blancs en neige, y joindre deux jaunes battus à part et 63 grammes de sucre en poudre; agiter ce mélange ; quand il est incorporé, saupoudrer avec un peu de farine passée au tamis et 65 grammes sucre en poudre ; faire des caisses de papier pour mettre ce mélange, glacer les biscuits avec fleur de farine et poudre de sucre ; mettre au four : chaleur du pain retiré ; colorer en brûlant quelques branchettes à l'entrée du four. — On fait de même les biscuits *aux amandes* et *aux pistaches.* — *Biscuits au chocolat.* Prendre six œufs frais et 32 grammes de chocolat en poudre, 125 grammes de farine et 280 grammes de sucre en poudre ; battre le tout au mortier, prendre des moules, y mettre la pâte et faire cuire ; procéder de même pour les biscuits à la *vanille*, à la *cannelle*, avec une râpure de citron. — *Biscuits à la cuillère.* Faire une pâte comme celle du biscuit de Savoie, mais avec moins de farine et plus d'œufs ; verser la pâte avec une cuillère, en bandes longues, sur une feuille de papier saupoudrée de sucre. Faire cuire à four très doux, enlever du papier sitôt hors du four.

GAUFFRES A LA FLAMANDE. — Prendre 65 grammes de levure, la délayer dans un demi-litre de lait, passer ce lait par un linge blanc ; s'en servir pour délayer un demi-kilogramme de farine ; cette pâte doit être coulante, et mise dans une terrine, dans un endroit chaud, pour faire fermenter. Quand elle lèvera, ajouter : sel, 32 grammes ; sucre en poudre à l'eau d'oranger ou au citron, quatre œufs entiers et huit jaunes ; mêler le tout, y ajouter ensuite demi-kilo de beurre tiède ; fouetter huit blancs en neige et mêler dans la pâte en même temps que quatre cuillerées de crème fouettée. Remettre ce mélange dans un endroit chaud; quand elle sera levée et aura atteint le double de son volume, mettre le gauffrier sur un feu vif; quand il sera chaud, y mettre une miette de beurre. Quand la gauffre sera cuite, la saupoudrer de sucre parfumé au citron ou à l'orange.

GAUFFRES. — Délayer autant de farine que de sucre avec de la crème versée peu à peu, faire une bouillie claire, joindre fleur d'oranger et quelques œufs; graisser le gauffrier que l'on a fait chauffer, avec un pinceau trempé dans du beurre tiède; cuillerée de pâte dans le gauffrier, mettre au feu bien allumé.

MÉRINGUES. — Fouetter six blancs et 125 grammes de sucre en poudre, faire évaporer sur la cendre chaude en remuant toujours, joindre 125 grammes d'amandes douces pilées, incorporer le tout, former les méringues, saupoudrer de sucre, mettre au four; quand elles sont levées, les retirer.

GIMBLETTES. — Farine 3|4 de kilo, six œufs, râpure d'un citron, eau double de fleurs d'oranger, un petit verre, sucre 3|4 de kilo. Faire fondre le sucre sur le feu avec du vin d'Espagne, retirer du feu, mettre la farine, le citron, la fleur d'oranger, les œufs, et faire du tout une pâte maniable, que l'on tourne en anneaux, en chiffres. Faire ensuite bouillir de l'eau, y jeter les gimblettes, remuer un peu l'eau pour les faire monter ; dès qu'elles montent sur l'eau, les retirer, égoutter, puis faire cuire au four; on les glace ensuite avec des blancs d'œufs.

GRILLAGE D'AMANDES OU NOUGAT GRIS. — Monder un demi-kilo d'amandes douces, les fendre en quatre dans leur longueur, les mettre dans une bassine sur le feu, avec 125 grammes d'eau et un demi-kilo de sucre ; quand elles pétillent, retirer la bassine et remuer avec une spatule, y joindre la râpure d'une première écorce de citron, couvrir le feu, y remettre la bassine, remuer jusqu'au caramel, mettre au fond d'un plat une couche de nompareille, étendre dessus une couche de grillage, faire sécher à l'étuve ou refroidir dans des moules légèrement frottés d'huile.

GRILLAGE DE FLEURS D'ORANGER. — Faire cuire à la plume 250 grammes de sucre, y mêler 125 grammes de fleurs d'oranger épluchées, remuer ferme ; quand les fleurs jaunissent exprimer dessus le suc d'un citron.

MACARONS ET MASSEPAINS. — La pâte est la même, la forme seule diffère. — Peser demi-kilo d'amandes douces et 140 grammes d'amandes amères, les faire sécher à l'étuve, les piler et y joindre un peu de blanc d'œuf battu, clarifier un demi-kilo de sucre au petit boulé, le retirer du feu, y ajouter la pâte des amandes, remettre le poëlon sur le feu, avoir soin de remuer ; elle est cuite quand elle ne s'attache pas à la main, la retirer aussitôt, la verser sur une table saupoudrée de sucre, en former des abaisses, ou verser la pâte par grosses gouttes sur du papier blanc, les présenter au four, les glacer comme les biscuits.

Les *massepains au chocolat* se font en ajoutant à leur pâte 63 grammes de chocolat pilé et passé au tamis ; on passe également au tamis les fraises et autres fruits qu'on veut y incorporer.

PAINS SOUFFLÉS A LA ROSE. — Fouetter deux blancs avec un kilo et demi de sucre en poudre, en y ajoutant par degrés 32 grammes d'eau de fleurs d'oranger et pincée de carmin en poudre ; faire une pâte consistante, pour la rouler sur un papier et la couper par morceaux, la poser sur un autre papier par boules qui ne se touchent pas, les mettre au four où elles gonflent un peu.

DE L'OFFICE

Le travail de l'office a pour but de varier à l'infini les desserts, de conserver pour l'arrière-saison une foule de substances savoureuses, aussi agréables au goût que généralement favorables à la santé. Ce travail a deux bases principales : le sucre et les fruits ; les fleurs viennent ensuite, mais pour un travail de distillation qui sort de notre sujet.

DU SUCRE

Il ne faut plus s'attacher à ce qu'il soit produit par la canne d'Amérique, ou qu'il soit extrait des betteraves ; ce dernier est tellement perfectionné qu'il n'est plus possible aux plus habiles confiseurs de se prononcer sur la provenance de tel ou tel sucre ; d'ailleurs, nos fabricants indigènes mêlent à leur sucre français de la cassonade des îles ; il ne faut donc plus s'inquiéter de cela ; ce qui est important dans un ménage, c'est du sucre sec, brillant, au grain rapproché, sonore au choc, ayant une odeur particulière, mais agréable quand on le pose sous le nez.

C'est par un travail tout particulier que le sirop de sucre prend, en se refroidissant dans des formes à pains, le grain que nous lui voyons ; ce grain est dû à une couche de terre d'une sorte particulière, de glaise blanche, provenant des environs de Rouen et de Saumur, que l'on épure, sèche, pile et tamise pour la détremper et en mettre une couche sur chacun des pains de sucre qu'on vient de couler en forme ; le sucre se coagulerait et ne formerait bientôt qu'un bloc candi, sans l'humidité de la glaise qui s'infiltre lentement dans le sucre et en divise les cristaux ; mais telle pure que soit cette glaise, il est impossible que ses parties les plus subtiles ne suivent pas l'infiltration et ne se mêlent pas au grain du sucre. Il est donc de toute nécessité, eût-on le sucre le plus blanc, de le clarifier de nouveau quand on veut faire de belles confitures ou des liqueurs limpides ; les confiseurs emploient pour cela du noir d'ivoire, du charbon pilé, des œufs et du vinaigre de bois ; puis à l'aide d'un instrument, d'un *pèse-sirop*, ils se rendent compte de la cuisson favorable qui est de trente-deux degrés et demi. — Ce travail demande de l'habitude et des ustensiles à part; voici donc la clarification la plus simple pour les maisons bourgeoises :

Prendre six kilos de bon sucre, le casser par morceaux moyens, le mettre sur un feu doux, avec deux litres d'eau ; remuer avec l'écumoire de cuivre, qui ne doit pas être plus étamé que la bassine, activer le feu dès que les morceaux de sucre commencent à fondre ; briser trois œufs et mettre dans une terrine les blancs, les jaunes et les coquilles broyées, battre le tout en neige avec un litre d'eau ; quand le sucre écume et monte, jeter le tiers de cette eau mêlée d'œufs dans le sucre et remuer ; chaque fois, quand le fond de la bassine brille sous le sirop limpide et que l'odeur du sucre commence à monter et que l'écume s'amasse de côté, épaisse et grise, retirer du feu, mouiller une serviette à l'eau fraîche et passer le sucre à travers ; ce sirop est magnifique quand il est froid, on peut le mettre en bouteille et le garder longtemps pour l'usage.

CUISSON DU SUCRE. — Tous les articles ne demandant pas que le sucre ait une cuisson égale, il est de toute nécessité de savoir amener le sirop au point voulu pour chaque objet. Le sucre passe par *sept cuissons successives* avant d'être réduit en charbon ou au naturel :

1º Il est à *la nappe* quand il est réduit à l'état de sirop, tel que nous venons de l'indiquer; alors il coule comme une belle nappe d'eau clarifiée sur l'écumoire.—2° En le chauffant davantage, il passe au *petit*, puis au *grand lissé*; on reconnaît ce point quand, en prenant du sirop sur l'écumoire avec le doigt et rapprochant ce doigt du pouce, il se forme un petit filet entre eux. — 3° Le sucre passe au *petit perlé* quand ce même filet acquiert de la consistance; si l'on aperçoit de petites perles diaphanes courir sur le sucre, il est au *grand perlé*; étant encore plus chaud, il est (n° 4) au *soufflé, petite* ou *grande plume* quand, en plongeant l'écumoire dans le sirop, la retirant et soufflant aussitôt à travers, on voit s'envoler des globules de sucre, n° 5, il est au *petit*, puis au *grand boulé* quand le sucre semble se couvrir d'une bouillie, alors on prend un verre d'eau fraîche, on y trempe l'index et le pouce, on plonge ces deux doigts dans le sucre et on les enfonce bien vite dans l'eau fraîche; si le sucre qui s'est attaché à vos doigts forme de suite une boulette, le sucre est au *boulé*, n° 6. Il passe ensuite au *petit* et au *grand cassé*; quand on y plonge les doigts comme nous venons de le dire, le sucre qu'on en retire se congèle aussitôt et craque comme du sucre candi, n° 7. La dernière cuisson est le *caramel*; ici le sucre se colore, un peu plus il est noir, et n'est plus bon à rien.

DES CONFITURES.

GELÉE DE GROSEILLES.—Égrainer quatre kilos de groseilles rouges et un de blanches, ajouter demi-kilo de framboises, écraser ce grain, le tordre dans un torchon neuf; faire cuire trois kilos de sucre, le faire chauffer jusqu'au petit cassé, y jeter le jus des fruits, doubler le feu, écumer; quand on aperçoit le fond de la bassine et que des gouttes de gelée se figent en refroidissant sur une assiette, elle est cuite; l'ôter du feu, la mettre dans des pots séchés à l'étuve ou sur le fourneau; deux jours après, prendre du papier blanc non collé, en couper des ronds pour mettre sur la gelée même, donner de petits coups de ciseaux tout autour de ces ronds pour qu'ils adhèrent mieux avec la gelée, éviter de tremper ce papier dans l'eau-de-vie; clore les pots avec un double papier ficelé. — *Gelée de Cerises* : prendre des cerises bien mûres; y joindre un quart de groseilles, ôter les noyaux des unes et les hampes des autres, soumettre le tout à la presse, laisser reposer le jus, le verser ensuite doucement dans un autre vase; prendre du sirop à la nappe, comme nous l'avons dit, en mettre partie égale au jus de fruits; cuire ce sucre au petit cassé, retirer la bassine du feu, y verser le jus, remuer, remettre au feu, écumer; quand la gelée s'étend sur l'écumoire, elle est cuite. — *Gelée de Groseilles sans feu* : prendre trois parties de groseilles rouges et une de blanches, quelques poignées de framboises, égrainer et passer au torchon le tout, le peser; prendre même poids de sucre en poudre et mélanger le tout avec une spatule de bois dans une terrine vernissée; se défier des grumelots de sucre; la laisser reposer, la remanier avec la spatule au moins quatre heures; quand on voit la gelée prise et limpide, empoter et boucher au papier sans colle. Nous ferons remarquer en passant que la gelée de groseille cuite ou crue est souveraine contre la brûlure quand on l'applique sur la blessure et qu'on la recouvre d'une ouate. — *Gelée de pommes* : couper des reinettes, enlever le cœur et la peau, les couper par morceaux jetés dans une bassine pleine d'eau, les faire bouillir; quand les pommes sont presque en marmelade, les verser sur un bon tamis placé sur une terrine; ne rien presser, filtrer la décoction dans un vase neuf, la mesurer et prendre quantité égale de sirop à la nappe; faire cuire ce sucre au cassé, y verser la liqueur en remuant bien, car elle monterait; on peut parfumer avec un peu de sucre frotté sur du citron. Quand la gelée couvre en nappe l'écumoire, retirer, empoter. — *Gelée de coings* : Prendre les coings un peu avant la maturité; les essuyer, les couper, en ôter les pépins; mettre sur le feu avec un peu d'eau, les jeter sur un tamis; faire cuire égale quantité de sucre, procéder comme ci-dessus. — *Gelée d'épines-vinettes* : Épines 3 kilos et sucre 4 kil. Prendre l'épine mûre et fraîche, égrainer; même travail que la groseille. — *Gelée de roses*. C'est une forte gelée de pommes dans laquelle on met une décoction de cochenille faite avec de l'eau double de rose.

MARMELADES.

CERISES.—Prendre 6 kil. de belles cerises, sucre 3 kilos ; retirer queues et noyaux, les mettre sur un feu doux, les remuer avec une spatule jusqu'à réduction de moitié ; faire cuire du sirop au petit cassé, y verser les cerises et remuer ; quand on voit le fond de la bassine, retirer et empoter.

FRAMBOISES.—Les passer au tamis, mettre le jus au feu, remuer, réduire à moitié ; framboises 4 kil., sucre 2 kil.; cuire du sirop au boulé et verser le fruit, remuer, donner quelques bouillons, empoter.

ABRICOTS : fruit, 4 kilos ; sucre, 3 kilos.— Pour faire la marmelade avec luxe, il faut écraser les abricots, après leur avoir ôté les galons qui peuvent se trouver sur la peau ; quand on aime à manger la peau et à conserver des quartiers entiers, on se contente d'ouvrir l'abricot pour en ôter le noyau ; d'une façon ou de l'autre, on met la pulpe sur le feu pour y perdre son humidité ; quand cette pulpe est assez sèche, la retirer et la verser dans une terrine ; faire chauffer le sirop de sucre jusqu'au *gros boulé*, y verser la marmelade et remuer au fond ; pendant ce temps, on a cassé les noyaux, mondé les amandes, puis on les a passées dans un peu de sucre ; on les jette ainsi préparées dans la marmelade ; quand la marmelade tombe de la spatule et s'y étale en gelée, on jette dans la marmelade, gros comme une petite noix de beurre très frais, on remue, on retire bien vîte du feu, on remue encore et l'on empote; couvrir les pots le lendemain avec les rondelles de papier sans colle.

REINES-CLAUDES. — Même travail; fruit, 3 kilos; sucre, 2 kilos. Faire arriver le sucre au petit cassé.

MIRABELLES. — Fruits, 3 kilos; sucre, 2 kil. — Même travail.

PÊCHES. — Fruit, 4 kilos; sucre, 2 kilos. — Prendre des pêches de la Magdelaine; même travail; mettre la pulpe sur le feu; un quart d'heure après, joindre le sucre cuit *à la plume*.

POIRES DE ROUSSELET. — Poires, 3 kilos; sucre, 2 kilos. — Faire blanchir des poires, les peler et fendre en quatre pour ôter les pépins, les jeter dans l'eau fraîche, puis les mettre sur le feu; quand elles sont assez molles, les verser sur un tamis, les écraser, passer la pulpe; chauffer du sucre au petit cassé, y jeter la pulpe. — Faire de même pour les *pommes*.

VERJUS. — Fruit, 3 kilos; sucre, 2 kilos 1|2. — Egrainer du verjus, le faire blanchir; quand il monte sur l'eau, y joindre un jus de citron, ôter la bassine du feu, la couvrir, la mettre sur des cendres chaudes jusqu'à ce que le verjus soit reverdi; le verser dans un vase de terre, l'y laisser refroidir, puis l'écraser sur un tamis, remettre cette pulpe au feu pour tarir, puis la jeter dans le sucre chauffé au cassé; quand la marmelade tombe en gelée, elle est cuite; retirer et empoter.

ÉPINE-VINETTE. — Même travail que le verjus.

VIOLETTES. — Violettes, 1 kil. 1|2 ; sucre, 2 kilos. — Piler la violette dans un mortier de marbre, et la délayer dans le sucre chauffé au gros boulé, y ajouter un demi-kilo ou un kilo tout entier de marmelade de pommes. Donner en tout deux à trois bouillons ; empoter.

COINS. — Les prendre bien mûrs, les peler, en ôter le cœur ; les amollir dans de l'eau sur le feu ; les retirer et égoutter sur un tamis pour les écraser, les peser, faire cuire poids égal de sucre au petit cassé ; quand la marmelade s'étend en nappe sur l'écumoire, elle est cuite.

PATES SÈCHES.

Les pâtes de fruits, très agréables pour la campagne et les voyages, tenant peu de place, se renfermant dans des boîtes, ne sont que des marmelades séchées par l'ébulition, puis séchées de nouveau dans une étuve, dans un four refroidi, sous un four de campagne, enveloppé de cendres chaudes ; pour faire sécher plus facilement, on verse généralement la marmelade épaissie, par de très grosses gouttes, sur des feuilles de ferblanc ; on tape avec la main sous ces feuilles ainsi chargées, tant que la marmelade est chaude, elle s'étale en formant des ronds que l'on saupoudre de sucre pilé à l'aide d'un tamis ; ce sont ces feuilles que l'on met à l'étuve ou au four.

L'abricot, la *pomme*, les *reines-claudes*, les *mirabelles*, les *cerises* même et les *groseilles* forment de délicieuses pâtes.

PATE DE VIOLETTES. — Piler un kilo de violette fraiche et y ajouter le suc de deux citrons ; chauffer 1 kilo de sucre au boulé, retirer du feu, y incorporer la pulpe de violette et un démi-kilo de gelée de pommes, faire du tout une pâte sèche, saupoudrer de sucre, mettre à l'étuve.

PATE DE GUIMAUVE. — Gomme arabique, 1 kil. 1\|2 ; racine de guimauve récente, 250 gr., 12 pommes de rainette, sirop de sucre à la nappe, 1 kilo 1\|2. — Peler et couper les pommes, râcler, laver la guimauve, mettre le tout dans trois litres d'eau, bouillir 15 minutes, passer à travers un linge au-dessus d'une bassine où est la gomme, remuer sur feu doux ; quand la gomme est fondue, passer et tordre dans un linge ; mettre ensemble sucre et liqueur sur un feu très doux ; quand la pâte est épaisse, casser dix-huit œufs, n'en prendre que les blancs que l'on bat comme pour les biscuits ; les ajouter à la pâte dans une bassiné, en remuant la pâte jusqu'à cuisson presque complète, alors on y ajoute un bon verre de fleurs d'oranger double, puis on continue à remuer. La pâte est cuite à point, quand en frappant avec le dos de la main elle ne s'y attache pas ; alors on la retire de la bassine, on la coule sur une table saupoudrée d'amidon ; pour la conserver, la mettre le lendemain, par morceaux coupés, dans une boîte avec une couche d'amidon entre chaque lit.

DES CONSERVES.

Les *Conserves* sont une sorte de confiture sèche; ces compositions conservent parfaitement la propriété des substances dont elles sont formées; elles sont parfaites pour la santé.

CONSERVES DE FLEURS D'ORANGER; fleurs épluchées, 250 grammes; sucre, 1 kilo.—Faire fondre, écumer le sucre, y jeter la fleur, faire cuire au petit cassé, remuer vite; quand le sucre boursoufle, le verser dans des caisses de papier blanc.

Conserves de cerises; cerises sans noyaux, 1 kilo; groseille égrainée, 125 gr. ; sucre, 1 kil. 1|2. — Faire fondre à feu doux cerises et groseilles; faire d'un autre côté chauffer du sucre au grand cassé, y jeter les fruits; au boursoufflage, verser dans les caisses de papier. Même travail pour la *groseille* et la *framboise*.

Conserves de citron, cédrat, poucire, bergamote, bigarrades; fruit, six citrons, sucre, 1 kilo. — Couper les citrons en deux, en exprimer le suc dans une bassine à part, faire réduire de moitié ce jus, ajouter sucre cuit au cassé; verser après boursoufflage.

Conserves aux quatre-fruits; groseilles, 125 grammes, autant de fraises, autant de cerises, autant de framboises, sucre, 1 kilo 1|2. — Passer, en pressant, les fruits au tamis, faire réduire le jus à moitié, chauffer le sucre au cassé. Même procédé que ci-dessus.

Conserves de violettes; 125 grammes pour 1 kilo de sucre.

Conserves d'ananas; trois ananas, sucre, 1 kil.

Conserves de pistaches; 190 grammes, sucre, 1 kilo.

Conserves de camomille; fleurs, 190 grammes, sucre, 1 kilo.

DES COMPOTES

Les compotes ne sont autres que des confitures qui, n'étant ni assez cuites ni assez saturées de sucre pour être de longue durée, doivent être mangées de suite. Tantôt on emploie pour les compotes des fruits encore verts, tantôt on les prend en parfaite maturité. Dans le premier cas, il faut atténuer la verdeur en faisant blanchir ou en lessivant les fruits; dans le second, le travail est bien plus rapide et surtout plus facile.

C'est un travail énorme, pour ne rien produire de passable, que de faire des compotes de fruits verts : abricots, amandes ou groseilles; mieux vaut faire :

Compote de cerises, en coupant les queues à mi-longueur, en jetant les cerises dans l'eau pour les égoutter après; faire chauffer du sucre *à la nappe*, y jeter les cerises, faire trois bouillons, écumer, dresser dans un compotier.

Groseilles rouges — Fruits, 3 kilos; sucre,

1 kilo 1/2 ; égrener les groseilles, les laver à l'eau fraîche, égoutter, chauffer le sucre au petit boulé, donner un bouillon et dresser.

Abricots. — Les couper en deux, les tourner en enlevant la peau, les mettre dans l'eau sur le feu ; quand ils montent, les retirer ; on fait fondre du sucre sur le feu, quand il bout, on le retire, et on verse les abricots dedans ; couvrir le feu, faire frissonner les abricots un moment, écumer, retirer les abricots, les dresser dans un compotier ; faire cuire le sucre saturé de jus jusqu'à la nappe, et le verser sur les abricots.

Ce même procédé, de faire cuire le fruit dans le sucre et de *resserrer* ce dernier à l'aide d'une seconde cuisson, quand le fruit en est retiré, est la base de toutes les compotes ; c'est ainsi que pour nombre de choses, tant en office, qu'en cuisine et autres spécialités, on peut remonter à l'enfance des industries et en saisir les différents points de départ1 — En résumé, que sont les compotes?... Des fruits blanchis, mondés, dépourvus de leur acreté première, puis jetés dans un sucre clarifié, comme en cuisine on jette le poisson dans une friture. La règle est générale, la méthode uniforme ; seulement le degré de cuisson varie suivant la ténacité du fruit, la quantité de sucre selon l'âpreté de ce même fruit ; quant aux soins à donner à ce dernier, c'est une affaire de travail, d'habileté ; il ne s'agit donc plus que de savoir comment tourner chaque espèce de fruits. C'est ainsi qu'il faut procéder de la même manière avec les fruits à noyaux ;

dont on ne retire cette partie que pour faire des marmelades, des confitures, mais qu'on laisse pour les compotes. C'est ainsi que pour tous les petits fruits, tels que cerises et framboises, on ne fait pas *blanchir* le fruit à l'eau bouillante, tandis que c'est par là que toute compote commence : pour les poires, les pommes et les coins, les prunes de reine-claude, pêches, oranges, etc. La proportion moyenne entre le sucre clarifié et le fruit est généralement de quatre contre deux, c'est-à-dire, par exemple, 4 kilos de fruits et 2 de sucre. Voici quelques exemples :

Compote de reines-claudes. —Prendre les prunes un peu vertes, couper la queue à la moitié, piquer le fruit avec une grosse épingle, mettre à mesure dans l'eau, les mettre sur le feu dans cette eau ; quand l'ébullition se montre, retirer la bassine du feu ; laisser reposer dans l'eau pendant une heure, remettre au feu sans bouillir, y jeter une poignée de gros sel, remuer de temps à autre, afin de reverdir le fruit ; exciter alors le feu, et, quand les prunes montent sur l'eau, les retirer et les plonger dans l'eau fraîche ; mettre le sirop de sucre au feu, quand il bout y jeter les prunes, leur donner trois bouillons, les retirer et laisser refroidir ; pousser le sucre à *la nappe,* y reverser les prunes, faire un bouillon, les retirer et dresser dans un compotier ; faire réduire le jus, verser dessus.

Pour les *Abricots entiers,* ne leur faire qu'une incision pour ôter la queue et le noyau, les mettre sur le feu avec de l'eau froide ; dès que les abricots fléchissent un peu sous les doigts, les retirer et les mettre dans l'eau fraîche ; faire venir du sucre à *la petite nappe*, y passer les abricots pour quelques bouillons, retirer la bassine du feu avec les abricots dedans et laisser le tout refroidir ; puis les retirer, les dresser, faire bouillir le sucre dans lequel ils ont cuits, le pousser à *la grande nappe* et le verser sur les abricots.

Les Compotes de poire sont les mêmes proportions, deux fois autant pesant de fruits que de sucre ; il s'agit toujours de faire blanchir les poires, de les pelurer et de les plonger dans l'eau fraîche, les mettre ensuite dans du sucre plus ou moins cuit, suivant la ténacité ou la mollesse de l'espèce de poire que l'on emploie. D'ordinaire le sucre doit être au lissé. On ajoute aux poires d'hiver, le catillard, par exemple, un verre de bon vin rouge, un peu de cânelle ou deux clous de girofle. Pour les *pommes*, on ne fait cuire le sucre qu'à *la nappe*. Quant aux *pêches*, il ne faut pas qu'elles soient trop mûres, il faut les surveiller avec soin quand elles blanchissent ; dès qu'elles fléchissent un peu sous les doigts, il faut les plonger dans l'eau froide qui les raffermit, puis en enlever la peau, leur donner quelques bouillons dans du sucre chauffé au lissé, retirer, faire refroidir, dresser, faire rebouillir le sucre, le passer et le verser sur les pêches.

FRUITS CONFITS.

On confit les fruits *au sec* et *au liquide*, travail important, surtout à la campagne, quand on a des fruits beaux et en abondance, et qu'on pense à en conserver pour l'arrière-saison Quel que soit l'emploi qu'on veuille faire des fruits, il est indispensable d'observer qu'il faut bien les choisir et connaître le moment favorable pour les travailler, apporter la plus grande attention à ne les blanchir qu'au degré convenable; l'étant trop, ils tombent en marmelade; pas assez, leurs pores seraient resserrés, ils ne prendraient pas le sucre. Il faut éviter aussi de mettre les fruits dans un sirop trop cuit, car alors il ne pénétrerait pas dans l'intérieur, et le sucre n'est pas seulement destiné à édulcorer, son emploi a pour but d'empêcher la fermentation.

Quant à la quantité de sucre nécessaire pour confire les fruits, il est impossible de la déterminer; cette quantité doit être en rapport avec la qualité, le degré de maturité, etc., toutes choses que l'expérience et l'observation peuvent seules apprendre. Si nous parlons ici des fruits confits, c'est surtout, comme nous l'avons dit, pour les personnes qui sont à la campagne; les règles étant presque générales pour ce travail, nous n'indiquerons que quelques fruits, à titre d'exemple.

ABRICOTS EN QUARTIERS. — Les prendre jaunes sans être tout à fait mûrs, mais dont le noyau se détache facilement; les peler, les jeter de suite dans l'eau fraîche; les mettre sur le feu dans la même eau; faire bouillir jusqu'à ce qu'ils montent: les enlever avec l'écumoire, les jeter dans l'eau fraîche, laisser refroidir et égoutter ; pousser du sucre au *petit lissé*, y jeter les abricots, faire un peu bouillir, verser le tout dans une terrine ; le lendemain, retirer les abricots du sucre, les égoutter, remettre le sucre au feu jusqu'à la *petite nappe*, y verser les abricots pour y faire un bouillon couvert, les écumer et les verser encore dans une terrine avec leur sucre. Même opération pendant huit jours ; la dernière fois, passer le sucre au *grand perlé*. — Quand on veut tirer des abricots à sec, on les égoutte, on les place sur des ardoises et on les saupoudre de sucre, puis on les met à l'étuve et on les met le lendemain dans des boîtes. — Pour les *abricots confits en entier*, on ne leur fait qu'une petite incision pour faire sortir le noyau.

CERISES A MI-SUCRE. — Oter la queue de belles cerises peu mûres et faire sortir le noyau ; chauffer du sucre au *petit perlé*, y jeter les cerises, leur donner quelques bouillons ; retirer du feu, écumer, puis verser le tout dans une terrine ; le lendemain, égoutter les cerises, chauffer le sucre à la petite nappe, remettre le tout au feu, verser dans la terrine, mettre le tout à l'étuve passer la nuit ; égoutter le lendemain, dresser les cerises sur des ardoises, saupoudrer de sucre, sécher à l'étuve.

Cerises en bouquets. — Former des bouquets de six cerises, les attacher, chauffer du sucre au soufflé, y jeter les cerises, écumer, mettre le tout à l'étuve, égoutter le lendemain, sécher à l'étuve.

GROSEILLES DE BAR EN GRAPPES. — Autant de sucre que de groseilles ; faire sortir les pépins des groseilles avec une plume, cuire le sucre au boulé, retirer la bassine du feu, y jeter les groseilles, remuer très légèrement ; remettre au feu pour un bouillon, retirer la bassine, enlever l'écume, mettre les groseilles en pots, couvrir le lendemain.

NOIX BLANCHIES CONFITES. — Prendre des noix vertes avant que le bois ne soit formé ; peler jusqu'au blanc, jeter dans l'eau fraîche, faire bouillir de l'eau, y jeter les noix et une poignée d'alun concassé ; retirer quand la tête d'une épingle passe à travers ; mettre dans l'eau fraîche, chauffer du sucre au lissé ; le verser, quand il est refroidi, sur les noix mises à sec dans une terrine ; réitérer de même pendant trois jours, en mettant le sucre au feu après en avoir retiré les noix. Il ne faut que faire chauffer, mais non bouillir le sucre chaque fois.

REINES-CLAUDES AU LIQUIDE. — Il faut que les prunes ne soient ni mûres ni colorées ; couper le bout de la queue, les piquer jusqu'au noyau ; les mettre dans une bassine ; quand l'eau est chaude, retirer ; le lendemain, remettre sur le feu, en ajoutant à l'eau poignée de sel ou d'épinards ; les tenir chaudes sur le feu sans bouillir pendant trois heures ; quand elles sont reverdies, augmenter le feu ; quand elles montent, les mettre dans l'eau fraîche. Chauffer du sucre à la petite nappe, continuer à y passer les prunes pendant quatre jours, tirer ensuite du sucre, égoutter, mettre à l'étuve.

Même travail pour les *poires de beurré*, les *Angleterres*, les *rousselets*, etc.

DES PRALINES.

C'est tout une profession que de fabriquer la dragée ; mais la praline est très facilé à faire ; il faut éviter d'y mettre de la laque pour les rougir, c'est malsain. Les meilleures pralines sont grises ou blanches.

PRALINES GRISES. — Amandes doucés, 1 kilo ; sucre, 1 kilo. Faire fondre le sucre dans un poêlon de cuivre rouge avec un peu d'eau ; cribler les amandes pour en ôter la poussière, les mettre bouillir dans le sucre ; quand elles pétillent, les retirer et donner quelques coups de spatule pour les sabler, puis les passer à travers un crible pour en séparer le sucre ; lés remettre sur un feu couvert, les travaillér pour qu'elles s'enveloppent de sucre ; quand elles ont pris tout le sucre attaché à la bassine, les retirer ; partager le sucre sablé en deux, en mettre la moitié dans la bassine avec un demi-verre d'eau, le pousser jusqu'au caramel, y jeter les amandes, les retirer ; remettre au feu l'autre moitié du sucre, recommencer comme avant, avec demi-verre d'eau. Retireı bien vite les amandes quand elles ont pris tout le sucre ; mettre les amandes sur un tamis et faire sécher à l'étuve. Si on veut glacer les pralines, dès qu'elles seront finies, les mouiller légèrement, à plusieurs reprises, avec de l'eau ou de l'eau de fleurs d'oranger, en les faisant sauter dans le poêlon.

PRALINES BLANCHES. — Au lieu de prendre du sucre en pain et de le faire chauffer presque au caramel, mettre sur le feu du sirop de sucre clarifié et le pousser au *grand boulé*, y jeter les amandes, retirer la bassine du feu, continuer à remuer en parfumant de fleurs d'oranger; les retirer du sucre, les mettre sur des tamis, passer douz heures à l'étuve.

Les *pralines aux avelines*, celles *aux pistaches*, sont très bonnes, c'est le même travail, en gris et en blanc; on peut les parfumer au cédrat, à la bergamote, à l'eau de fleurs d'oranger.

Fleurs d'oranger pralinées. — Faire chauffer de beau sucre au *grand boulé*; y jeter de la fleur d'oranger qu'on aura préalablement rafraîchie dans de l'eau; donner quelques tours avec la spatule, retirer la bassine du feu et remuer la fleur jusqu'à ce qu'elle soit sablée; dès qu'on peut y mettre la main, frotter la fleur légèrement et écraser le sucre, qui forme des pelotons. Passer la fleur au crible, la mettre à l'étuve sur des tamis garnis de papier blanc. Il sera bon, quand on épluchera les fleurs d'oranger, de les jeter préalablement dans l'eau fraîche, et de les frotter dans les mains, afin de les ramollir avant de les jeter dans le sucre.

JUS DE RÉGLISSE ANISÉ. — Faire fondre le jus de réglisse dans une suffisante quantité d'eau, sur un feu doux, quand il est bien fondu et bien remué, le passer par un tamis serré posé sur une seconde bassine, laquelle repose sur un petit tonneau au fond duquel est une terrasse de feu ; le remuer jusqu'à ce qu'il soit épais, y jeter quelques gouttes d'essence d'anis; appliquer de ce mélange sur le dos de la main; quand il n'y tient plus, le verser sur une table bien graissée à l'huile d'amandes douces; pendant que ce jus est chaud, le couper en petites parties qui se roulent en abaisses bien minces, et que l'on pose sur des plaques de ferblanc. Le surlendemain, on le coupe en deux avec des ciseaux, et l'on en forme des bandelettes que l'on subdivise encore plus tard.

DES SIROPS.

Les sirops sont faciles à faire quand, préalablement, on a eu soin d'avoir du sucre de belle et bonne qualité.

SIROP DE GUIMAUVE. — Prendre de belles racines fraîches et bien nourries, les laver à plusieurs eaux, les couper par tranches, les mettre avec de l'eau dans une bassine, les faire bouillir dix minutes, les sortir de cette décoction avec l'écumoire. Employer cette eau pour délayer le sucre, en le mettant sur le feu ; fouetter un blanc d'œuf dans un verre d'eau, et procéder comme pour la clarification simple, indiquée plus haut. Quand le sucre est parfaitement clair, y jeter un dernier verre d'eau pour achever de faire monter l'œuf. Quand le sucre est à *la nappe*, le retirer du feu et le passer à traver une chausse. On peut ajouter un peu d'eau de fleurs d'oranger.

Sirop de capillaire; mettre 125 grammes de capillaires dans une manche, faire chauffer *à la nappe* 3 kilos de sucre, et le verser tout bouillant, à deux reprises différentes, sur la capillaire.

Sirop de mûres; proportions : sucre, 1 kilo: jus de mûres, 550 grammes. — Prendre de belles mûres, pas trop avancées ; les soumettre à la presse ou les tordre dans un torchon neuf ; chauffer le sucre au petit cassé, y jeter le jus de mûres, donner un bouillon, retirer du feu, laisser presque refroidir, mettre en bouteille.

Sirop de vinaigre. — Chauffer le sucre au petit cassé, verser un demi-litre de vinaigre rouge sur un kilo de sucre, donner un bouillon, retirer.

Sirop de groseilles; sucre, 1 kilo ; jus de groseilles, 550 grammes. — Egrener des groseilles, les faire fermenter avec quelques poignées de cerises dont on a retiré les noyaux, presser le tout, mettre ce jus à la cave pendant vingt-quatre heures, le passer à la manche le lendemain pour n'en prendre que la quantité voulue. Chauffer le sucre au petit cassé, y jeter le jus, remuer, ne donner qu'un bouillon, laisser presque refroidir, mettre en bouteilles.

Sirop d'orgeat. — Amandes douces 1|2 kilo, autant d'amandes amères, zeste d'un citron, eau de fleurs d'oranger, 125 grammes ; eau commune, 2 kilos 1|2 ; sucre, 4 kilos. Monder les amandes et les jeter à mesure dans l'eau fraîche; les piler avec le zeste, dans un mortier de marbre, en y ajoutant petit à petit de l'eau pure; on délaie ensuite cette pâte avec moitié de l'eau pesée; puis on la tord dans un linge tenu par deux personnes; remettre la pâte au mortier, piler encore un demi-quart d'heure, la délayer avec l'autre moitié de l'eau comme ci-dessus. Chauffer le sucre au petit cassé, reti-rer la bassine, y jeter le lait d'amandes, remuer, remettre au feu, donner un bouillon couvert, retirer, laisser refroidir, ajouter l'eau de fleurs d'oranger, passer dans un linge en tordant bien en dernier; mettre ensuite en bouteilles.

Sirop de punch au rhum; rhum, 3 litres; jus de citron, 1 kilo; sucre, 4 kilos. — Chauffer le sucre au petit cassé, y verser le jus de citron, remuer, donner un bouillon couvert, retirer du feu, verser le sirop dans une terrine; quand il est froid, y verser le rhum, mêler le tout, mettre en bouteilles. Pour s'en servir, ajouter de l'eau bouillante ou une décoction de thé à volonté.

Sirop de punch au rack. — Se fait comme le précédent.

Les ratafias, qu'aimaient beaucoup nos pè-res et dont la confection est facile, se compo-sent de jus de fruits ou de semences concas-sées et macérées dans l'eau-de-vie.

DES LIQUEURS PAR INFUSION.

LES RATAFIÁS.

On ne prépare au feu que le ratafia de Grenoble et celui de fleurs d'oranger ; tous les autres se font à froid. Nous ne nous occuperons que de ces derniers.

Ratafia de Grenoble sans feu. — Séparer des merises de leurs noyaux, casser ces derniers, en exprimer le jus à la presse, y faire fondre le sucre. Rectifier l'eau-de-vie, en y ajoutant un kilo d'amandes de cerises ou d'abricots.

Ratafia des quatre-fruits ; cerises, 15 kilos ; framboises, 4 kilos ; groseilles, 8 kilos ; cassis, 3 kilos. Oter les queues des cerises et mettre tous ces fruits à la presse, mesurer et faire fondre 190 grammes de sucre par litre de jus, rectifier partie égale d'eau-de-vie en y joignant 15 grammes macis et 15 de girofle, laisser déposer la liqueur, la décanter, mettre en bouteilles, boucher ferme.

Ratafia de cassis ; eau-de-vie à 22 degrés, 6 litres ; cassis, 1 kilo ; merises, 1|2 kilo ; feuilles de cassis, 250 grammes ; canelle, 4 grammes ; eau de rivière, 1 litre ; sucre concassé, 1 kilo 1|2. — Ecraser le cassis et les merises, broyer les feuilles de cassis, briser la canelle, mettre le tout infuser dans l'eau-de-vie pendant trois semaines, faire fondre le sucre dans le litre d'eau, décanter la liqueur, et quand le mélange est fait, filtrer et mettre en bouteilles.

Ratafia de groseilles; suc de groseilles, 2 litres; eau-de-vie, 4 litres; canelle, 4 gramm. girofle, 4 grammes; sucre concassé, 1 kilo. — Egrener les groseilles, les tordre dans un torchon neuf, ajouter les aromates à l'eau-de-vie, réunir les deux liqueurs; puis, un mois après, décanter le mélange, y faire fondre le sucre, filtrer le ratafia.

Ratafia de noyaux; eau-de-vie, 4 litres; amandes d'abricots ou de pêches, 625 grammes; canelle, 4 grammes; eau de rivière, 250 grammes; sucre, 1 kilo. — Enlever la peau des amandes, les concasser, les mettre dans une cruche de grès, avec la canelle et l'eau-de-vie, pendant quatre mois, passer ensuite au tamis, fondre le sucre dans l'eau, mélanger et filtrer.

Conserves.

CULS D'ARTICHAUTS. — Prendre ceux d'automne, ôter le foin, couper les feuilles aussi près que possible, les faire blanchir ensuite à l'eau bouillante, avec poigné de sel; laisser égoutter, puis les placer sur des claies et les mettre au four à une chaleur modérée pendant une heure, recommencer jusqu'à desséchement absolu; les conserver dans un endroit sec.

CORNICHONS. — Brosser les cornichons, les saupoudrer de sel et les laisser dans un vase vernissé; le surlendemain les retirer, les jeter dans de l'eau fraîche, puis les laisser égoutter, les mettre ensuite dans un pot avec estragon, sel, clous de gérofle, poivre long, piment, petits oignons, gousses d'ail, faire bouillir du vinaigre et le précipiter ainsi sur les cornichons ; retirer ceux-ci le lendemain, faire rebouillir le vinaigre et verser de nouveau ainsi, jusqu'à trois fois ; empoter et couvrir. Si le vinaigre était excellent, il suffirait de brosser les cornichons et de les placer à froid dans le vinaigre avec les ingrédiens précités.

HARICOTS VERTS AU VINAIGRE. — Choisir des haricots gris de bonne qualité, pas trop gros, les éplucher, ne pas les laver, se contenter de les secouer dans une serviette blanche ; les mettre à froid dans de bon vinaigre, avec sel gris, oignon, etc, comme les cornichons.

VERJUS. — L'égrainer, le piler, le passer à travers un torchon neuf, mouillé à l'avance et tordre vigoureusement, filtrer à la chausse, ajouter 20 grammes (8 gros) de sel par litre de liquide ; imprégner les bouteilles destinées à recevoir le verjus d'une vapeur sulfureuse, ce qui se fait en plongeant pendant un instant dans chaque bouteille un petit morceau de mèche soufrée allumée et suspendue à un bout de fil de fer ; cette mèche est celle des marchands de vins et se vend chez les marchands de bouchons ; on remplit ensuite les bouteilles avec le verjus, on bouche ferme, on goudronne et on couche ces bouteilles à la cave.

HERBES CUITES. — *Oseille.* — *Poirée.* — *Laitue.* — *Pourpier.* — Prendre, vers le mois de novembre, telle quantité qu'on voudra de chacune de ces herbes; les éplucher; faire bouillir d'abord l'oseille avec un peu d'eau; jeter ensuite sur cette oseille les autres herbes, faire bouillir, remuer, y ajouter ensuite du sel et du beurre; quand tout est cuit, retirer du feu, laisser refroidir, empoter ensuite, mettre sur chaque pot une forte couche de beurre fondu; quand on est pour s'en servir, faire un trou en rond dans le beurre, en tirer des herbes avec une cuillère, et refermer le trou avec le rond de beurre.

CHOUCROUTE. — *Manière de la faire.* — Prendre un tonneau qui ait servi au vin ou à l'eau-de-vie; à dix centimètres au-dessus du fond, pratiquer un trou pour une cannelle de bois, que l'on entourera de brins d'osier dans l'intérieur du tonneau, pour faciliter l'écoulement de l'eau : hacher les choux avec un rabot à plusieurs lames, puis placer dans le tonneau une couche de choux hachés, dans laquelle on mêlera des baies de genièvre (hauteur de la couche, 9 centimètres), une autre couche de sel gris (500 gram. pour 25 kilogrammes); remplir le tonneau aux deux tiers, couvrir avec des feuilles entières, un linge dessus, un couvercle de bois et de grosses pierres ou des poids sur le tout. Quatre jours après, ouvrir la canelle, laisser partir la saumuré pour la renouveler jusqu'à ce qu'elle soit claire et sans odeur. Ce tonneau sera placé dans un lieu à température moyenne; du moment qu'il est entamé, on ôte la saumure tous les mois pour en mettre de nouvelles; toujours bien fermer le couvercle.

CONSERVATION DES LÉGUMES. — Ebullition : *petits pois*, *fèves*, *haricots verts* : une heure et demie; *artichauts*, une heure, *épinards*, *chicorée*, *oseille*, cuits comme pour assaisonner, une heure d'ébullition; *tomates*, qu'elles soient mûres, les laver, égoutter; fondre dans un vase de cuivre, réduire d'un tiers, passer, encore réduire, laisser refroidir, empoter, bouillir 8 minutes; *truffes* : les laver, peler et mettre en bouteilles avec leurs pelures; une heure de bouillon. C'est dans des bouteilles spéciales, à larges goulots, que l'on renferme les légumes frais; la condition la plus importante est celle du bouchage de ces bouteilles. Il faut pour cela de solides bouchons, et taper avec une palette pour les faire entrer; passer ensuite un fil de fer en croix sur les bouchons.

FIN.

TABLE DES MATIÈRES.

FIN DE LA TABLE

Paris. — Typographie de Bureau et Cᵉ, 14, rue Gaillon.

9 782329 095943